한국의 철학자들

한국의 철학자들

포함과 창조의 새길을 열다

조성환 지음

도서출판 모시는사람들

한국의 철학자들

등록 1994.7.1 제1-1071
1쇄 발행 2023년 9월 20일

지은이 조성환
펴낸이 박길수
편 집 조영준
관 리 위현정
디자인 이주향
펴낸곳 도서출판 모시는사람들
       03147 서울시 종로구 삼일대로 457(경운동 수운회관) 1207호
전 화 02-735-7173, 02-737-7173 / 팩스 02-730-7173

인 쇄 피오디북(031-955-8100)
배 본 문화유통북스(031-937-6100)
홈페이지 http://www.mosinsaram.com/

값은 뒤표지에 있습니다.
ISBN 979-11-6629-175-3   03100

* 이 저서는 2017년 대한민국 교육부와 한국연구재단의 지원을 받아
  수행된 연구임 (NRF-2017S1A6A3A02079082)
* 이 도서는 한국출판문화산업진흥원의 '2023년 중소출판사 출판콘텐츠
  창작 지원 사업'의 일환으로 국민체육진흥기금을 지원받아 제작되었습니다.

K-POP의 정체성은 어디에 있는가?

다른 문을 열어

따라갈 필요는 없어

- IVE의 I AM

'역사적으로 한국에서는 어떤 철학을 했나?' 그리고 '어떤 철학적 유산을 남겼나?' 이 물음에 대한 가장 손쉬운 대답은 '중국에서 수용한 불교와 유교로 철학을 했다, 그리고 그것을 통해서 한국불교와 한국유교를 남겼다'일 것이다. 그렇다면 질문을 바꿔서 '한국인들은 불교와 유교를 어떤 식으로 사유했을까?'라고 물으면 뭐라고 답할 수 있을까? 이 책은 이러한 질문에서 시작되었다.

이에 대한 대답으로 맨 먼저 주목한 것이 통일신라시대 최치원의 '풍류'이다. 오늘날 풍류라고 하면 음주가무나 전통음악과 같은 예술적 행위를 떠올릴 것이다. 그런데 정작 최치원은 풍류를 그런 식으로 설명하지 않았다. 단 여덟 글자로 '포함삼교(包含三教) 접화군생(接化群生)'이라고 정의하였다. 철학적으로는 중국의 유교와 불교 그리고 도교를 모두 수용하고, 실천적으로는 그것으로 뭇 생명과 접하면서 변화시키는 것이 풍류라는 것이다.

여기에서 '포함'은 한국인들이 외래 문명을 어떤 식으로 수용하고 어떻게 활용하는지를 보여주는 상징적인 개념이다. 구한말의 철학자 전병훈의 개념을 빌리면 '한국인의 철학 조제법'을 대변한다고 할 수 있다. 아니면 '철학의 변주법'이라고 해도 좋을 것이다. 나는 이 조제와 변주에서 한국철학의 정체성을 찾고자 하였다. 즉 구체적인 내용이 아니라 철학하는 방식에서 한국철학의 아이덴티티를 찾는 것이다.

가령 화랑은 유교와 불교, 도교를 모두 수용했지만 그들은 스스로를 유학자나 도사 또는 승려라고 부르지 않았다. 화랑이라고 불렀다. 화랑의 임무는 적재적소에 유불도의 가르침을 베풀어서 자유롭게 대중들을 교화하는 데 있다. 그런 의미에서 그들의 아이덴티티는 무상(無常)하다고 할 수 있다. 유불도 삼교의 어디에도 고정되어 있지 않기 때문이다. 그리고 이때의 무는, 마치 노자나 장자에서와 같이, 유를 배제하는 무가 아니라 모든 유를 포함하기 위한 무이다. 즉 삼교라는 콘텐츠를 포함하는 텅 빈 그릇과 같다. 그래서 화랑은 '무아(無我)의 대아(大我)', '무도(無道)의 대도(大道)'를 지향한 리더들이라고 할 수 있다.

이와 유사한 사례는 오늘날의 K-POP에서 찾을 수 있다. K-POP 한 곡에는 열 개가 넘는 장르가 녹아 있다고 한다. 그런 점에서 K-POP은 이렇다 할 정체성이 없는 혼합이자 짬뽕이라고 치부될 수 있다. 하지만 한국에서 나온 음악만 K-POP이라고 부르는 이유는 그런 방식이 한국에서만 가능하고, 나아가서 세계적인 호응을 얻기 때문이 아닐까? 그렇다면 K-POP은 화랑의 풍류적 정체성을 음악에서 구현한 사례라고 볼 수 있다.

풍류는 신라시대의 철학자 원효의 '화쟁' 개념과도 연결 지을 수 있다. 화쟁은 '논쟁을 조화시킨다'는 뜻인데, 이 조화를 위해서 원효가 택한 방식은 '모든 주장이 각각 일리가 있다'는 사실을 보여주는 것이었다. 이렇게 되면 다양한 주장의 타당성을 인정할 수 있게 된다. 달리 말하면 모든 주장과 학설을 자기 안에 '포함'할 수 있게 된다. 원효의 불교가 '통불교'라고 불리는 이유는 포함의 성격이 강하기 때문일 것이다.

이러한 전통은 근세에 서양과 조우하는 시기에 다시 대두한다. 조선 후기의 정약용은 유학이라는 토대 위에서 천주교의 천주 개념을 수용하여, 일종의 '천주유학'을 시도하였다. 이 역시 유학과 천주학을 '포함'한 결과라고 할 수 있다. 구한말의 최제우는 한국의 '하늘' 관념을 바탕으로 동학과 서학(=천주교)을 천도(天道)라는 범주에 포섭시켰고, 이후에 천도교에서는 동학의 개벽사상을 바탕으로 서구의 개화사상을 수용하여 동서를 아우르고자 하였다. 21세기에는 '지리산살리기운동'을 중심으로 생명과 평화 개념을 포함하는 '생명평화' 운동이 전개되었다.

이 책은 한국철학에 나타난 이와 같은 '포함'의 특징을 각 철학자를 통해서 보여주고 확인하고자 하였다.

'포함'과 함께 이 책에서 강조하고자 한 한국철학의 또 다른 특징은 '창조'이다. '포함'은 단순한 수용에서 그치지 않고 '창조'로 이어지기도 하기 때문이다. 대표적인 예가 19세기 말 20세기 초에 한반도에서 자생적으로 탄생한 동학과 원불교이다. 동학과 원불교에는 중국에서 건너온 유불교 삼교의 '요소'가 두루 보이지만, 동학과 원불교와 같은 형태의 철학은 중국은 물론이고 동아시아의 다른 곳에서는 찾아보기 어렵다. 무엇보다도 '개벽'이라는 개념을 "새로운 세상을 열다"는 의미의 사상용어로 사용하기 시작한 것은 19세기 말에 동학을 창시한 최제우가 최초였다. 그것이 이후에 천도교의 『개벽』 창간과 원불교의 '정신개벽' 슬로건으로 이어졌고, 오늘날에는 이러한 흐름들을 묶어서 '개벽파'나 '개벽학'과 같은 학문적 개념으로 범주화하고 있다.

또한 조선 초기의 세종은 한글을 '창제'한 군주로 존경받고 있다. 그런데 세종이 한글을 창제할 수 있었던 것은 그에게 창조 정신이 있었기 때문이다. 즉 단순히 중국의 문물을 수용하고 학습하는 데에 머물지 않고, 때로는 그것을 보완하고, 때로는 거기에 없는 것을 만들어서, 조선이라는 '장소'에 맞는 문화를 창조한 것이다. 이러한 '작자(作者)'로서의 정신과 태도는 『세종실록』의 곳곳에 나타나 있다. 이 책에서는 그중 몇 가지만 소개함으로써 '실학 군주'로서의 세종의 모습을 부각시키고자 하였다. 세종의 창조 정신은 이후에 퇴계 이황으로 이어진다. 이황은 한편으로는 중국의 주자학을 충실히 학습하였지만, 다른 한편으로는 그것을 「천명도(天命圖)」라는 독창적인 그림으로 표현함으로써 '사단칠정논쟁'의 불씨를 당겼다. 한편 조선 후기의 홍대용과 최한기는 동아시아의 기철학적 세계관의 토대 위에 서양의 과학을 수용하여 '기학'이라는 새로운 철학 체계를 구축하였다. 특히 기학의 핵심 개념인 '기화'는 오늘날 인류가 직면하고 있는 '기후변화'라는 이상 현상을 철학적으로 설명할 수 있는 단서를 제공한다는 점에서 주목할 만하다.

이상의 내용적인 특징 이외에도 이 책에서는 한국철학이 낯선 독자들에게 좀 더 친숙하게 다가가기 위해 다음과 같은 형식을 취하였다.

첫째, 목차의 제목을 각각의 철학자를 대표할 만한 어구로 대신하였다. 처음부터 전문적인 개념이 등장하면 독자들에게 부담을 줄 수 있다고 생각했기 때문이다. 예를 들면 다음과 같다. 퇴계의 「천명도」 제작은 '철학을 그리는 사람들'로, 원불교의 일원 (一圓) 철학은 '진리는 둥글다'로 각각 표현하였다.

둘째, 한국철학에 들어가기 위한 선이해 작업으로 중국철학에 대한 개략적인 설명을 서두에 배치하였다. 제1강 공자의 학습, 제2강 노자의 도덕, 제3강 삼교의 성립, 제4강 성리학의 탄생이 그것이다. 그 이유는 적어도 19세기까지만 해도 중국철학을 모르면 한국철학도 알 수 없기 때문이다. 반대로 오늘날 한국철학 연구가 경쟁력이 없다면 그 이유는 중국철학에 대한 선이해가 부족하기 때문일 것이다.

셋째, 기존에 한국철학사 책에서 나투지 않았거나 주목하지 않았던 인물들을 조명하였다. 예를 들면 세종 이도와 추만 정지운,

담헌 홍대용과 소태산 박중빈 등이 그들이다. 이들을 강조한 이유는 한국철학의 '포함과 창조'적 측면을 부각시키기 위해서이다. 마찬가지 이유에서 퇴계 이황도 '철학도(哲學圖)의 창작자'로 재해석하였다.

넷째, 한 학기 교재로 사용할 수 있도록 총 15강으로 구성했다. 그리고 문체도 강의 형식으로 "~했습니다"와 같은 식으로 했다. 아울러 학습자들의 편의를 위해서 각 페이지의 핵심 내용을 요약해서 좌우측에 배치하였다.

이러한 구성은 종래의 한국철학사 소개서에서는 대부분 시도되지 않은 것들이다. 부디 이러한 시도와 장치들이 한국철학을 대중화하는데 조금이라도 보탬이 되기를 바란다.

2023년 8월
조성환

차례

공자

창조하지 않는 학습

유교는 유학이라고도
하고 유도라고도 합니
다. '교(敎)'는 가르침이
라는 뜻이고 '학(學)'은
배움이라는 뜻이며 '도
(道)'는 길이라는 의미
입니다.

'대학'이라는 말의 기원

'대학'은 "수신-제가-치국-평천하"라는 유명한 구절이 나오는 유교 경전 『대학』에서 유래하는 말입니다. 『대학』은 조선왕조 5백년을 지탱한 유교라는 통치이념의 핵심 경전 중의 하나입니다. 우리가 오늘날 "대학에 간다"고 할 때의 '대학'이 책 이름에서 유래하고 있는 것입니다. 흥미로운 현상이 아닐 수 없습니다. 경전의 이름이 지금으로 말하면 'university'로 되어 있으니까요.

그리스도교나 불교 또는 이슬람 경전 중에 '대학'처럼 학교 이름이 들어간 경전이 과연 있을까요? 아마도 유교만이 학교 이름을 경전 제목으로 삼았을 것입니다. 이것은 유교가 지향하는 국가 모델이 학교였기 때문입니다. 쉽게 말하면 유교는 '학교국가'를 지향합니다. 유교가 이상적으로 생각하는 국가의 모습은 임금은 백성의 스승이고, 백성은 독실한 학생이며, 나라 전체가 거대한 학당입니다.

그래서 유교 전통이 강한 국가에서는 전반적으로 교육열이 높고 학구열이 높습니다. 한국을 비롯해서 중국, 대만, 일본, 베트남 등이 그렇습니다. 특히 500년 동안 '유교'라는 이념 하나로 통치한 조선의 전통이 남아 있는 한국의 경우에는 더욱 심합니다. 오늘날 한국사회에서 누구나 대학을 가는 것이 통념이 된 데에는 이러한 전통의 영향도 강하다고 생각합니다.

이 외에도 유교는 오늘날 우리에게 많은 영향을 끼치고 있습니다. 한국인은 윤리나 도덕을 중시한다고 하는데 이것도 유교의 영향으로 볼 수 있습니다. 나이에 따른 서열을 중시하고 부모나 선생에 대한 존경을 강조하며 제사를 중시하는 것 등은 모두 유교의 영향으로 볼 수 있습니다. 그래서 첫번째 강의의 주제는 유교입니다.

유교(儒敎)는 유학(儒學)이라고도 하고 유도(儒道)라고도 합니다. '교(敎)'는 가르침(teaching)이라는 뜻이고* '학(學)'은 배움(learning)이라는 뜻이며 '도(道)'는 길(way)이라는 의미입니다. '도'에는 실천(practice)이라는 의미도 있습니다. '학' 역시 마찬가지입니다. 책상에 앉아서 지식만 암기하는 것은 '학'이라고 말하기 어렵습니다. 수양이나 행위와 같은 실천이 동반되어야 '학'이라고 할 수 있습니다. 유학, 유도, 유교에 공통적으로 들어 있는 '유(儒)'는 특정 집단을 가리키는데, 고대 중국에서 장례와 제례 같은 의례에 밝은 사람들을 말합니다. 그 대표적인 인물이 유학의 창시자로 알려져 있는 공자입니다. 공자는 인도의 붓다나 그리스의 소크라테스와 비슷한 시대에 살다간 중국의 철학자입니다.

---

* 〈儒religion〉이 아니라 〈儒teaching〉이라는 말이다. 유교(儒敎)를 〈儒religion〉으로 이해하게 된 것은 1900년대 이후의 일이다.

스승의 말씀이 경전

유교를 알려면 유교를 창시했다고 하는 공자를 알 필요가 있습니다. 이것은 마치 불교를 알려고 하면 먼저 불교를 창시한 붓다를 아는 것에서 시작하는 것과 유사하고, 그리스도교를 알고자 한다면 예수라는 인물 얘기로 시작하는 것과 마찬가지입니다. 공자를 알 수 있는 가장 좋은 방법은 제자들이 그의 말과 행동을 기록한 『논어(論語)』를 보는 것입니다.

유학을 창시한 공자의 언행을 기록한 『논어』는 스승의 말씀으로 시작됩니다. 그만큼 동아시아에서는 스승의 권위가 높았다는 뜻입니다.

『논어』의 첫머리는 "子曰(자왈)"로 시작됩니다. 子는 여기에서는 '선생님'이라는 의미입니다. 그리고 曰(왈)은 '가라사대(말하되)'라는 뜻입니다. 『논어』 첫머리가 '子曰'이라는 것은 『논어』가 선생님의 말씀으로 시작된다는 것을 의미합니다.*

동아시아의 대표적인 경전이 선생님의 말씀으로 시작된다는 것은 동아시아 사회에서 선생님이 차지하는 위상과 권위가 그만큼 높다는 것을 시사합니다. 하지만 이것도 이제 과거의 일이 되었습니다. 지금은 오히려 정반대로 가고 있으니까요.

'학습'의 어원

『논어』 첫머리에서 '子曰(자왈)' 다음에 나오는 말은 '學習(학습)'입니다. 우리가 어렸을 때부터 지겹게 들어왔던 말입니다. 그래서 『논어』는 '선생'과 '학습'으로 시작되는 경전이라고 할 수 있습니다. 서양의 『성경』이 '신(God)'과 '창조(creation)'로 시작되는 것

---

* 최진석, 『노자의 목소리로 듣는 도덕경』, 소나무, 2001.

과는 대조적입니다. 가령 「창세기」는 "태초에 하나님이 천지를 창조하셨다"는 말로 시작됩니다. 「요한복음」은 "태초에 말씀이 있었다"는 말로 시작됩니다. 그러나 『성경』이든 『논어』든 '말씀' 이 중시된다는 점에서는 마찬가지입니다. 하나는 신의 말씀이고, 다른 하나는 선생님의 말씀입니다.

사실 『논어』에서 '학습'이라는 말은 정확히는 "學而時習(학이시 습)"이라는 말로 나옵니다. '학이시습'이라는 네 글자를 줄여서 오 늘날의 '학습'이 된 것입니다. 학(學)은 '배운다'는 뜻이고 습(習)은 '익힌다'는 말입니다. 둘 다 동사입니다. '학'과 '습'의 사이에 있는 '而(이)'는 영어의 and나 but 처럼 앞말과 뒷말을 잇는 접속사입니 다.

그리고 '時(시)'는 '때'라는 글자인데, 한자는 위치에 따라 품사 가 변하기 때문에 부사로 쓰일 수도 있습니다. 이 경우에는 '때 때로'나 '제때에'라는 의미가 됩니다. 여기에서는 '습'이라는 동사 앞에 쓰였기 때문에 품사는 부사가 됩니다. 그래서 '時習(시습)' 은 '때때로 익히다(practice occasionally)' 또는 '제때 익히다(practice timely)'라는 뜻이 됩니다.

공자의 후학에 해당하는 맹자(孟子)는 공자를 '시성(時聖)'이라 고 했는데, 이것은 '때에 맞는 성인', '때를 아는 성인'이라는 뜻입 니다. 그래서 "학이시습(學而時習)"은 보통 "배우고 때로 익힌다" 고 풀이합니다. 시(時)의 의미를 좀 더 살리고 싶으면 "배우고 제 때 익힌다" 정도로 번역하면 됩니다. 영어로 옮기면 "learn and practice timely"로 번역할 수 있습니다.

세상을 대하는 태도

그렇다면 무엇을 배우고 익히는가? 여러 가지를 말할 수 있지만 공자가 가장 중시한 것은 예(禮)입니다. 예절, 의례, 예의, 예법이라고 할 때의 '예'입니다. 예의 본질은 '구분'입니다. 나이에 따라, 성별에 따라, 혈연에 따라, 지위에 따라 구분하여 다르게 대하는 것이 '예'입니다. 가령 어른이 상석에 앉거나 결혼식 사진은 직계가족만 찍거나 하는 것이 모두 예입니다. '명분(名分)'이라는 말도 '예'와 관련되어 있습니다. 지금은 '대의명분'이라는 의미로 쓰이지만, 본래는 "사회적 지위(의 명칭=名)에 따른 역할의 구분(分)"을 의미했습니다. 임금에게는 임금에 맞는 역할과 예가 적용되고, 신하에게는 신하에 맞는 역할과 예가 있습니다.

예(禮)가 역할을 구분하고, 그래서 사회질서를 유지하는 기능을 한다면, 악(樂)은 반대로 하나로 어우러지게 합니다. 즉 분(分)에 대해서 화(和)의 기능을 합니다. 서로 떨어진 것들을 하나로 뭉치게 합니다. 유학의 본령은 예와 악이 함께 작용할 때 살아납니다. 궁중에서 임금과 신하는 앉는 자리부터 다르지만, 일단 연회가 베풀어지면 한데 어우러져 덩실덩실 춤을 춥니다. 실제로 『조선왕조실록』을 보면 이런 광경이 나옵니다.

유교 사회는 기본적으로 예로 다스리는 사회입니다. 그래서 '다스릴 치(治)' 자를 써서 '예치(禮治)'라고 합니다. 반대로 법으로 다스리면 '법치(法治)', 덕으로 다스리면 '덕치(德治)'라고 합니다. 법과 달리 예에는 강제성이 없습니다. 어른을 만나면 자발적으로 인사하는 것이 예입니다. 하지만 인사를 안 하는 무례(無禮)를 범했다고 해서 형벌이 부과되지는 않습니다. 그러나 주위의 비난을 받을 수 있습니다. 때로는 무례에 대한 비난이 형벌보다 더 무서울 수도 있습니다. 지하철에서 어른에게 자리를 양보하는 것도 하나의 예인데, 오늘날에는 유교의 예가 과거처럼 강력하게 작동하지 않아서 사회적 의무감은 약해지고 있습니다.

후 샤오시엔(侯孝賢, 1947~)이라는 세계적인 영화감독이 있습니다. 중국에서 태어나서 곧바로 대만으로 이주한 중국계 대만 감독입니다. 2001년에 영화평론가 정성일 씨가 대만에서 이분을 인터뷰한 적이 있습니다. 생각보다 내용이 새로울 게 없어서 마지막에 자포자기하듯이 이런 질문을 던졌습니다; "도대체 영화를 무엇이라고 생각합니까?" 그러자 후 샤오시엔은 잠시 말을 멈추고, 창밖에 내리는 비를 바라보더니 이렇게 대답했습니다; "영화는 내가 세상을 대하는 예의입니다." 이 말을 들은 정성일 씨는 그때까지 읽은 영화책들을 몽땅 내다버리고 싶었다고 합니다. 그리고 이런 예술가와 함께 세상에서 살고 있다는 사실에 더할 나위 없이 행복해졌다고 합니다. 여기에서 후 샤오시엔이 말하는 '예'는 전통 시대의 유교에서 강조한 구분이나 차등에 입각한 사회질서를 의미하기보다는, '세상을 대하는 윤리적 태도'에 가깝습니다. 오늘날 중국인에게 '예'란 이런 것입니다. 사실 공자가 좋아하고 강조했던 '예'의 정신도 이런 것입니다. 공자는 힘의 논리가 지배적이었던 춘추전국 시대에 전통 시대의 예의 본질을 회복하는 데 관심이 많았습니다.

학습을 중시하는 유학

'학이시습'이라는 말로부터 알 수 있듯이, 공자는 대단히 학습을 좋아하는 사람이었습니다. 그 이유는 학습과 교육이야말로 자신과 세상을 바꾸는 힘이라고 생각했기 때문입니다.

공자의 학구열을 증명하는 말로 『논어』에 '호학자(好學者)'라는 말이 있습니다. 공자가 자신을 일컬어 한 말입니다. 호(好)는 좋아한다는 뜻이고, 자(者)는 '사람'이라는 뜻입니다. 그래서 '호학자'는 "배움(學)을 좋아하는(好) 사람(者)"이라는 뜻입니다. 공자는 『논어』에서 "나보다 호학자는 없다", 즉 "나보다 배움을 좋아하는 사람은 없다"고 자부하였습니다.

그런데 사실 알고 보면 우리는 누구나 다 호학자입니다. 누구에게나 하나쯤은 배우기 좋아하는 것이 있으니까요. 그런데 공자의 특이한 점은 모든 것을 배우기를 좋아했다는 점입니다. 이 점은 공자 제자의 말로부터 확인할 수 있습니다. 어느 날 어떤 사람이 자공에게 이렇게 물었습니다; "당신의 스승 공자는 대체 누구한테 배웠소?" 그러자 자공이 이렇게 대답합니다; "무슨 일정한 스승이 있겠습니까!"

고정성을 싫어하는 중국인

이 말의 한문 원문은 "何常師之有(하상사지유)"입니다. 何(하)는 '무슨'이나 '무엇'이라는 뜻이고, 상(常)은 '일정한', '고정된', '늘 그러한'이라는 뜻입니다. 사(師)는 '스승'을 의미하고, 之(지)는 주격조사이며, 有(유)는 '있다'는 뜻입니다. 그래서 "何常師之有(하상사

'학무상사'라는 말은 공자에게 "스승이 없었다"는 것이 아니라 "'일정한' 스승이 없었다"는 것입니다. 즉 부정되는 대상은 스승(師)이 아니라 '일정함(常)'입니다.

지유)"는 "무슨(何) 일정한(常) 스승(師)이(之) 있겠습니까(有)!"라는 말이 됩니다.

이 문장은 일종의 반어법입니다. 공자에게는 "한 사람으로 정해진 스승이 없었다"는 말은, 스승이 아예 없었다는 뜻이 아니라 "모든 사람이 다 스승이었다"는 말입니다. 이 말로부터 언제 어디서나 누구를 만나든 항상 배우는 태도를 잃지 않은 공자의 '열린 자세'를 알 수 있습니다. 그래서 何常師之有(하상사지유)는 보통 줄여서 '學無常師(학무상사)'라고 말합니다.* 공자는 "배우는 데 일정한 스승이 없었다"는 뜻입니다.

'학무상사'에서 중요한 점은 공자에게는 스승이 없었다는 것이 아니라 '일정한' 스승이 없었다는 것입니다. 즉 부정되는 대상은 스승(師)이 아니라 일정함(常)입니다. 단순히 "스승이 없었다"고 하면 無師(무사)가 됩니다. 그런데 無常師(무상사)라고 하면 "상사(常師)가 없었다(無)"는 뜻이 됩니다. 여기에서는 常(상)이라는 고정성(fixity)이 부정(無)되고 있습니다.**

이것은 불교에서 모든 존재의 고정성을 부정하는 것과 비슷합니다. 불교에서는 "諸行無常(제행무상)"이라고 해서 "모든(諸) 사건(行)은 고정성(常)이 없다(無)"고 말합니다. "이 세상에는 아무것도 고정된 것은 없다," "모든 것은 시시각각 변하고 있다," "물처럼

---

* 신정근,『마흔, 논어를 읽어야 할 시간』, 21세기북스, 2011 참조.
** Brook Ziporyn, *Ironies of Oneness and Difference*, State University of New York Press, 2021, p.21.

항상 흐르고 있다"는 뜻입니다. 이 말에는 "현상에 집착하지 말고, 변했다고 슬퍼하지 말라"는 의미가 담겨 있습니다. 가령 인간은 누구나 죽기 마련입니다. 영원(常)한 것은 없기 때문입니다. 이것이 불교에서 죽음의 공포를 극복하는 방법입니다.

공자의 "학무상사"가 배움(學)에서의 스승(師)의 고정성(常)을 부정했다면, 불교의 "제행무상"은 모든 사건(行)의 불변성(常)을 부정하고 있습니다. 이와 같이 모든 것이 변하는 성질을 불교에서는 '공(空)'이라고 합니다. '공'이란 "텅 비어 있다"는 뜻으로, 그것을 그것이게 하는 영원불변한 고유한 성질이 없다는 뜻입니다. 서양철학 식으로 말하면 "본질이 없다"는 뜻입니다. 이처럼 동양철학에서는 고정되고 불변하는 '상(常)'을 부정합니다.

불교에서도 '제행무상'이라고 해서 "모든 것은 고정되어 있지 않다'고 말합니다. 그것을 '공(空)'이라고 합니다. 공(空)은 '상(常)=영원한 것'은 없다는 뜻입니다.

이와 비슷한 생각은 공자에게서도 찾을 수 있습니다. 공자가 어느 날 냇가에서 흘러가는 냇물을 보면서 이렇게 말했습니다: "지나가는 것이 이와 같구나!(逝者如斯不) 밤낮을 쉬지 않는구나(不舍晝夜)." 여기에서 '지나가다'는 말의 한자는 '서(逝)'입니다. 사회적 명망이 높은 사람이 죽었을 때 '서거했다'고 하는데, 이때도 서(逝)입니다. 서(逝)나 거(去)는 모두 '가 버렸다'는 뜻입니다.

공자는 흐르는 강물을 보면서 끊임없는 시간의 흐름과 부단한 변화가 자연의 속성이라는 사실을 실감한 것 같습니다. 고대 그리스의 철학자 헤라클레이토스가 "같은 강물에 발을 두 번 담을 수 없다"고 말한 것을 연상시킵니다. 그러나 헤라클레이토스 같은 생각은 서양에서는 주류가 아니었습니다. 왜냐하면 서양철학에서는 불변의 진리를 찾는 데 몰두했기 때문입니다. 반대로 중국에서는 헤라클레이토스적인 생각이 주류였습니다. 불교도 이런 입장이었고요.

창조하지 않는 학습

학습(學習), 무상사(無常師)와 함께 공자에 대해서 반드시 알아두어야 하는 말이 술(述)입니다. '술(述)'은 '서술하다,' '진술하다'는 뜻입니다. 공자는 자신이 평생 한 일을 회고하면서 "술이부작(述而不作)"이라고 하였습니다. 뜻은 "술(述)하였지 작(作)하지는 않았다(不)"는 말입니다.

여기에서 술(述)과 작(作)은 서로 대비되는 의미로 사용되고 있습니다. 그런데 작(作)은 '창작하다', '새로 만들다'는 뜻이기 때문에, '술'은 반대로 '창작하지 않았다', '만들지 않았다'는 뜻이 됩니다. 쉽게 말하면 남의 말을 '받아 적다'거나 '풀이하다' 정도의 의미입니다.

'술이부작'은 공자가 자신을 문화의 창작자(creator)가 아니라 전통의 해석자(interpreter)로 규정하고 있음을 보여주는 말입니다. 즉 자신은 새로운 것을 만든 사람이 아니라, 이미 있는 것을 해설한 사람에 지나지 않는다는 뜻입니다. 구체적으로는 공자보다 훨씬 앞시대에 살았던, 그리고 공자가 성인으로 추앙했던 주나라의 문왕(文王)이나 무왕(武王), 또는 그 이전의 전설적인 인물인 요임금이나 순임금과 같은 중국문화의 창시자들이 만든 예악(禮樂)이나 문물을 계승하고 해석하고 편집하고 정리했다는 뜻입니다. 문왕이나 무왕은 우리로 말하면 세종대왕 같은 인물이고, 요임금이나 순임금은 단군과 같은 존재입니다.

'술이부작'은 서양문화와 대비되는 동아시아문화의 특징을 아는 데 중요한 단서를 제공하는 말입니다. 서양문화는, 특히 근대문화는, '작이불술(作而不述)'을 중시했다고 할 수 있기 때문입니다. 즉 창작을 하지 서술하지는 않는다"가 중시되는 문화입니다. 왜냐하면 서양에서는 해설이나 설명보다는 창작이나 창조를 중시하기 때문입니다. 이른바 독창성을 강조하는 문화입니다. 그래서 연속성이나 계승성보다는 단절성과 혁신성이 강조됩니다.

공자는 자신의 일생을 회고하면서 "술이부작(述而不作)"이라고 하였습니다. '술이부작'은 "술(述)하였지 작(作)하지는 않았다(不)"는 뜻입니다.

반면에 유학의 경우에는 '술'로 대변되는 연속성과 계승성을 강조합니다. 그래서 '술' 앞에 '계승하다'의 '계(繼)' 자를 붙여서 '계술(繼述)'이라고도 합니다. 또는 '조상 조(祖)' 자를 붙여서 '조술(祖述)'이라고도 합니다. 가령 유교 경전인『중용』에는 공자를 가리켜 "조술요순(祖述堯舜)"이라고 하였습니다. 고대의 성왕인 요임금과 순임금이 남긴 문물을 '시조 삼아(祖) 서술했다(述)'는 뜻입니다.

공자의 '학이시습'과 '술이부작'을 조합해 보면, 유학에서의 학습은 "창조하지 않는 학습"이라고 할 수 있습니다. 창조는 고대의 성인들이 이미 해 놓았고, 이후의 사람들은 그것을 잘 설명하고 해석하기만 하면 된다는 생각입니다. 우리에게 '창조경제'가 낯선 이유는 여기에 있습니다. 오랫동안 선생님의 말씀을 열심히 듣고 외우는 데 길들여져 있기 때문입니다. 즉 '작'을 장려하기보다는 '술'을 독려하는 문화 속에 있기 때문입니다.

1996년에 삼성의 이건희 회장은 "다가오는 21세기는 디자인과 같은 소프트한 창의력이 기업의 성패를 좌우할 것이다"라고 예측했습니다. 그 유명한 〈신경영선언〉이자 〈디자인혁명선언〉인데, 이것은 '술(모방력)' 중심의 경영에서 '작(창의력)' 중심의 경영으로의 전환 선언이라고 할 수 있습니다. 그리고 그런 의미에서는 공자 이래의 2천년의 패러다임을 뒤집었다고 할 수 있고요. 더 이상 선진국의 기술을 모방하는 '술'의 작업만으로는 국제적인 경쟁력을 확보할 수 없다고 판단한 것입니다.

배우는 大學(대학)과 연구하는 university

'대학'은 직역하면 '큰 배움'이라는 뜻입니다. 그래서 우리나라에서는 대학에서도 '배운다'는 인상이 강합니다. 반면에 university는 연구기관의 느낌이 강합니다. 일본의 대학원에서 공부할 때 항상 듣던 말이 '켄큐'[硏究]였습니다. '벤쿄'[공부]라는 말은 거의 들어본 적이 없습니다. 공부는 당연히 하는 것이니까요. 하지만 공부한다고 해서 다 연구를 하는 것은 아닙니다. 공부는 주로 시험 공부 같은 것을 말합니다. 지식의 암기이지요. 반면에 연구는 새로운 지식의 창조입니다. 연구는 걸어다니면서도 할 수 있습니다. 그 주제에 대해서 골똘히 생각하면 연구가 되니까요.

우리는 '대학'이라는 말이 '큰 배움'이라는 의미로 되어 있고, 모든 학문에 '학'이 들어 있어서 '학문'은 기본적으로 '배우는 것'이라는 인상이 강합니다. 가령 '철학'이라고 해도 배워야 할 것으로 생각합니다. 그런데 철학은 스스로 사고하는 것이지, 지식 체계를 배우는 것이 아닙니다. 다른 학문도 마찬가지입니다.

반면에 서양에서는 학문을 'science'라고 합니다. 자연과학은 'natural science', 인문과학은 'human science', 정치학은 'political science', 사회학은 'social science' 등등. science는 기본적으로 '안다'는 뜻입니다. 자연에 대해서 아는 것이 자연과학이고, 사회에 대해서 아는 것이 사회과학입니다.

양자의 차이는 중요합니다. 우리나라에서 '사회학'이라고 하면 "한국사회에 대한 지적인 탐구"라기보다는 서양의 social science를 '배우는' 학문이 되고 있고, '정치학'이라고 하면 서양의 political science를 '배우는' 학문이 되고 있습니다. 배우는 것은 술(術)의 활동이고 연구하는 것은 작(作)의 활동입니다.

배우는 것은 '술(術)'의 활동이고, 연구하는 것은 '작(作)'의 활동입니다. '술이부작'을 '술이창작'으로 전환하는 것이 21세기 유학의 과제입니다.

그래서 저는 '술이부작'을 '술이창작(述而創作)'으로 바꿀 것을 주장합니다. 술(述)을 하되 작(作)을 목표로 하는 것입니다. 이것이 21세기 유학의 과제입니다.

말이 없고자 하는 공자

마지막으로 공자의 말년 이야기로 추측되는 대화 하나를 소개할까 합니다. 어느 날 공자가 제자들에게 갑자기 "나는 말이 없고자 한다"라고 선언합니다. 원문은 '여욕무언(予欲無言)'인데, '여(予)'는 '나'라는 뜻이고, '욕(欲)'은 '~하고자 한다'는 말입니다. '무언(無言)'은 말 그대로 "말이 없다"는 뜻입니다.

공자의 이 선언은 제자들로서는 대단히 충격적이지 않을 수 없습니다. 선생이 말을 안 하면 제자들은 배울 길이 없으니까요. 제자들뿐만 아니라 우리로서도 대단히 의외입니다. 『논어』의 첫 머리는 '子曰(자왈)', 즉 "선생님(공자)께서 말씀하시기를~"로 시작하고 있었으니까요. 그래서 제자인 자공이 이렇게 반문합니다; "선생님께서 아무 말도 안 하시면 우리들은 무엇을 '술(述)'합니까?" 여기에 다시 '술(述)'이라는 말이 나왔는데, 지금으로 말하면 "선생의 말을 받아 적는다" 정도로 이해할 수 있습니다.

이에 대해 공자의 대답이 의외입니다; "하늘이 무슨 말을 하더냐! 사시가 운행되고 만물이 생성된다. 하늘이 무슨 말을 하더냐!" 여기에서 공자는 하늘은 말이 없어도 사계절이 운행되고 만물이 생성된다는 점을 예로 들고 있습니다. '하늘'은 '우주 전체'를 가리키는 말입니다. 브룩 지포린은 이 대목을 해석하면서, 공자는 하늘을 닮고 싶어 한다고 하였습니다.* 하늘은 굳이 말을 하지 않아도 만물이 그 혜택을 보듯이, 공자 자신도 말을 하지 않아도 세상에 이로움을 주는 존재로 자리매김되고 싶었다는 것입니다.

공자와 비슷한 시대의 중국철학자로, 사상적으로는 공자와 반대편에 있다고 알려져 있는 인물이 노자(老子)입니다. 이 철학자의 말을 수록한 『도덕경』에 '不言之敎(불언지교)'라는 말이 나옵니다. '불언지교'는 '말하지 않는 가르침'이라는 뜻입니다. 그런데 지금 공자는 노자와 비슷한 말을 하고 있는 것입니다.

그래서 이 대화는 아마 공자 말년에 해당된다고 추측됩니다. 대개 젊었을 때에는 말이 많은 법이기 때문입니다. 여기에서 하늘의 운행, 자연의 운행을 '도'라고 합니다. 그리고 그 결과 사계

---

* Brook Ziporyn, 앞의 책, p.103.

절이 이동하고 만물이 생성되는 것을 '덕'이라고 합니다. '덕'은 '좋은 결과'라는 뜻입니다. '은덕'이라고 할 때의 '덕'입니다.

여기에서 우리는 공자의 사상적 전환을 상상해 볼 수 있습니다. 주나라의 문왕이나 무왕 또는 상고시대의 요임금이나 순임금과 같은 인간을 닮고자 하는 삶이 아닌, 말이 없는 무언의 자연을 닮고자 하는 삶으로의 전환입니다. 성인의 말씀을 서술하여 전달하는 교육자에서 자연의 덕을 실천하는 수행자로의 전환입니다. 이것은 저의 개인적인 상상입니다.

노자

꼰대가 되지 않는 도덕

사회를 바꾸는 도덕

우리는 흔히 '도덕'이라고 하면 '꼰대'나 '규범'과 같은 진부하고 엄숙한 이미지를 떠올립니다. 그러나 관점을 달리 하면 도덕이 반드시 고리타분한 느낌만을 주는 것은 아닙니다. 교토대학의 오구라 기조 교수는 1998년에 쓴 『한국은 하나의 철학이다』에서 "일본에서 도덕은 진부하지만 한국에서 도덕은 풋풋하다"고 하였습니다. 여기에서 '풋풋하다'란 "좀 어설픈 감은 있지만 막 딴 과일처럼 신선하다"는 의미입니다. 일본인이 볼 때 한국사회에서 도덕은 진부하고 고리타분하기는커녕 오히려 역사를 발전시키는 근본적인 동력이라는 것입니다. 외국인으로서 한국에 와서 8년간의 유학생활을 하면서 얻은 통찰이었습니다. 비록 20년 전의 평가이지만 오늘날에도 여전히 유효한 명제라고 생각합니다.

여기에서 오구라 교수가 말하는 '도덕'은 '사회정의'와 비슷한 말로 이해할 수 있습니다. 대표적인 예로는 지난 촛불혁명(2017)과 대통령 탄핵을 들 수 있습니다. 대다수의 국민들이 '부도덕한' 정부를 바로잡고 정의를 실현하기 위해 광장에 쏟아져 나왔는데, 오구라 교수의 표현을 빌리면 이것은 '도덕'이 살아 있기 때문입니다. 실제로 유학에서 말하는 도덕은 이러한 의미가 강합니다.

조선시대 유학자들은 도덕으로 무장한 선비들이었는데, 군주의 부도덕함을 바로잡기 위해 죽음을 무릅쓰고 간언하는 것을 서슴지 않았고, 나라가 위급할 때에는 백성들을 일으켜 세워 맨 앞에서 지휘했습니다. 이순신이 임금의 명령을 어기면서까지 일본군과 싸운 것도 유학에서 말하는 도덕 실천의 사례라고 할 수 있습니다. 이러한 의미에서의 도덕은 일종의 '정치적 도덕'이라고 할 수 있고, 유학에서 가장 강조한 정신 중의 하나입니다.

노자와 도덕

그런데 여기에서 소개하고자 하는 도덕은 이러한 도덕이 아닙니다. 앞에서 말한 도덕이 유학에서 강조하는 정치적 도덕이라고 한다면, 그리고 그런 의미에서 유학의 창시자인 공자(孔子)나 그 뒤를 이은 맹자(孟子)에 뿌리를 두고 있다고 한다면, 여기서 다루고자 하는 도덕은 이들과 동시대인 노자(老子)나 장자(莊子)가 말한 도덕입니다. 노자는 공자와 동시대이거나 조금 앞 시대의 전설적인 인물이고, 장자는 맹자와 동시대의 인물입니다.

공자-맹자 계열을 유가(儒家)라고 하고, 노자-장자 계열을 도가(道家)라고 합니다. 여기에서 '가(家)'는, "일가(一家)를 이루다"고 할 때의 가(家)로, '학파(school)'라는 의미입니다. 노자와 장자를 '도가'라고 부르는 것은 이들이 '도'에 대해서 가장 철학적인 언설을 남겼기 때문입니다. 다른 학파들도 '도'에 대해서 말하지 않은 것은 아니지만, 그들을 '도가'라고 부르지 않는 이유는 여기에 있습니다.

그런데 도가의 선구자로 알려져 있는 노자는 실존성이 의심되는 사람입니다. 무엇보다도 이름부터가 의심스럽습니다. '노자'는 '늙은(老) 선생님(子)'이라는 뜻인데, 뒤집어 말하면 이름도 모르고 성도 모른다는 말입니다. 기원전 1세기에 사마천이 쓴 『사기(史記)』에도 노자로 추측되는 인물로 몇 명의 후보를 들고 있는데, 누구라고 단정하지는 않습니다. 이런 점을 보아도 노자가 신비적인 인물이라는 점을 쉽게 알 수 있습니다.

노자가 유명한 것은 그가 남겼다고 하는 『도덕경』이라는 철학서 때문입니다. '도덕경'이란 '도와 덕에 대해 말한 경전'이라는 뜻입니다. 여기에서 주의할 점은 "'도덕'에 관한 경전"이 아니라 "'도'와 '덕'에 관한 경전"이라는 점입니다. 즉 '도덕'을 지금처럼 한 단어로 보지 않고 '도'와 '덕'이라고 하는 두 단어로 보아야 합니다. 마치 '천지(天地)'라는 말이 천(하늘)과 지(땅)를 의미하는 것과 비슷합니다. 우리가 오늘날 말하는 '도덕'은 서양어 'moral(모럴)'의 번역어입니다. 마치 university의 번역어로 '대학'이라는 말을 쓰는 것과 비슷합니다.

도와 덕

'도'는 '길'이라는 뜻으로 영어로는 way(웨이)나 course(코스)로 번역합니다. '덕'은 그 길을 따라가다 보면 생기는 힘(power)이나 실력(excellence)을 의미합니다. 가령 우리가 '영어회화 코스워크'를 3년간 밟으면, 영어를 말할 수 있는 힘이 붙고 실력이 쌓이게 됩니다. 이것을 '도'와 '덕'으로 표현해 보면, 영어회화의 '도(코스)'

'도'는 '길'이라는 뜻으로 영어로는 way(웨이)나 course(코스)로 번역합니다. '덕'은 그 길을 따라가다 보면 생기는 힘(power)이나 실력(excellence)을 의미합니다.

를 가다 보면 영어회화의 '덕(실력)'이 붙게 된다고 말할 수 있습니다. 그래서 '영어회화 코스'를 한자로 표현하면 '영도(英道)'라고 할 수 있고, 그로 인해 쌓인 회화 실력은 '영덕(英德)'이라고 할 수 있습니다.

한편 '도' 앞에 영어가 아니라 특정한 사람이 오면, 그중에서도 특히 철학자나 성인이 오면 이 때의 '도'는 철학이나 종교를 가리키게 됩니다. 가령 '불도(佛道)'라고 하면 "부처님이 제시한 길"이라는 뜻으로, 오늘날로 말하면 '불교'와 비슷한 말입니다. 여기에서 불(佛)은 '부처님'이고, 교(敎)는 'religion'이 아니라 '가르침'이라는 뜻입니다. 우리가 불교 신자가 된다는 것은 부처님이 제시한 길(道)을 따라 살아간다는 뜻이고, 부처님의 가르침(敎)을 실천한다는 말입니다. 부처님의 가르침을 '불교'라고 하고, 부처님의 길을 '불도'라고 합니다. 부처님의 길과 가르침을 적은 경전을 '불경(佛經)'이라고 하고, 그것을 배우고 실천하는 학문을 '불학(佛學)'이라고 합니다.

노자는 『도덕경』에서 '도'와 '덕'에 대해 독특한 정의를 내리고 있습니다. "도생지(道生之), 덕축지(德畜之)"가 그것입니다. 여기에서 '생'은 '낳는다'는 뜻이고 '축'은 '쌓는다' 또는 '기른다'는 뜻입니다. 그래서 축(畜)은 덕과 의미가 상통합니다. 지(之)는 '그것(it)'을 의미하는 대명사인데 '만물'을 가리킨다고 보아도 무방합니다. 그래서 "도생지, 덕축지"는 "도는 생(生)하고, 덕은 축(畜)한다"고 번역될 수 있고, '지'의 의미를 살리면 "도는 만물을 낳고, 덕은 만물을 기른다"가 됩니다.

여기에서 노자가 말하는 도는 우주의 운행(course)을 말합니다. 우주가 운행하면서 만물이 생성되니까요. 반면에 '덕'은 우주 운행의 결과로 생기는 만물의 양육을 가리킵니다. 앞에서 공자가 "하늘은 말이 없지만 사시가 운행되고 만물이 생성된다"고 말한 것과 비슷합니다.

여기서 우리는 노자가 말하는 도덕이 정치적이거나 윤리적이기보다는 우주론적이면서 생성론적인 개념임을 알 수 있습니다. 즉 인간의 도덕이 아닌 우주의 도덕 또는 지구의 도덕을 말하고 있습니다. 노자의 언어로 말하면 천지(天地)의 도덕이라고 할 수 있습니다. 물론 노자의 도덕 개념에 인간의 도덕이라는 함축이 없는 것은 아닙니다. 노자는 인간의 도덕은 우주의 도덕을 본받아야 한다고 생각하고 있으니까요. 즉 우주가 만물을 길러주는 방식대로 군주나 지도자 또한 백성이나 구성원을 길러주어야 한다는 것입니다.

우주는 만물을 생성하고 길러주고자 함이 없는데도 만물은 생성되고 길러진다는 것이 노자가 말하는 무위(無爲)입니다.

그럼 우주는 만물을 어떻게 길러주는가? 노자는 그것을 무위(無爲)라고 합니다. '무위'는 '함(爲)이 없다(無)'는 뜻입니다. 반대말은 유위(有爲), 즉 '함(爲)이 있다(有)'가 됩니다. 우주는 만물을 생성하고 길러주고자 '함'이 없는데도 만물은 생성되고 길러진다는 것입니다. 일종의 역설이라고 할 수 있습니다. 이러한 우주적 도를 『장자』에서는 不道之道(부도지도)라고 하였습니다.(「제물론」) 부도(不道)는 '도답지 않다'는 뜻입니다. 그래서 '부도지도'는 "도답지 않은 도"라는 말입니다. 진정한 도는 도처럼 보이지 않는다는 뜻입니다. 비슷한 표현으로 『도덕경』에는 현덕(玄德)이라는 말도 나옵니다. 유학 고전인 『대학』에서는 명덕(明德), 즉 '밝은 덕'을 말하는데, 노자는 '현덕', 즉 '어두운 덕', '드러나지 않는 덕'을 말하고 있습니다. 우주는 드러나지 않게 만물을 낳아주고 길러준다는 뜻입니다.

무위와 자연

'무위'라는 말에는 우주의 운행이, 달리 말하면 '도'가 아무런 목적성과 의도성을 띠지 않는다는 의미가 담겨 있습니다. 가령 그리스도교에서 말하는 하느님은 천지를 창조하고자 하는 의도나 목적이 있어서 창조했을 것입니다. 그리고 그 의도나 목적을 보통 신의 섭리라고 합니다. 자연에는 신의 섭리가 숨어 있고, 과학자들의 연구는 그 섭리를 찾는 행위에 다름 아닙니다. 섭리는 '뜻'이라고도 합니다. 한국의 신학자이자 민주화 운동가였던 함석헌 선생은 『뜻으로 본 한국역사』라는 책을 썼는데, 책 제목에 그리스도교적인 역사관이 잘 나타나 있습니다. 한국 역사에서 하느님의 '뜻'을 찾겠다는 말이니까요.

반면에 노자는 우주나 역사에서 이런 목적이나 뜻을 찾지 않습니다. 그런 것은 없다고 생각합니다. 이 세계는 어떤 의도나 목적을 가지고 전개되는 것이 아니라고 보기 때문입니다. 그래서 "도는 무위한다"고 말합니다. 반면에 뜻이나 목적이 있으면 그것은 '유위'가 됩니다. 그래서 그리스도교에서 말하는 신은 무위하지 않고 유위하는 존재입니다. 어떤 의도를 가지고 천지를 창조했고 세계를 다스리고 있기 때문입니다.

'무위'와 비슷한 말로 '자연'이 있습니다. 무위가 "함이 없다"는 뜻이라면 자연(自然)은 "저절로(自) 그렇다(然)"는 말입니다. '자'는 '스스로' 또는 '저절로'라는 뜻입니다. '연'은 "태연(泰然)하다", "필연(必然)이다", "당연(當然)하다"고 할 때의 연(然)으로, '그렇다'나 '그러하다'는 뜻입니다. 참고로 노자나 장자에는 '당연'이라는 말은 나오지 않습니다. '당연'은 유학에만 나오는 말입니다. 반대로 공자나 맹자에는 '자연'이라는 말은 나오지 않습니다. '자연'은 노자나 장자에만 나오는 말입니다. 유가는 당연의 세계를 강조하고 도가는 자연의 세계를 강조합니다. 유가에서는 인간이라면 마땅히 행해야 할, 또는 각자의 사회적 위치에서 마땅히 지켜야 할 '당연'이 제시되고 있습니다. 그리고 이 당연을 지키지 않으면 도덕적·윤리적 비난을 받습니다. 반면에 도가에서는 타고난 본래 상태, 자연스러운 상태를 최상의 상태로 봅니다. 이 자연 상태에서 인간은 안정감과 편안함 그리고 자유로움을 느낀다고 생각합니다. 이것이 노장이 말하는 도덕의 상태입니다.

노자는 『도덕경』에서 "도는 무위하다"고 하기도 하고, "도는 자연을 본받는다"(道法自然)고 하기도 합니다. 이 경우에 '자연'은 "스스로 그렇다"는 뜻의 술어입니다. 그래서 "도는 자연을 본받는다(法)"는 말은 "우주는 저절로 그렇게 운행된다"는 말에 다름 아닙니다. 노자가 보기에 우주는 누가 창조한 것이 아니라 원래부터 스스로 그렇게 운행되고 있습니다. 그래서 예나 지금이나 멈추지 않고 운행되고 있다는 것입니다. 반대로 우주에 어떤 목적이나 의도가 있으면 우주는 완전해질 수 없다고 생각합니다. 무

장자가 죽음에 임박하자 제자들이 후한 장례를 치러 주겠다고 하였다. 그러자 장자는 사람이 죽으면 동물의 먹이가 되는 것은 자연스러운 일이라며 제자들을 꾸짖었습니다.

엇보다도 그 목적이나 의도에 벗어나는 현상은 설명할 길이 없어
지게 됩니다.

마찬가지로 인간도 어떤 의도나 목적으로 길들여지고 학습되
기보다는 각자 타고난 본래 상태를 실현하는 것이 바람직하다고
생각합니다. 노자가 말하는 자연의 '자(自)'는 각자의 고유성, 개
별성, 자발성을 가리킵니다. 이것이 제대로 발현될 때 창의성과
다양성이 나오게 됩니다. 그래서 노자가 말하는 자연 상태는, 학
습에 의해서 부과된 부자연스러움을 걷어내고, 참다운 자기를 회
복한 상태라고 할 수 있습니다.

혼돈의 죽음

『장자』에는 노자가 말하는 무위와 자연의 세계가 허를 찌르는
대화와 촌철살인하는 우화로 묘사되고 있습니다. 예를 들면 다음
과 같습니다.

> 장자가 죽으려 하자 제자들이 후한 장례를 치러 주겠다고 하였다.
> 그러자 장자가 이렇게 말했다; "천지를 관으로 삼고 일월을 옥(玉)
> 으로 삼으며, 별들을 진주로 생각하고 만물을 하객으로 여기거늘
> 장례용품이 이미 다 갖추어졌는데 여기에 무엇을 더하겠는가!"
> 이에 제자들이 반문했다; "저희는 까마귀나 솔개가 선생님을 먹을
> 까 두렵습니다."
> 그러자 장자가 말했다; "땅 위에서는 까마귀와 솔개에게 먹힐 것
> 이고, 땅 아래에서는 개미와 땅강아지에게 먹힐 것이다. 저것을

빼앗아 이것에 주려 하다니, 어찌 그리 치우쳤느냐(偏)!"

여기에서 맨 마지막의 '치우치다'는 말의 한자어는 '편협하다' '편애하다'고 할 때의 '편(偏)'입니다. 반대말은 '전(全)'입니다. 동물들이 시체를 먹지 못하게 하는 것은 자연의 완전성을 해치는 인간만을 위하는 편애 행위라는 것입니다. 호주의 생태철학자 발플럼우드의 표현을 빌리면 '인간예외주의'에 해당합니다. 여기에서도 노자가 말하는 의도나 목적이 배제된 무위와 자연의 세계를 엿볼 수 있습니다. 우주는 저절로 그렇게 운행되는 무위자연의 세계로 그 자체로 완전하고 자족적입니다. 그런데 인간은 자신들만의 관점으로 우주의 완전성과 만물의 질서를 깨뜨리고 있다는 경고입니다. 반면에 장자와 동시대의 맹자는 부모의 시체가 동물들에게 먹히는 것을 차마 볼 수 없어서 매장 문화가 생겨났다고 설명하였습니다. 이것이 유가와 도가의 차이입니다. 유가는 인간의 관점에서 우주를 바라보고 도가는 우주의 관점에서 인간을 바라봅니다.

이 이야기보다 더 유명하고 쇼킹한 우화는 혼돈의 죽음입니다.

> 남해의 제왕은 '숙'이고 북해의 제왕은 '홀'이며 중앙의 제왕은 혼돈(渾沌)이다. 때때로 숙과 홀은 혼돈의 땅에서 만났는데, 그럴 때마다 혼돈은 그들을 극진히 대접해 주었다. 숙과 홀은 혼돈의 덕에 보답하기 위해서 상의를 하였다;

혼란이 무질서라면, 혼돈은 무규정입니다. 규정이 가해지지 않아서 무한한 가능성을 함장하고 있습니다.

"사람은 모두 일곱 개의 구멍이 있어서 보고 듣고 먹고 숨쉬는데 혼돈만은 이것이 없다. 그러니 구멍을 한번 뚫어주자."

하루에 하나씩 구멍을 뚫어 주었는데, 7일이 되자 혼돈은 죽고 말았다.

혼돈은 본디 구멍이 없습니다. 그것이 혼돈의 무위이자 자연입니다. 그런데 거기에 부자연스런 구멍을 뚫어주자 혼돈의 자연은 파괴되고 말았습니다. 장자는 이러한 행위를 다른 곳에서 "사람으로 하늘을 파멸시킨다"고 했습니다. 원문은 '以人滅天(이인멸천)'인데, '以(이)'는 '~으로써' 라는 뜻입니다. 인(人)과 천(天)은 대비되는 말로 인(人)이 인간의 유위나 인위를 가리킨다면 천(天)은 무위나 자연을 의미합니다. 이와 비슷한 말로 청나라 때의 유학자 대진(戴震)은 "以理殺人(이리살인)"이라는 유명한 말을 남겼습니다. 의미는 "리로써 살인한다," "리를 가지고 사람을 죽인다"는 뜻입니다. 여기서 '리'는 '도리'라는 뜻으로 견고한 유교적 규범을 말합니다. 이 구문을 응용하면 노자나 장자는 "以道活人(이도활인)" 즉 "도로써 사람을 살린다"고 할 수 있습니다.

한편 혼돈은 구분이나 제약이 없는 상태를 상징하기도 합니다. 그래서 무질서한 '혼란'과는 다릅니다. 구분이 없으니까 차별이 없고 제약이 가해지지 않으니까 무한한 가능성을 함장하고 있습니다. 이것이 바로 혼돈 상태입니다. 반대로 구멍이 뚫려 분별하는 상태가 되면 세상에서 말하는 사회적 가치들로 사물을 구분하고 규정짓게 됩니다. 장자가 보기에 이것은 살아 있는 자연의 세계가 아니라 화석화된 인공의 세계입니다. 규범적 잣대로 대상을 평가하고 사회적 기준으로 사물을 서열화하는 선악의 세계이자 위계의 세계입니다.

'없음'의 철학

그릇은 비어 있기 때문에 물건을 담을 수 있고, 방은 비어 있기 때문에 사람이 살 수 있습니다. '비움'이 없으면 '살림'도 없습니다.

이와 같은 노자나 장자의 세계관이 응축되어 있는 개념이 '무(無)'입니다. 노장이 말하는 '도'는 '무'에 다름 아닙니다. 구멍이 없는(無) 혼돈, 치우침이 없는(無) 장례, 인위가 없는(無) 자연, 목적이 없는(無) 우주, 이름이 없는(無) 도(道), 자기가 없는(無) 성인 등등…. 그래서 위진시대의 천재 소년 왕필(王弼)은 "도는 무이다"라는 유명한 말을 남습니다.

제가 일본에서 같이 공부한 중국인 유학생 중에 '김지미'라는 여학생이 있었습니다. 한자로는 김지미(金之美)라고 씁니다. 그래서 '之美(지미)'가 무슨 뜻이냐고 물었더니 "○○의(之) 아름다움(美)"이라고 알려주더군요. 부모님께서 세상의 모든 아름다움을 다 가지라는 바람을 담아 지어주었다. 여기에서 ○○에 해당하는 부분이 '무'라고 할 수 있습니다. '비어 있다'는 의미에서 '허(虛)'라고도 할 수 있고요.

일본의 생활용품 기업 중에 '무인양품(無印良品)'이라는 기업이 있습니다. 무인(無印)은 '인(印)이 없다(無)'는 뜻입니다. '인'은 '인상'이라고 할 때의 '인'으로, '찍다', '도장', '특징' 등을 의미합니다. 내 인상에 강하게 찍히는 것이 인상이자 특징입니다. 그래서 '인'은 '브랜드(brand)'의 한자식 표현이라고 할 수 있습니다. 그리고

'양품'은 '좋은 제품'이라는 뜻입니다. 그래서 무인양품은 "특징 없는 좋은 제품," 또는 "브랜드 없는 좋은 상품"이라는 말이 됩니다. 일종의 역설처럼 들립니다. 아무런 특징도 없다는 의미이니까요. 그래서 무인양품의 브랜드는 한자로 표현하면 '無印之印(무인지인)'이라고 할 수 있습니다. 장자가 말한 '도답지 않은 도(不道之道)'와 구조가 유사합니다.

그런데 이 특징 없음이 커다란 특징이 됩니다. 이렇다 할 브랜드가 없는 것이 이 제품의 브랜드가 되고 있습니다. 왜냐하면 모든 특징과 브랜드를 아우를 수 있기 때문입니다. 마치 물은 아무맛이 나지 않지만 모든 맛과 어우러질 수 있는 것과 유사합니다. 또는 물이 파란 그릇을 만나면 파란 물이 되고, 빨간 그릇을 만나면 빨간 그릇이 되는 것과 비슷합니다. 무인양품의 제품은 물과 같이 담백하고 단순하기 때문에 모든 개성과 특징에 어우러질 수 있습니다. 시간과 장소의 제한을 받지 않습니다. 이것이 노자나 장자가 말하는 도의 특징입니다.

노자는 이러한 도의 속성을 텅 빈 그릇이나 수레바퀴의 한가운데에 비유합니다. 그릇은 비어 있기 때문에 음식을 담을 수 있고, 수레바퀴는 가운데가 비어 있어서 바퀴살이 모여 든다는 것입니다. 반면에 그릇이 무언가로 가득 차 있으면 새 것을 담을 수 없습니다. 기존의 것의 연장이나 대물림에 지나지 않습니다. 인간의 마음도 마찬가지입니다. 20세기적 사고방식을 비워야 21세기적 세계를 담아낼 수 있습니다. 사는 것은 21세기인데 생각하는 것은 20세기에 머무르고 있는 것은 자기를 비우는 훈련이 부족해서입니다.

　장자는 텅 빈 그릇과 같은 도의 속성을 성인의 마음 상태에 적용합니다. 최고의 경지에 있는 성인은 마치 거울처럼 마음이 텅 비어 있다는 것입니다. 허심(虛心)과 무심(無心)의 경지입니다. 거울은 외물이 다가오면 인간처럼 어떤 의도나 호오를 가지고 반응하지 않습니다. 미리 맞이하지도 않고 미리 거부하지도 않습니다. 외물이 다가올 때까지 기다렸다가 있는 그대로(自然) 비추고, 외물이 지나가면 다시 처음의 텅 빈 상태로 돌아옵니다. 마음도 이런 상태에 있어야 정확한 사태 판단이 가능하다는 것입니다.

고전은 어디까지나 자기를 표현하고 세상을 해석하기 위한 도구에 지나지 않습니다. 고전이 하나의 권위나 교재로 다가오면, 공부와 학습의 대상만 늘어날 뿐입니다.

　반면에 인간의 인식은 자기가 좋아하는 대상이면 미리 마음을 열고 다가가고, 자기가 싫어하는 상대는 오기도 전에 마음을 닫고 소통을 거부합니다. 이래서는 이질적인 타자를 포용하여 자기를 확장할 수도 없고, 서로 다른 생각들을 화해시켜 조직을 운영할 수도 없습니다. 장자가 사는 시대는 여러 생각과 다양한 사상들이 난무하는, 말 그대로 백가쟁명의 시대였습니다. 백가쟁명(百家爭鳴)이란 "백(百) 개의 학파(家)가 다투어(爭) 주장한다(鳴)"는 뜻입니다. 이런 시대에 장자는 어느 하나의 사상으로 통일(統一)시키기보다는 서로 다른 사상들이 소통하여 어우러지는 통일(通一)을 지향했습니다. 그런 의미에서 장자의 철학은 통일철학(統一哲學)이 아닌 통일철학(通一哲學)이라고 할 수 있습니다.

도를 하면 날로 줄어든다

　『도덕경』에서는 유학에서 중시하는 '학(學)'을 '도(道)'와 대비시

커 말하고 있습니다. "학을 하면 날로 늘어나고(爲學日益) 도를 하면 날로 줄어든다(爲道日損)"는 말이 그것입니다. 여기에서 '한다'는 한자로 '위(爲)'라고 합니다. 그래서 "학을 한다"는 '위학(爲學)'이라고 하고, "도를 한다"는 '위도(爲道)'라고 합니다. 일익(日益)은 "날로 늘어난다"는 뜻이고, 일손(日損)은 "날로 줄어든다"는 뜻입니다.

그래서 "학을 하면 날로 늘어나고 도를 하면 날로 줄어든다"를 한자로 표현하면 "爲學日益(위학일익), 爲道日損(위도일손)"이 됩니다. 참 멋진 말입니다. 압축적인 시어 같기도 하고요. 『노자』가 철학시(詩)라면 『장자』는 철학우화(寓話)입니다. 하지만 내용은 아리송합니다. "도를 행하면 날로 줄어든다"는 말이 무슨 뜻인지 쉽게 다가오지 않습니다. 제일 쉬운 이해는 번뇌를 제거하는 명상이나, 단순한 삶을 사는 심플라이프 같은 것을 '도'라고 생각하는 것입니다. 반면에 "학을 하면 날로 늘어난다"는 말은 상대적으로 쉽게 다가옵니다. 배우거나 공부하면 지식은 늘어나니까요.

하늘을 하면 날로 밝아진다

"위학일익"이 공자적인 '학'의 세계를 가리키고, "위도일손"이 노자적인 '도'의 세계를 표현한다면, 그리고 그런 점에서 양자는 중국인의 세계를 나타낸다면, 한국인의 세계는 어떻게 표현할 수 있을까요? 즉 "위○일○"이라고 할 때의 ○에는 무엇이 들어갈 수 있을까요? 이에 대한 실마리로 1911년에 천도교에서 간행한 『천도교회월보』에 나오는 표현을 하나 소개할까 합니다. "천아심(天

我心), 천아기(天我氣)"(정계완, 「삼신설(三新說)」)가 그것입니다. 여기에서 아심(我心)이나 아기(我氣)의 아(我)는 '나'라는 말이므로, 아심(我心)은 '내 마음', 아기(我氣)는 '내 기운'이라는 뜻이 됩니다.

문제는 맨 앞에 있는 '하늘'을 의미하는 '天(천)'입니다. '천'은 한문고전에서는 거의 예외 없이 '하늘'이라는 명사나 '하늘같은'이라는 형용사로 쓰입니다. 그런데 "천아심(天我心) 천아기(天我氣)"라는 문장에서는 '천'이 위치상 동사로 밖에 풀이될 수 없습니다. 그래서 "하늘같이 하다"는 동사로 읽어야 합니다. 저는 '하늘같이 하다'를 간단히 줄여서 '하늘하다'는 말을 만들어 보았습니다. 그래서 "천아심 천아기"는 "내 마음을 하늘같이 하고 내 기운을 하늘같이 한다." 또는 간단히 줄여서 "마음을 하늘하고 기운을 하늘한다"로 번역할 수 있습니다.

이렇게 하늘이 동사로 쓰인 용례는 제가 아는 한 천도교에서 처음 본 것 같습니다. 그런 점에서 한국적 표현이라고 할 수 있습니다. 아마 동학에서 말하는 인내천(人乃天), 즉 "사람이 하늘이다"라는 인간관과 "수심정기(守心正氣)", 즉 "마음(心)을 지키고(守) 기운(氣)을 바르게 하라(正)"는 수양론이 융합된 결과로 보입니다. "천아심 천아기"는 줄이면 '천심천기(天心天氣)'라고 할 수 있는데, '수심정기'에서 수(守)와 정(正)의 자리에 천(天)이 들어간 형태니까요. "천아심 천아기", 줄여서 "천심천기"는 천도교에서 궁극적으로 지향하는 경지가 하늘같은 경지임을 말해줍니다. 노자적인 도학(道學)과 대비되는 동학적인 천학(天學)의 표현입니다. 그래서 저는 중국적인 "위학일익"이나 "위도일손"에 대해서, 한국

동학은 1860년에 최제우가 창시했고, 천도교는 1905년에 손병희가 동학을 개칭한 것입니다. 천도교에서는 '하늘'을 동사로 쓴 용례도 보입니다.

의 경우에는 "위천일명(爲天日明)"이나 "위천일개(爲天日開)"라고 표현하고 싶습니다. 위천일명은 "하늘을 하면 날로 신명난다/밝아진다(明)"는 뜻이고, 위천일개는 "하늘을 하면 날로 열린다(開)"는 뜻입니다. 이처럼 고전은 어디까지나 자기를 표현하고 세상을 해석하기 위한 도구에 지나지 않습니다. 고전이 하나의 권위나 교재로 다가오면, 공부와 학습의 대상만 늘어날 뿐입니다.

천하를 천하에 숨긴다

마지막으로 『장자』에 나오는 한 구절만 소개하고 이 장을 마칠까 합니다. 그것은 "장천하어천하(藏天下於天下)"라는 말입니다. 여기에서 藏(장)은 "숨긴다, 감춘다, 저장한다"는 뜻이고, 於(어)는 '~에(서)'라는 장소를 나타내는 전치사입니다. 그래서 이 문장을 번역하면 "천하를 천하에 숨긴다"는 뜻이 됩니다. 영어로는 "Hiding the world in the world"라고 번역합니다. 이 말은 『장자』에 다음과 같이 나오고 있습니다.

> 무릇 골짜기에 배를 감추고 연못에 산을 감추고는 이를 일러 '안전하다'고 말한다. 그러나 한밤중에 힘 있는 자가 그것을 지고 달아나도 어리석은 자는 알지 못한다. 큰 것에다 작은 것을 감추는 것이 마땅하지만 여전히 (훔쳐) 달아날 곳이 있다. 만약 천하에다 천하를 감춘다면 달아날 곳이 없으니, 이것이 변함없는 세상의 큰 실성(實情)이다.

"천하를 천하에 숨긴다"는 앞에서 살펴본 "천지를 관으로 생각하고 만물을 조문객으로 여기는" 도량과 상통합니다. 장자는 천지를 집으로 생각하고 천하를 마당으로 여기며 만물을 벗으로 삼고 있습니다. 그래서 작은 것에 연연하는 우물 안 개구리나 자기를 고집하는 꼰대로 전락하지 않고, 구만리 창공을 소요하는 대붕(大鵬)으로 비상할 수 있었습니다. 이 대붕의 경지가 장자가 말하는 도덕의 경지입니다. 그것은 편협한 에고를 벗어나서 광대한 하늘과 하나 된 개벽의 세계입니다.

가르침

중국인이 된 부처님

순자는 "인간은 욕망을 추구한다"는 점에서 성악설을 말했지만, 그렇다고해서 인간이 선해질 수 있는 가능성까지 부정한 것은 아닙니다.

유학의 조건

지금까지 유가(儒家)의 창시자인 공자와 도가(道家)의 창시자로 알려진 노자에 대해서 살펴보았습니다. 공자의 뒤를 이은 이가 맹자인데, 맹자와 동시대의 제자백가(諸子百家)로 양주(楊朱)와 묵적(墨翟) 그리고 장주(莊周)가 있었습니다. 모두 기원전 5세기에서 3세기에 걸쳐서 살았던 사상가들입니다.

양주는 양자(楊子)로, 묵적은 묵자(墨子)로, 장주는 장자(莊子)로도 불립니다. 맹자의 언행을 담은 『맹자』에는 양자와 묵자에 대한 언급은 있는데, 장자에 대한 언급은 없습니다. 마찬가지로 『장자』에도 맹자에 대한 언급은 없습니다. 『맹자』에서 맹자는 양자와 묵자를 각각 '위아(爲我)주의자'와 '겸애(兼愛)주의자'라고 비판하고 있습니다. '위아(爲我)'의 '위(爲)'는 '위한다(for)' 는 뜻입니다. 그래서 '위아'는 "나를 위한다"는 말입니다. 지금으로 말하면 개인주의자와 비슷합니다. 『맹자』에 의하면 양자는 "자기 몸의 털 하나를 뽑아서 천하를 이롭게 한다고 해도 하지 않는 사람"입니다. 반대로 묵자는 정반대의 입장을 취하고 있습니다. 묵자가 말하는 겸애(兼愛)는 '두루 사랑한다'는 뜻으로, 『맹자』에서 묵자는 "정수리에서 무릎까지 다 닳아 없어져도 천하를 위해서라면 하고야 마는 사람"으로 묘사되고 있습니다. 맹자가 보기에 양자와 묵자는 모두 양극단에 있는 사람입니다. 하나는 극단적인 이기주의[愛己]이고 다른 하나는 극단적인 이타주의[愛他]입니다. 이에 반해 맹자의 입장은 가족주의입니다. 자기나 천하를 먼저 생각하는 것이 아니라 가족을 먼저 생각하는 입장입니다. 이것이 맹자를 비롯한 유가의 기본적인 세계관입니다. 자기 사랑보다는 가족사랑이 먼저여야 하고, 가족사랑 없는 천하사랑은 자연의 이치에 어긋난다고 생각했습니다.

맹자의 다음에 오는 유학자로는 순자(荀子)가 있습니다. 그런데 맹자는 성선설(性善說)을 주장했고 순자는 성악설(性惡說)을 주장했습니다. 맹자는 인간에게는 선한 본성이 희미하게나마 있다고 보았고, 순자는 인간은 자연 상태에서는 욕망덩어리라고 생각했습니다. 순자는 인간의 본성이 홉스가 말하는 자연 상태―만인에 대한 만인의 투쟁―와 비슷하다고 보았습니다. 하지만 순자는 인간의 학습 능력은 인정했습니다. 즉 인간은 후천적으로 예(禮)를 학습할 수 있고, 그 '예'에 따라 욕망을 적절하게 조절할 수 있다고 보았습니다. 이처럼 순자는 맹자와 같은 도덕주의자이기보다는 사회과학적 마인드가 강한 사람이었습니다. 그래서 대단히 현실적입니다.

그런데 맹자와 묵자 그리고 순자에게는 공통점이 있습니다. 사상은 조금씩 달라도 변하지 않는 요소가 있습니다. 그것은 자기주장을 할 때 그것을 뒷받침하기 위해서 『시(詩)』와 『서(書)』를 인용한다는 점입니다. 가령 "그래서 『시』에서는 이렇게 말했다" 또는 "『서』에서는 이렇게 말했다"는 식입니다. 『시』와 『서』는 당시에는 시서(詩書)라고 붙여서 말하기도 하였고, 이후에는 '경(經)'이라는 말을 붙여서 시경(詩經)과 서경(書經)이라고 불렀습니다. 『시경』은 고대의 노래가사이고 『서경』은 왕의 외교문서라고 알려져있습니다. 그런데 바로 이 점에서, 즉 자기 주장의 근거를 『시경』과 『서경』으로 삼았다는 점에서, 성선을 말했든(맹자) 성악을 말했든(순자), 겸애를 말했든(묵자), 큰 틀에서는 모두 '유학자'로 분류될 수 있습니다. 물론 묵자의 경우에는 유학을 비판한 측면이 강하기 때문에 약간 이질적이고, 그래서 유가에 대해서 묵가(墨家)라고 따로 분류합니다만, 큰 틀에서는 유가에 속하고, 그중에서도 일종의 '민중유학'이라고 할 수 있습니다. 반면에 노자나 장자와 같은 도가사상가들은 절대 시서(詩書)를 인용하지 않습니다. 바로 이 점이 유가인가 아닌가를 구분하는 결정적인 기준입니다. 마치 그리스도교 신자라면 당연히 자기주장의 근거로 『성경』을 인용하는 것과 유사합니다. 유학에서 『시서』는 그리스도교의 구약과 같은 텍스트입니다. 도가는 텍스트를 인용하기보다는 "자연의 원리는 이러이러하다. 그래서 성인의 통치도 이러이러하다"는 식으로 말합니다. 이때 자연의 원리를 이들은 '도'라고 하였습니다. 그래서 '도가'라고 불리는 것입니다.

유학자들은 무언가 주장을 할 때 『시(詩)』와 『서(書)』를 인용합니다. 순자 역시 마찬가지였습니다. 그가 성악설을 주창했지만 유가로 분류되는 이유가 여기에 있습니다.

유학에서 유교로

춘추전국 시기의 혼란은 기원전 221년에 진(秦)나라에 의해 평정됩니다. 이로써 중국 역사상 최초의 통일 제국이 등장하는데 그 주인공이 진시황입니다. 시황(始皇)은 '첫 번째 황제'라는 뜻입니다. 진시황의 등장으로 제자백가 시대가 끝나고, 제자백가 중의 하나였던 법가(法家) 사상이 천하를 다스리는 통치이념이 됩니다. 하지만 진제국은 불과 15년 만에 무너지고, 항우와 유방의 『초한지』시대를 거친 뒤에 B.C.206년에 다시 통일 제국으로 한나라가 들어섭니다. 한나라에서는 진나라의 실패를 교훈 삼아 유가를 통치이념으로 삼습니다. 정확하게 말하면 유가와 법가를 병행했다고 할 수 있습니다.

이때 '유교'라는 개념이 등장하는데, 여기서 '교(敎)'란 "천하를 다스리는 가르침" 또는 "세상 사람들을 교화시키는 사상"이라는 뜻입니다. 종교(religion)라기보다는 '교화'에 가까운 개념입니다. "성인의 가르침으로 사람들을 교화한다"는 의미이기 때문입니다. 그래서 유교의 다른 말로 덕교(德敎)나 예교(禮敎) 또는 명교(名敎)와 같은 개념이 사용되었습니다. 덕교는 덕에 의한 교화라는 뜻이고, 예교는 예에 의한 교화라는 말입니다. 명교는 이름에 의한 교화라는 뜻인데, 여기에서 이름은 사회적 역할이 부여된 이름이라고 보면 됩니다. 군주, 신하, 아버지, 아내, 장남 등을 말합니다.

이런 의미의 '교'는 전국시대 말기의 『순자』에 처음 등장합니다. 그래서 오늘날 유교니 불교니 도교니 하는 의미의 '교'는 순자가 처음 제시했다고 할 수 있습니다. 이것이 진나라를 지나고 한나라 때에 현실화된 것이 이른바 '유교의 국교화'라는 사건입니다. '교'에 대한 순자의 생각이 비로소 제도화된 것입니다. 『시』

와 『서』가 경전으로 인정되어 『시경』과 『서경』이 되고, 그에 대한 전문가인 박사가 생기고, 이 경전들을 가르치는 교육기관이 생기고…. 그래서 유교의 국교화는 제자백가 중의 하나였던 유학사상이 한대에 들어와서 일종의 '국정교과서'로 등극했음을 의미합니다. 유학이 사상적으로 제왕의 자리를 차지한 것입니다.

불도에서 불교로

'붓다의 길'을 의미하는 불도(佛道)가 중국 지식인들에게 본격적으로 주목받기 시작한 것은 4세기 무렵부터입니다. 동진시대의 지식인들은 불도가 유교와 같은 중국의 '교'가 될 수 있다고 생각하였습니다.

한나라 때에 유교의 국교화와 더불어 새로운 사건이 또 하나 발생하는데, 그것은 바로 인도로부터의 불도(佛道)의 전래입니다. '불도'는 '붓다의 길'이라는 뜻으로 영어로 번역하면 Buddhism에 가깝습니다. 그런데 한나라 때까지만 해도 불도는 황실과 같이 지극히 제한된 영역에서만 수용되었습니다. 가령 당시의 사료를 보면 황실에서 붓다를 노자(老子)와 비슷한 신인(神人)으로 숭배했다는 기록이 나옵니다. 이때만 해도 아직 중국 지식인들 사이에서는 성인으로 받아들여지지 않았던 것입니다. 불도가 본격적으로 중국학계에 수용되는 것은 4세기 동진(東晉)시대를 기다려야 합니다. 한나라 400년(B.C.206-A.C.220)의 역사가 막을 내리고 위진남북조 시대가 열리는데, 그 유명한 삼국지 시대가 그 시작입니다. '위'촉오 세 나라가 싸우다가 '진(晉)'이라는 통일제국이 성립하고, 이 진나라가 다시 '동진'으로 축소되는데, 이 시대를 '위진'시대라고 합니다. 그 이후에 남과 북에서 각각 분열된 왕조의 전승이 이루어지는 것을 포함하여 위진남북조 시대라고 합니다.

통일기는 정치적으로는 안정되지만 사상적으로는 단조롭습

니다. 반면에 분열기는 정치적으로는 혼란스럽지만 사상적으로는 풍부해집니다. 이 시기가 바로 그런 경우에 해당됩니다. 400년간 유교 이념 하나만으로 제국을 운용해 본 결과 뭔가 부족하다는 사실을 깨닫게 된 것입니다. 그래서 중국 지식인들은 혼란기에 직면하여 불도(佛道)에 눈을 돌립니다. 비록 외국에서 온 것이기는 하지만 유교처럼 "세상 사람들을 교화할 수 있는 가르침"이 되기에 충분하다고 판단한 것입니다. 이때 유명한 〈사문불경왕자(沙門不敬王者)〉 논쟁이 벌어집니다. 사문(沙門)은 '승려'를 가리키고 불경(不敬)은 "외경하지 않는다"는 뜻이고 왕자(王者)는 '임금'을 말합니다. 그래서 〈사문불경왕자〉는 "승려는 임금에게 경의를 표하지 않는다"는 뜻입니다.

이 논쟁은 불도를 지지하는 혜원(慧遠, 334~416)과 같은 지식인과 중국 동진의 권력자 환현(桓玄, 369~404) 사이에 벌어진 논쟁입니다. 혜원 측 주장은 불도를 유교와 같은 '교'로 인정해 달라는 것이었고, 다시 말하면 불도를 '불교'로서 수용하자는 것이었습니다. 이에 대해 환현 측 주장은 제아무리 승려라 하더라도 임금에게 '예'를 표하라는, 다시 말하면 고개를 숙여서 절을 하라는 것이었습니다. 결국 불도 측은 왕에게 예를 표하기로 타협하고, 그 대가로 '불교'로 공인받게 됩니다. 그래서 이때부터 중국 역사에는 두 개의 '교'가 존재하게 됩니다. 유교와 불교가 그것입니다. 대략 4세기 무렵의 일입니다. 이때 처음으로 '이교(二敎)' 개념이 문헌에 등장하게 됩니다.

〈사문불경왕자논쟁〉은 불도가 중국에 정착하기 위해서, 즉 불교로 공인받기 위해서 유교의 틀을 일정 부분 수용하는 과정을 보여줍니다. 중국 풍토에 맞게 일부 변용되는 것입니다. 같은 맥락에서 한참 후에 불교경전으로 『부모은중경』이라는 경전이 나옵니다. "부모의 은혜를 중히 여기라"는 이름의 경전인데, 보통 중국에서 만들어진 위경(僞經)으로 알려져 있습니다. 이것은 뒤집어 말하면 불교에서 유교의 효(孝) 사상을 수용한 흔적이라고 할 수 있습니다. 이것이 불교가 중국화되는 방식입니다. 즉 유교화함으로써 중국화하는 것입니다. 달리 말하면 불도(Buddhism)의 창시자인 붓다를 중국화·중국인화하는 것입니다. 이렇게 해서 불도를 불교로 만드는 것입니다.

'도교'가 유교나 불교와 대비되는, 이른바 삼교(三敎)의 하나로 쓰이기 시작한 것은 5세기 무렵의 일입니다. 이 때 신선도가 '도교'라고 하는 '교'의 체제로 개편됩니다.

그러나 '예'나 '효'보다도 더 중요한 것은 구제(救濟) 사상입니다. 유교에서는, 치인(治人)이나 평천하(平天下)라는 말로부터 알 수 있듯이, "사람들을 다스리거나 천하를 태평하게 하는" 사상이 좋은 사상이라고 봅니다. 즉 자기 혼자 잘 먹고 잘 사는 것이 아니라 모든 이들이 잘 먹고 잘 사는 세상을 지향하는 것을 가치 있다고 평가합니다. '교'라는 말에는 이러한 함축이 담겨 있습니다. '교화한다,' '가르친다'는 것 자체가 남을 위하는 행위이니까요. 이러한 태도를 불교 용어로는 '대승'이라고 합니다. '대승(大乘)'은 '큰 수레'라는 뜻입니다. 반면에 대승불교의 관점에서 남방 지역에 주로 분포하는 불교 유파를 '소승불교'라고 불렀습니다. '소승'은 '작은 수레'라는 뜻입니다. 오늘날에는 이 말 대신 '부파불교' 또는 '상좌불교'라고 부릅니다. 수행자 자신의 해탈을 강조하는 것이 특징입니다. 수레가 클수록 많은 사람들을 실어 나를 수 있습니다. 마찬가지로 사상도 많은 사람들을 구제하면 구제할수록 좋은 사상이라고 중국인들은 생각했습니다. 반면에 상좌(소승)불교는 자기 구원에 집중합니다. 중국에는 상좌(소승)불교보다는 대승불교가 유행하였습니다. 같은 문화권에 있는 한국과 일본도 마찬가지입니다. 이에 반해 동남아시아는 상좌(소승)불교가 유행했다고 합니다.

이러한 차이는 어디에서 생겼을까요? 그것은 유교를 바탕으로 불도(佛道)를 수용했느냐 아니냐의 차이입니다. '교'를 중시한 한자문화권에서는 대승불교가 성행하였고, 그렇지 않은 문화권에서는 반드시 대승불교가 성행할 이유는 없었습니다. 동일한 불도(佛道)라 하더라도 수용하는 측의 문화적 풍토에 따라 다른 성격의 불도가 수용되는 것입니다. 이러한 차이는 중국과 한국에 대해서도 적용할 수 있습니다. 즉 같은 대승불교나 대승유학이라고 하더라도 한반도라는 지역적 풍토에 따라서 변용이 생길 수 있습니다. 이것을 연구하는 분야가 비교사상입니다.

신선도에서 도교로

4세기 동진(東晉) 시기에 불도가 불교로 승격되었던 과정이 도교의 성립에도 그대로 적용됩니다. '도교'가 유교나 불교와 대비되는, 이른바 삼교(三敎)의 하나로 쓰이기 시작한 것은 5세기 무렵이 일입니다. 중국사에서는 유송 시대(劉宋, 420~479)에 해당됩니다. 불교의 성립에 자극을 받은 천사도(天師道)에서 '노교' 제제를 구축하는 작업에 착수하는데, 이때 활약한 이가 육수정(陸修靜,

406~477)입니다. 육수정 등은 불교의 윤회설과 경전 체제, 의례 등을 전폭적으로 받아들여 그때까지 개인적인 불로장생(不老長生)의 양생술(養生術) 수준에 머물러 있던 신선도를 '도교'라는 '교'의 체제로 정비합니다.

이 과정에서 탄생한 경전이 『영보경(靈寶經)』입니다. 『영보경』에는 중생들의 구제라고 하는 불교의 대승적 세계관이 수용되어 있습니다. 경전의 형식이나 내용이 불교경전과 너무 흡사합니다. 일종의 짝퉁 불교경전이라고 할 수 있습니다. 얼핏 보면 구분이 안 갈 정도입니다. 마치 오늘날의 중국철학이나 동양철학이 서양철학의 체제를 따르고 있는 것과 유사합니다. 철학의 기준이 서양철학이 되다 보니 서구적 범주나 형식을 따르게 되듯이, 당시에는 불교라는 외래사상이 '교'의 기준이 되었다고 할 수 있습니다.

5세기에 이르면 중국 사상계에 마침내 유·불·도 삼교시대가 열리게 됩니다. 곧이어 한반도에도 불교와 도교가 전래되는데, 이는 중국에서 불교와 도교가 성립한 시기와 거의 일치합니다.

어떤 서양학자는 『영보경』의 유행으로 인해 비로소 중국사회에 불교의 대승사상이 알려지게 되었다고 분석하였습니다. 즉 『영보경』은 중국인들에게는 낯선 불교사상을 수용하기 위한 중국식 버전이었다는 것입니다. 대단히 핵심을 찌른 통찰이라고 생각됩니다. 중국사회에 정착하기 위해서 불교는 도교화되고 도교는 불교화된 것입니다. 그 공통분모에 '교화사상'과 '구제사상'이 있습니다. 뒤집어 말하면 구제사상이나 교화사상이 희박한 사상체계는 중국에서 주류 사상으로 발전하기 어려웠습니다.

동진 시대부터 불교가 중국에서 성행하기 시작했듯이, 유송 시대의 육수정의 활약 덕분에 도교 또한 중국의 상류계층에서 성행하게 됩니다. 이 상황을 『도학전(道學傳)』「육수정전(陸修靜傳)」에서는 다음과 같이 서술하고 있습니다; "467년에 선생(=육수정)이 법문을 크게 드러내고 경전을 심화시키니…도교의 흥성은 이때 성행하게 되었다." 이것은 유교와 불교에 이어 도교가 성립했음을 말해주는 사료입니다. 그래서 5세기에 이르면 중국사상계에 마침내 유·불·도 삼교시대가 열리게 됩니다. 곧이어 한반도에도 불교와 도교가 전래되는데, 이는 중국에서 불교와 도교가 성립한 시기와 거의 일치합니다. 즉 중국에 새로운 '교'가 성립되자, 한반도에도 직수입된 것입니다. 전통 시대의 한국사상사를 알기 위해서는 중국사상사도 같이 알아야 하는 이유가 여기에 있습니다. 저는 이 작업을 '한중비교사상사'라고 부릅니다.

한편 불도가 불교로 정착되는 과정에서 생겨난 경전 중에 『노자화호경(老子化胡經)』이 있습니다. 여기서 '호(胡)'는 오랑캐라는 뜻으로, 인도를 가리킵니다. '화(化)'는 변했다는 뜻입니다. 그래서 '노자화호경'은 "노자가 인도인으로 변신한 이야기를 서술한 경전"이라는 말입니다. 간단히 말하면 노자가 인도에 가서 붓다가 되었다는 이야기입니다. 대단히 재미있는 발상입니다. 중국인들은 무엇이든 중국이 중심이 되지 않으면 수용하지 않는다는 사실을 반영하고 있으니까요. 『노자화호경』은 불교 측에서 만들었다는 설도 있고, 도교 측에서 만들었다는 설도 있습니다. 즉 불교 쪽에서 불교를 중국에 전파하기 위해서 만들었을 가능성도 있고, 도교 측에서 불교에 대한 도교의 우위를 말하기 위해 만들었을 가능성도 있습니다. 어느 쪽이든 불교가 중국화되는 방식을 잘 보여주는 사례입니다.

이러한 과정을 거쳐 5세기 이후가 되면 중국사상사는 삼교(三教: 儒佛道)의 공존과 경쟁 시대가 전개됩니다. 황제 앞에서 삼교의 대표자들이 논쟁을 하고, 그 결과에 따라 우열이 가려지게 됩니다. 대개 남북조 시대는 불교가, 수당 시대는 도교가 우세했다고 합니다. 이때의 논쟁들이 『홍명집』이나 『광홍명집』과 같은 문헌으로 남아 있는데, 대단히 재미있습니다.

한편 유불도 삼교(三教)는 모두 '성인의 가르침'이라는 점에서 '성교(聖教)'라고 불렸습니다. 가령 당나라 현종의 『효경주소(孝經注疏)』에서 '성교'는 '유교'를 가리키지만, 『대당삼장성교서(大唐三藏聖教序)』에서는 '불교'를 가리킵니다. 또한 '성교'와 짝이 되는 개념은 '성학(聖學)'인데, 조선시대 유학자인 퇴계의 『성학십도(聖學十圖)』나 율곡의 『성학집요(聖學輯要)』 등에서 그 용례를 볼 수 있습니다.

노장의 반교(反教) 사상

'교'는 '성인의 말씀에 의한 가르침'이라는 점에서 '경교(經教)'라고도 하는데, 경교의 형식적 특징은 '성인의 말씀'에서 시작되고 있다는 점입니다. 이러한 특징은 앞에서 소개한 공자의 언행을 기록한 『논어』에서 유래하고 있습니다. 『논어』 본문은 대개 '子曰(자왈)'이라는 스승의 말씀으로 시작되는데, 이러한 형식은 이후의 불교와 도교 경전에서도 반복되고 있습니다. 가령 불교경전인 『불설태자서응본기경(佛說太子瑞應本起經)』은 '佛言(불언)'이라는 말로 시작되고 있고(T3-472c), 도교경전인 『태상동현영보무량도

인상품묘경(太上洞玄靈寶無量度人上品妙經)』역시 '道言(도언)'이라는 말로 시작되고 있습니다. '佛言'이나 '道言'은 모두 '子曰'의 불교적 또는 도교적 버전이라고 할 수 있습니다.

반면에 노자는 이러한 '말씀의 체계에 의한 교화'라고 하는 경교(經敎)의 사상 형태에 반대하는 입장을 취했는데, 그 이유는 최진석 교수의 해석을 빌리면 다음과 같습니다; "『노자』에게는 자연의 존재 형식이 진리의 근거이고, 공자에게는 성인의 말씀(曰)으로 전승되는 전통이 진리의 근거이다. 그래서 『도덕경』은 '是以(그래서)'를 매개로 독자와 만나고, 『논어』는 '曰'을 매개로 독자와 만난다. 『도덕경』에 '曰'이라는 표현이 한 번도 나오지 않는 것은 우연이 아니다."* 즉, 노자는 철학의 근거를 문화적 전통이 아닌 자연의 원리에 두기 때문에 '말씀'의 형태를 취하지 않는다는 것입니다.

이러한 경향은 장자의 경우에도 마찬가지입니다. 장자는 성인의 말씀을 기록한 경전을 '술을 빚고 남은 찌꺼기'나 '발이 남긴 발자국과 같다'고 봅니다; "임금께서 읽고 계신 것은 고인의 찌꺼기일 뿐입니다!"(君之所讀者, 古人之糟魄已夫!「天道」); "대저 육경은 선왕이 남긴 발자국이다. 그것이 어찌 발자국을 남긴 발 그 자체이겠는가!"(夫六經, 先王之陳跡也. 豈其所以跡哉!「天運」) 여기에서 조박(糟魄)은 '술찌꺼기'를 말하고, 진적(陳跡)은 '남겨진 흔적'을 의미하며, 소이적(所以跡)은 그 흔적이 생긴 '까닭'을 가리킵니다. '조

---

* 최진석,『노자의 목소리로 듣는 도덕경』, 소나무, 2001.

박'이나 '적'이 결과라면 '술'이나 '소이적'은 원인에 해당합니다. '적'은 구체적으로는 '발자국'을, '소이적'은 그 발자국을 만든 '발' 그 자체를 가리킵니다.

참고로 이 '소이적'과 '적' 개념은 이후에 불교에서 '본적(本跡/本迹)' 개념으로 정리화되면서 그 의미가 확장되는데, 가령 '적'은 붓다의 가르침이나 이적(異蹟)과 같은 현상적인 측면을, '본'은 붓다의 지혜나 경지와 같이 그 현상을 가능하게 하는 근원적인 측면을 가리키는 말로 사용됩니다. 아울러 '본적'과 유사한 범주로 '체용(體用)'이 쓰이기 시작하는데, 본적이 붓다나 노자와 같은 성인의 존재 방식을 설명하는 범주라면, 체용은 존재 일반을 설명하는 범주로 사용됩니다(가령 물(水)=체(體), 파도(波)=용(用)과 같이).

장자는 경교(經敎)와 같이 특정한 세계관을 유일한 진리로 절대시하는 태도를 경계했습니다. 그런 의미에서 장자철학은 불교(不敎)주의 또는 반교(反敎)주의라고 할 수 있습니다

	장자			불교		서양철학
원인	술	발	소이적	본	체	본체
결과	술찌꺼기	발자국	적	적	용	현상

장자가 예로 드는 찌꺼기와 술 또는 발자국과 발의 비유는 경전과 현실 또는 문자와 진리의 관계로 치환할 수 있습니다. 즉 문자와 언어로 고착화된 가르침은 역동적으로 변화하는 현실을 온전히 담아낼 수 없고, 그런 의미에서 현실 대응력[應物]이 떨어진다는 것입니다. 장자가 경교(經敎)나 언교(言敎)의 사상 형태 대신에 불언지교(不言之敎)나 '불교(不敎)'를 표방하는 것은 이러한 이유에서입니다.

한편 장자는 불교(不敎)라는 표현으로부터 알 수 있듯이, '가르

침'이라는 형태 그 자체까지 경계하고 있는데, 그 이유는 가르침이 특정 세계관에 대한 집착과 그에 따른 인식론적 편견을 낳는다고 생각하기 때문입니다. 장자가 "편협한 학자에게 도(道)를 말할 수 없는 것은 가르침[敎]에 구속되어 있기 때문이다."(「秋水」)라고 하는 것은 이러한 이유에서입니다. 이것은 하나의 가르침을 절대시하는 일종의 일교주의(一敎主義)에 대한 경계라고 할 수 있습니다.

이상의 논의를 정리해 보면 도가는, 그중에서도 특히 장자는, 일교(一敎)나 경교(經敎)와 같이 특정한 세계관을 유일한 진리로 절대시하는 태도나, 그 세계관을 가르침의 형태로 전승하는 경교에 반대하는 입장을 취하는데, 이것을 저는 '반교사상' 또는 '반교주의'라고 부릅니다.

한편 장자는 경교를 대신하는 대도의 경지를 제시하는데, '대도'란 여러 세계관들(道) 사이의 소통[通]과 조화[和]를 가능하게 하는 허심(虛心)의 경지를 말합니다. 장자는 특정한 신념 체계에 집착하는 상태에서 벗어나면 "여러 도들이 서로 통하여 하나가 되는 경지에 이른다"(道通爲一)고 하였는데, 여기에서 '통일(通一)'이란, 하나의 가치체계로 수렴시키는 통일(統一)이 아니라, 여러 세계관들(諸道)이 나름대로의 타당성을 지닌 가치체계임을 인정하는 제물(齊物)의 경지로 해석될 수 있습니다. 이러한 통일(通一)사상은 이후에 원효에 이르면, "지리(至理)와 환중(環中)의 경지에서는 저마다의 주장이 각각 일리가 있다."고 하는 화쟁사상으로 이어집니다.

'교'에 대한 노장의 부정적인 입장은 이후에 도교가 성립되면 타협적인 형태를 띠게 됩니다. 그것이바로 대도(大道)와 경교(經敎)의 융합으로서의 도교입니다. 달리 말하면 노장의 '도'에 유교적 '교'를 결합한 형태가 '도교'입니다. 가령 원효와 동시대의 인물로 중국 도교 계를 대표했던 성현영은 『노자』와 『장자』를 '도'와 '교'의 두 범주로 해석하였습니다. 즉 『노자』에서 말하는 우주 생성의 근원으로서의 '도'는 억겁의 시간 동안 수행을 쌓아서 깨달음의 경지에 이른 태상노군(太上老君)과 같은 성인의 다른 이름이고, 노자는 이 성인이 매 왕조마다 중생을 구제하기 위해 세상에 현현한 국사(國師) 중의 한 사람이며, 『도덕경』은 그의 '가르침[敎]'을 적은 경전이라는 것입니다. 이와 같이 도교에 이르면 노장의 '도'가 만물의 생성과 중생의 구제를 모두 담당하는 '우주론적인 성인'으로 재해석되는데, 이것은 노장의 '도' 개념에 불교적 세계관을 가미하여 '교'라는 사상 형태에 담아낸 결과라고 할 수 있습니다.

교(敎)와 종교(religion)

거의 모든 중국철학사 책에는 예외 없이 한나라 때에 도교가 시작되었고 불교가 전래되었다고 나와 있습니다. 그러나 이것은 엄밀히 말하면 잘못된 서술입니다. 왜냐하면 한나라(B.C.2경~+A.D.2경) 때에는 '유교'와 대비되는 의미에서의 '도교'나 '불교' 개념은 아직 없었기 때문입니다('도교'나 '불교'라는 용어 자체는 부분적으로 쓰이고 있었습니다). 사상형태로서의 '도교'나 '불교'라는 말은 4

세기나 되어서야 본격적으로 사용됩니다. 그런데 중국사상사나 중국종교사 책에 "한대에 도교가 시작되었다"거나 "한대에 불교가 전래되었다"고 쓰는 것은 '교'로서의 도교나 불교가 아니라 '종교'로서의 도교나 불교를 말합니다. 그러나 당시에는 종교라는 틀 자체가 없었습니다. 우리가 종교라는 틀을 갖게 된 것은 19세기 후반에 religion 개념이 수용되고 나서의 일입니다. 따라서 지금의 중국철학사 서술은 현대의 관점에서 과거를 해석하고 있는 것입니다.

이러한 서술 방식은 다분히 서구적 시각에 기울어진 것입니다. 서양에서는 Philosophical Dao(道)ism과 Religious Daoism을 나누고 있습니다. 전자는 철학적 도가를 말하는데, 보통 노자와 장자를 가리킵니다. 후자는 종교적 도가를 말하는데, 천사도나 『영보경』 등을 가리킵니다. 그런데 이런 구분법을 쓴다면 Daoism as philosophy(철학으로서의 도가)와 Daoism as Teaching(가르침으로서의 도가)과 같은 식으로 써야 한다고 생각합니다. 왜냐하면 '종교'라고 해서 모두 '가르침'인 것은 아니니까요. 거듭 말하지만, 중국인들은 가르침을 유교, 불교, 도교의 세 개로만 한정시켰기 때문입니다.

비슷한 관점에서, 20세기 초의 사회학자인 막스 베버는 『유교와 도교』라는 저명한 책에서 '유교'를 정통으로, '도교'를 이단으로 분류했습니다. 이 분류 역시 서구적 관점이 반영된 것입니다. 왜냐하면 '도교'는 '교'라는 개념이 붙은 이상 설대로 이단이 될 수 없기 때문입니다. 국가에서 공식적으로 인정한 가르침이라는 뜻이니까요. 도교라는 이름을 빙자해서 반란을 일으킬 수는 있어도, 도교 자체가 이단이 될 수는 없습니다. 실제로 위진남북조와 수당 시대에는 삼교가 나란히 공존했고, 이후의 명나라 때에도 마찬가지입니다. 도교가 이단시된 것 조선왕조에서만 있었던 일입니다.

제 4 강

성리학

이치를 따지는 선비

심학(心學)의 등장

5세기에 이르러 삼교가 정착하자 이후로는 삼교 사이의 우열을 가리는 논쟁이 본격적으로 전개됩니다. 아울러 삼교를 조화시키려는 논리도 개발됩니다. 가령 "삼교는 교(敎)의 내용은 다르지만 성인에 이르는 도(道)를 설파했다는 점에서는 같다"는 식으로요 여기서 중요한 점은 이러한 논리가 가능했던 이유는 교(敎)가 'religion(종교)'이 아니라 '가르침'이었기 때문이라는 점입니다. 즉 신(God)의 말씀이 아니라 선생(성인)의 가르침이기 때문에 여러 개의 가르침이 공존할 수 있었다는 것입니다. 가령 부모님이 아이들을 학교에 보낼 때 "선생님 말씀 잘 들어라"고 당부하곤 하는데, 이때 선생님은 국어, 영어, 산수 등의 여러 선생님을 가리키지, 반드시 한 명의 선생님, 가령 담임 선생님이나 교장 선생님만을 가리키는 것은 아닙니다. 중국의 황제도 마찬가지였습니다. 위정자나 백성들이 유교, 불교, 도교의 가르침을 두루 공부할 것을 권장하였지 어느 하나의 가르침만을 신봉하고 나머지는 배척하라고 권하지는 않았습니다. 바로 이 점이 중국이나 동아시아에 '종교'라는 이름을 내건 '종교전쟁'이 일어나지 않을 수 있었던 이유입니다. 반대로 유·불·도 삼교의 교(敎)를 서구적인 종교로 이

해한다면, '왜 중국이나 동아시아에는 여러 종교가 공존하는데도 종교를 둘러싼 분쟁이 일어나지 않았을까?'라는 물음에 대한 해답은 찾기 어려울 것입니다.

한편 불도(佛道)가 불교(佛敎)로 승격되면서 중국사상계에는 여러 가지 변화가 생겼습니다. 그중 하나는 성인 개념의 변화입니다. 유교에서 말하는 '성인'은 문명의 창조자를 말합니다. 그것을 『예기』에서는 '작자(作者)'라고 하였습니다. 여기서 '작자'는 문명의 제작자를 말합니다. 구체적으로는 예악(禮樂)을 발명한 고대의 성왕들을 가리킵니다. 공자가 자기를 일컬어 술(述)을 했지 작(作)을 하지 않았다고 한 것은, 고대의 성왕들이 제작한 예악 문화를 잘 전승했을 뿐이라는 뜻입니다.

그런데 붓다는 이렇게 문명을 제작하지 않았는데도 성인이 되었습니다. 단지 명상을 해서 심오한 진리를 깨달았다는 이유만으로도 중국의 성인으로 대접받게 된 것입니다. 이것은 커다란 변화입니다. 그리고 이때부터 중국 사상계에서는 '마음'이 중요한 키워드로 대두합니다. 일종의 심학(心學), 즉 '마음공부'의 대두라고 할 수 있습니다. 그 이후로 중국철학은 기본적으로 심학이라는 틀에서 전개되었다고 해도 과언이 아닙니다. 그리고 송나라와 명나라의 이른바 신유학도 불교의 영향을 받아서 심학적 유학으로 탈바꿈합니다. 이때 유학의 성인 개념도 '도덕적 완성자'로서의 성인으로 전환되고, 수양을 하면 누구나 성인이 될 수 있다고 하는 이른바 "성인가학론(聖人可學論)" 즉 "성인은 배워서 도달할 수 있다"는 성인 개념이 등장하게 됩니다.

理(리)와 principle

성인 개념의 변화, 학문적 성격의 변화와 더불어 또 하나 주목할 만한 사건은 '리(理)' 개념의 대두입니다. 리는 원래 '옥의 결'이나 '살결'과 같이 타고난 자연스런 '무늬'를 의미하는 말로, 영어로는 pattern이라고도 번역됩니다. 나무의 나이테 같은 이미지를 떠올리면 이해하기 쉽습니다. 아니면 한의학에서 인체의 기의 흐름을 가리키는 '경락' 같은 것도 리라고 할 수 있습니다. 이러한 결은 태어날 때부터 가지고 있는 것이기 때문에 리에는 '자연스러움' 또는 '원래 그런 이치'라는 의미도 들어 있습니다. 3세기의 저명한 도가 사상가인 곽상(郭象, 252?~312)이 빈번히 사용한 '自然之理(자연지리)'라는 말에는 이러한 의미가 담겨 있습니다. 직역하면 "저절로 그러한 이치"라는 뜻입니다. 이 세상에는 조물주와 같은 인격적 주재자가 따로 있는 것이 아니라, 세상에 본래 내재한 '자연지리' 또는 만물에 부여되어 있는 '자연지리'에 의해서 저절로 그렇게 운행되고 있다는 것입니다.

영어의 principle에는 주관적 행위는 포함되지 않습니다. 그것은 인간의 행위가 제외된 객관적 법칙만을 가리킵니다. 반면에 한자의 리(理)에는 자르는 행위자도 관계됩니다.

리는 동사로도 쓰일 수 있는데, 이때에는 타고난 자연스러운 '결대로 자른다'는 의미입니다. 가령 우리가 '이발한다'고 할 때의 '이발'은 한자로는 理髮(리발)이라고 쓰는데, 직역하면 "모발[髮]을 리[理]한다"는 뜻이 됩니다. 이때 '리한다'는 "결대로 다듬는다"는 뜻입니다. 반면에 '헤어디자인'이라고 할 때의 '디자인'에는 결대로 자른다는 뜻은 없습니다. 오히려 "인공적으로 꾸민다"는 뜻이 강합니다. 바로 이 점이 동아시아의 理(리)와 서양의 design(디자인)의 차이입니다. 자연성과 인공성의 차이라고나 할까요?

그런데 결대로 자른다고 해도 자르는 방식이 꼭 한 가지만 있는 것은 아닙니다. 이발사에 따라서 다르게 자를 수 있으니까요. 바로 여기에 리와 principle의 차이가 있습니다. 영어에서 말하는 principle에는 주관적 행위는 포함되지 않습니다. 그것은 인간의 행위가 제외된 객관적 법칙만을 가리킵니다. 그래서 무한히 반복 가능하고요. 대표적인 것이 만유인력의 법칙과 같은 물리 법칙입니다.

　반면에 리는 자르는 행위자도 관계됩니다. 그래서 자르는 사람과 잘라지는 대상이 근원적으로 분리되지 않습니다. 가령 이발사의 심적 상태는 그/그녀의 손놀림에 영향을 줄 수 있습니다. 바로 여기에 수양이 요청되는 이유가 있습니다. 도의 경지에 이른 이발사는, 마치『장자』에 나오는 포정(庖丁)처럼, 자기를 잊은 채 대상과 하나가 될 것입니다. 중국 명나라 때의 유학자 왕양명은 "심즉리(心卽理)"라는 유명한 개념을 정립했는데, 직역하면 "마음이 곧 리이다"는 뜻입니다. 이 명제도 리가 마음과 분리되어서 존재할 수 없다는 점을 강조하기 위해 제시된 것입니다.

理(리)와 reason

　리가 철학적 개념으로 쓰인 예로는『장자』에 나오는 '천리(天理)'가 유명합니다.『장자』에서 도살의 달인으로 등장하는 포정(庖丁)은 '소의 타고난 결'이나 '뼈와 뼈 사이의 허공'을 '천리'라고 말하고 있습니다. 그리고 이 천리에 따라서(依乎天理) 자르기 때문에 칼을 아무리 오래 써도 칼날이 손상되지 않는다고 말하고 있습니다. 이 말을 들은 문혜군은 "내가 드디어 양생(養生)의 비결을 얻었다!"고 무릎을 칩니다.

리에는 '타고난 결' 그리고 '결대로 자른다'는 뜻 이외에도 '알 수 있다'는 뜻도 있습니다. '알 수 있다'는 한자로는 가지성(可知性)이라고 하고 영어로는 intelligibility라고 합니다. 영어의 reason을 '이성(理性)'이라고 번역한 것도, 리에는 인간의 인식 능력으로 "알 수 있다"는 뜻이 있기 때문입니다.

이러한 용례는 『한비자』에 다음과 같이 나오고 있습니다;

4세기 이후에 성립된 중국의 불교에서는 '리'를 세상의 존재 방식을 나타내는 개념으로 사용하기 시작했습니다. 일종의 형이상학적 개념으로 격상시킨 것입니다.

"무릇 리라는 것은 방원(方圓, 사각형과 원)과 장단(長短, 길고 짧음)… 등의 구분을 말한다. 그러므로 리가 정해진 이후에 사물은 도를 얻을 수 있다." "장단, 대소, 방원(方圓)…경중(輕重), 흑백을 '리'라고 한다. 리가 정해지면 사물은 쉽게 분할된다(易割)." (「解老」)

여기에서 리는 인간의 감각을 통해서 알 수 있는 형태나 무게 등을 가리킵니다. 그리고 인간은 그 리를 통해서 사물을 구분한다(割)고 말하고 있습니다.

중국의 리에 근접하는 서양 개념은 reason(≒理性)이나 rational(≒合理的)입니다. 그런데 이 말들의 어원인 ratio는 '수학적 비례'를 뜻합니다. 즉 3분의 1이나 4분의 3과 같이 정수로 나누어질 수 있는 것이 rational한 것입니다. 가령 '루트2'는 분수로 표현할 수 없고 무한소수로만 표현할 수 있습니다. 그래서 '루트2'는 한문으로 '무리수(無理數)' 즉 '리가 없는 수'라고 번역됩니다. "나누어질 수 없는 수"라는 뜻입니다. 반면에 같은 무한소수라고 해

072 | 한국의 철학자들

도 0.3333…은 '3분의 1'이라는 분수로 표현할 수 있습니다. 그래서 '유리수'라고 말합니다. 나누어질 수 있는 수라는 뜻입니다. 영어로는 rational number라고 합니다. 반면에 무리수는 irrational number라고 합니다.

이처럼 서양에서는 리(ratio)가 있고 없고는 기본적으로 수학적으로 나누어질 수 있느냐 없느냐에 따라 구분됩니다. 반면에 중국의 리는 반드시 수학적일 필요는 없습니다. 우리가 "도리에 어긋난다"고 할 때에도 리라는 말을 쓰듯이, 통념이나 관습을 가리키기도 하고, '윤리'라는 말로부터 알 수 있듯이 공동체에서 지켜야 할 규범을 말하기도 합니다.

도(道)에서 리(理)로

4세기 이후에 성립된 중국의 불교에서는 '리'를 세상의 존재 방식을 나타내는 개념으로 사용하기 시작했습니다. 일종의 형이상학적 개념으로 격상시킨 것입니다. 그런데 이때의 리는 곽상에서와 같이 단순히 '저절로 그렇다'거나 '원래 그렇다'는 식의 '자연'으로서의 리가 아니라, 모든 존재들을 철학적으로 분석해서 도달한 결과 얻어지는 존재론적 원리로서의 리입니다. 불교에서는 그 원리를 '공(空)'이라고 하였습니다. '공'이란 '텅 비어 있다'는 뜻으로, 고정불변의 실체나 어떤 것을 어떤 것이게 하는 본질은 없다는 말입니다. 그런 의미에서 무상(無常)이라고도 하고 무아(無我)라고도 합니다. 무상은 "영원한 것이 없다"는 뜻이고, 무아는 "나를 나이게 하는 것은 없다"는 말입니다.

그런데 중국 사람들은 단순히 존재의 원리를 탐구하는 데에만 머물지는 않았습니다. 그 탐구가 인간에게 어떤 행복을 주는지에 궁극적인 관심이 있었습니다. 그래서 리는, 가령 물리학에서 말하는 만유인력의 법칙과 같이, 단순히 세상의 존재 방식이나 만물의 존재 원리를 말하는 것이 아니라, 그것과 하나 될 때 인간에게 행복을 줄 수 있는 것을 말합니다. 불교의 공(空)은 그 원리와 하나 되면 집착에 의해 생겨나는 고통에서 벗어나게 됩니다. 그래서 공은 중국에서 리가 될 수 있었습니다.

그런 의미에서는 불교의 리는 노자가 『도덕경』에서 말한 도와 비슷합니다. 『도덕경』에서 도는 세상이 유무상생(有無相生)의 원리로 이루어져 있다는 것을 나타냄과 동시에, 그 원리를 터득한 득도(得道)의 상태를 말하기 때문입니다. 다만 '도'는 사물 하나하나의 존재 원리를 말하는 것은 아닙니다. 반면에 리는 사물 하나하나의 존재 원리를 지칭합니다. 이러한 용법의 리는 이미 위진시대의 도가사상가인 왕필(王弼, 226~249)이나 곽상 등에 의해 사용되기 시작했습니다. 여기에 불교의 정착과 더불어 '이상적 경지'라는 새로운 의미가 추가됩니다. 그래서 중국철학사는 거칠게 말하면, 불교의 등장과 더불어 최고 범주가 도에서 리로 전환되었다고 할 수 있습니다. 훗날 성리학의 성립은 이러한 리의 발달사의 정점이라고 할 수 있습니다.

어우러짐으로서의 리(理)

'리에 부합한다'는 의미의 '합리(合理)'라는 말도 이러한 맥락에

브룩 지포린은 리를 영어로 coherence라고 번역했습니다. 한자로는 '정합성(整合性)'이라고도 합니다. 그것과 어우러지면, 즉 하나 되면 가치를 발생시키는 것이 '리'입니다.

서 이해할 수 있습니다. '합리'는 이상적인 경지인 리와 일치된 상태를 말합니다. 이런 의미는 이미 『장자』에 나오는 '천리' 개념에서도 찾을 수 있습니다. 가령 포정은 오래된 도살 경험을 통해서 눈으로 보지 않고도 소의 결을 알 수 있습니다. 즉 소의 리에 도달한 것입니다. 여기에서 리가 함축하는 바는 '그것과 하나 되면 자기가 원하는 바를 얻을 수 있는 어떤 것'을 말합니다. 백정의 경우에는 소의 리와 하나 되면 소를 자유자재로 분해할 수 있습니다. 이런 의미에서 브룩 지포린은 리를 영어로 coherence라고 번역했습니다. 우리말로 옮기면 '어우러짐' 정도의 의미입니다. 한자로는 '정합성(整合性)'이라고도 합니다. 그것과 어우러지면, 즉 하나 되면 가치를 발생시키는 것이 리입니다.

불교에서는 사람들이 고통이 생기는 이유를 변화의 원리, 공(空)의 존재 방식을 몰라서라고 생각했습니다. 세상은 무상하게 흘러가는데, 그것이 영원불변한 것처럼 착각해서 집착이 생기고 애증이 생긴다는 것입니다. 이러한 삶은 공(空)의 원리에 합(合)하는 삶이 아니라 반(反)하는 삶입니다. 그래서 불교에서는 공을 리라고 봅니다. 그 이유는 공이라는 리에 부합되는 삶을 살면 사람들이 행복해지고 세상이 평화로워진다고 생각하기 때문입니다.

그래서 리는 붓다로 말하면 깨달음의 경지 같은 것을 가리킵니다. 실제로 6세기 수나라 시대의 유명한 불교학자인 길장(吉藏, 549~623)은 리(理)와 시(智)와 교(教)를 다음과 같이 구분해서 사용하였습니다(『淨名玄論』);

"리(理)는 지혜[智]를 발동시킬 수 있고(理能發智)…지혜[智]는 가르침[敎]을 설파할 수 있다(智能說敎)."

의역하면 붓다가 도달한 깨달음의 경지, 즉 리가 붓다의 지혜를 작용하게 하여 대상에 따라 적절한 가르침을 설파하도록 한다는 뜻입니다. 여기서 '리'는 도달해야 할 정신적 경지를 가리키는 말로 사용되고 있습니다.

'이치에 부합한다'는 의미의 '합리(合理)'는 이상적인 경지인 리(理)와 일치된 상태를 말합니다. 중국불교에서 공(空)을 리(理)라고 한 것은 공의 이치를 깨달으면 고통이 사라진다고 생각했기 때문입니다.

유교에서의 리(理)의 수용

수당 시대까지만 해도 도교와 불교가 중국사상계의 주류였습니다. 반면에 유교는 철학적 영향력이 미미했습니다. 그러다가 송대에 들어서면 유교 측에서 일대 반격을 가하기 시작합니다. 송대는 북송과 남송으로 나뉘는데, 북송 대에 4명의 철학자를 중심으로 이런 움직임이 일어났습니다. 이들을 흔히 '북송사자(北宋四子)' 즉 북송시대의 네 명의 철학자들이라고 합니다. 그 주인공은 주렴계(周濂溪, 1017~1073), 장횡거(張橫渠, 1020~1077), 정명도(程明道, 1032~1085), 정이천(程伊川)입니다. 주렴계는 주돈이(周敦頤)라고도 하고, 장횡거는 장재(張載)라고도 합니다. 정명도는 정호(程顥)라고도 하고, 정이천은 정이(程頤)라고도 하는데, 이 두 사람은 형제입니다. 그래서 보통 '이정(二程)'이라고 말합니다. 여기에 『주역』에 밝았다고 하는 소강절(邵康節, 1011~1077)을 추가하여 북송오자(北宋五子)라고 하기도 합니다.

주렴계는 「태극도설(太極圖說)」을 남겼는데, '태극'이라는 개념을 중심으로 한 일종의 우주론입니다. 맨 위에 태극이 있고, 그 아래에 음양이 있고, 그 아래에 오행이 있고, 그 아래에 만물이 생성되는 그림과 그 그림에 대한 해설입니다. 또한 장횡거는 '기'를 중시하였고, 이정 형제는 '리'를 중심으로 철학을 전개했습니다. 그런데 연원을 거슬러 올라가면 장횡거의 '기'의 철학은 그 이전의 도교로부터, 이정 형제의 '리'의 철학은 그 이전의 불교로부터 영향을 받았습니다. 즉 도교와 불교의 기와 리 개념을 유교 측에서 수용한 것입니다.

태극도설

이들 북송의 유학자들은 자신들의 학문을 '도학(道學)'이라고 하였습니다. '도학'에는 두 가지 뜻이 있습니다. 하나는 유교와 다른 학문, 즉 불교나 도교를 구분하는 의미에서의 도학입니다. 이들은 불교와 도교를 이단 학문이라고 배척하고, 자신들의 유학이야말로 중국의 정통 학문이라고 자부했습니다. 그러니까 사상적으로는 도교의 우주론이나 불교의 존재론을 수용하면서, 그리고 그렇게 해서 유교의 내용을 풍부하게 하면서, 정작 그들을 대하는 태도는 배타적이었던 것입니다.

'도학'의 두 번째 의미는 과거시험 준비를 위한 '출세 유학'이 아니라, 순수하게 도덕적 실천을 중시하는 '도덕 유학'이라는 뜻입니다. 그래서 이들의 특징은 도덕성을 강조한다는 점에 있습니다. 이때부터 유학이 순수하게 도덕을 추구하는 도덕학으로 전환되게 됩니다. 그 이전까지는 훈고학(訓詁學)·장구학(章句學)이라고 해서 경전에 나오는 장구의 해석을 주로 하는 학문이었습니다. 현대 학자들은 신유학(新儒學)의 도덕학이 이전의 유학과는 달리 리의 개념에 뒷받침되고 있다는 의미에서 '도덕형이상학'이라고 도 합니다.

주자의 종합

주자학은 도교의 우주론과 불교의 존재론을 유학의 입장에서 수용한 새로운 유학입니다. 그래서 신유학이라고도 합니다.

한편 북송 도학자들의 신유학을 종합한 이가 남송시대의 주희 (朱熹, 1130~1200)입니다. 주희는 보통 주자(朱子)라고 불리는 인물입니다. 주자는 태극 개념은 주렴계로부터, 기 개념은 장횡거로부터, 리 개념은 이정 형제로부터 물려받아서, 이기론이라고 하는 방대한 철학 체계를 수립하는데 이것을 주자의 이름을 따서 주자학(朱子學)이라고 합니다. 주자학은 내용적으로 보면 도교의 '기' 중심의 우주론과 불교의 '리' 중심의 존재론을 유교의 입장에서 수용했다고도 할 수 있습니다. 그리고 명칭도 다양한데, 가령 송대에 성립되었다고 해서 송학(宋學)이라고도 하고, 인간 본성[性]과 우주의 원리[理]를 탐구한다고 해서 성리학(性理學)이라고도 하고, 그중에서도 특히 리를 정점에 두는 철학 체계라고 해서 이학(理學)이라고도 하며, 새로운 유학이라고 해서 신유학(新儒學, Neo-Confucianism)이라고도 합니다.

참고로 송나라 때 주자학이 성립된 이후 명나라 시대가 되면 왕양명이 나타나서 주자학을 비판하는 양명학을 제창하는데, 그 특징은 주자학보다 심(心)의 완전성을 강조한다는 점입니다. 즉 주자학에서는 내 마음이 그대로 다 리라고 볼 수 없다고 강조하는 데 반해, 양명학에서는 내 마음이 온전히 발휘되면 그대로 다리가 된다는 입장을 취합니다. 그래서 양명학을 '이학'이 아닌 '심학'이라고 부릅니다. 그런데 이때의 심학은 좁은 의미의 심학을 말합니다. 마음공부를 중시한다는 점에서는 불교 이래의 중국철학은 모두 심학이라고 할 수 있는데, 그중에서도 특히 양명학은 리보다는 '심'의 역할을 강조했다는 점에서 연구자들이 '심학'이라고 부르는 것입니다.

한편, 성리학의 성립은 유학에서도 이제 인간 본성을, 우주의 원리와 결부시켜서 이해하기 시작했음을 의미합니다. 즉 우리안에 있는 선한 도덕적 본성이 사실은 우주의 원리로부터 부여받은 것이고, 그 우주적 원리와 하나 되었을 때, 즉 어우러졌을 때 세상이 평화로울 수 있다는 해석이 도입되기 시작한 것입니다. 이 선한 도덕적 본성을 '인(仁)'이라고 하는데, '인'은 수당 시대까지만 해도 리로 자리매김되지는 않았습니다. 단지 모든 인간을 널리 사랑하는 감정을 인이라고 했습니다. 가령 당나라 때의 저명한 유학자인 한유(韓愈, 768~824)는 "박애를 인이라고 한다"(博愛之謂仁,「原道」)고 하였습니다. 여기에서 '인'의 내용으로 설명되는 박애는 사랑하는 감정이나 행위를 말하지, 우주나 마음의 존재 원리를 가리키지는 않습니다. 그런 점에서 리는 아닙니다. 인이 리로 설명되기 시작하는 것은 11세기인 송대에 들어서입니다.

리(理)가 된 인(仁)

주자는 북송 도학을 종합하면서 새로운 유학의 텍스트를 편찬

했는데, 그것이 사서(四書)입니다. 사서는 『논어』, 『맹자』, 『대학』, 『중용』을 말합니다. 모두 제자백가에서 한나라 초기에 형성된 문헌들입니다. 『논어』는 유학을 창시한 공자의 언행을 기록한 문헌이니까 제아무리 새로운 유학이라 해도 중시되는 것은 당연한데, 나머지 문헌들은 그때까지의 유학에서는 별로 주목받지 못한 것들입니다. 『맹자』는 11세기 송나라 때까지만 해도 주석이 겨우 하나 있을 정도로 읽혀지지 않았고, 『대학』과 『중용』은 『예기(禮記)』라고 하는 방대한 문헌의 한 장(章)에 불과했습니다. 그것을 주자가 별도의 단행본으로 독립시켜서 사서로 만든 것입니다. 주자는 한걸음 더 나아가서 사서 본문에 주석도 달았습니다. 북송 도학자들의 주석과 자신의 주석을 덧붙여서 『사서집주』라는 이름을 붙였습니다. '집주'는 '주석을 집대성했다'는 뜻입니다. 이 『사서집주』는 주자 사후에 과거 시험 텍스트로 채택됨으로써 유교 경전으로서의 권위를 얻게 됩니다(주자는 살아생전에는 사이비 학문을 한다고 탄압받았습니다).

주자의 『사서집주』는 간단히 말하면 고대의 유교 경전을 이기론이나 성리학이라고 하는 신유학의 틀로 다시 읽는 해석학적 작업입니다. 대표적인 예가 유학의 핵심 개념인 인(仁)의 재정의입니다. '인(仁)'은 『논어』에서는 애인(愛人), 즉 '사람을 사랑하는 것'으로, 『맹자』에서는 '측은한 마음(惻隱之心)' 또는 '차마 하지 못하는 마음(不忍人之心)'으로, 한유에 의해서는 '박애(博愛)'로 각각 정의되었습니다. 표현은 다르지만 사람을 사랑하는 마음이라는 점에서는 모두 동일합니다. 특히 『맹자』에서는 "어린아이가 우물에

주자학에서는 완전한 덕을 가리고 있는 사적인 욕망[私欲]을 제거하는 것이 수양이 됩니다. 이것이 그 유명한 주자의 "존천리(存天理) 거인욕(去人欲)"이라는 명제입니다.

빠지려는 것을 보면 누구나 자연스럽게 측은한 마음이 들어서 구해 주려 할 것이다"(孺子入井)는 사고실험을 통해서 인이 모든 이에게 선천적으로 내재해 있음을 보이고자 했습니다. 『논어』에서는 인이 '사랑의 감정'으로만 설명되었다고 한다면, 『맹자』에서는 그것을 인간 본성의 차원에서 근거 지우려고 한 것입니다. 주자가 사서의 하나로 『맹자』를 선택한 이유도 이와 무관하지 않습니다. 즉 거칠게나마 성리학에서 말하는 것과 같은, 인간의 선한 본성에 대한 언설이 들어 있기 때문입니다.

그러나 주자의 입장에서 보면 『맹자』도 아직 인을 리의 차원에서, 달리 말하면 우주론적 차원에서 규정하고 있지는 않습니다. 단지 인간의 심성론적 차원에서 접근하고 있을 뿐입니다. 이에 대해 주자는 "천지가 만물을 낳는 마음" 즉 "천지생물지심(天地生物之心)"을 인으로 재규정합니다. 우주에는 만물을 생성하는 마음이 내재해 있고, 그 마음이 인간을 비롯한 모든 개체에게 부여된 것이 인이라는 것입니다. 다만 동물은 인간과 달리 기(氣)가 탁해서 인이 발현되지 못한다고 보았습니다. 즉 리는 만물에 고루갖추어져 있지만 기(氣)의 차이로 인해 인간과 동물과의 차이가 생긴다는 것입니다.

자연지리와 당연지리

주자는 다른 한편으로 '인'을 "심지덕(心之德) 애지리(愛之理)"라고도 합니다. "심지덕"은 마음이 원래부터 가지고 있는 능력이라는 뜻이고, "애지리"는 사랑의 감정이 나오는 원리라는 의미입니다. 여기에서 인(仁)은 사랑[愛] 그 자체가 아니라 그것을 가능하게 하는 마음의 원리[理]로, 그 위상이 달라지게 됩니다. 덕 개념도 『맹자』에서는 희미한 가능성으로서의 덕이었는데, 그래서 키우고 확충해야 할 가녀린 어린 싹과 같은 의미였는데, 주자에 오면 처음부터 완전한 본성으로서의 덕으로 그 의미가 전환됩니다. 그래서 맹자에서는 불완전하고 희미한 덕을 확충하고 쌓아 가는 것이 수양이었다고 한다면, 주자에서는 완전한 덕을 가리고 있는 사적인 욕망을 제거하는 것이 수양이 됩니다. 이것이 그 유명한 주자의 "존천리(存天理) 거인욕(去人欲)"이라는 명제입니다. "천리를 보존하고 인욕을 제거하라"는 뜻입니다. 여기에서 천리는 두말할 필요 없이 인(仁)을 가리킵니다. 그래서 맹자가 더하기(+) 수양법이라고 한다면 주자는 빼기(-) 수양법이라고 할 수 있습니다. 그런 점에서 주자는 다분히 불교적입니다. 훗날 다산 정약용은 주자를 불교에 물든 유학자라고 맹렬하게 비난합니다. 그리고 유학 본래의 실천 중심의 수양법을 회복해야 한다고 주장합니다.

주자학은 고대 유학의 '천'을 모두 '리'로 재해석하는 철학입니다. 그래서 '천'은 '이치'의 다른 말로 그 의미가 바뀌고 있습니다.

어쨌든 주자는 이런 관점에서 『맹자』를 비롯한 사서를 재해석합니다. 가령 맹자가 인(仁)의 단서로서 "사람은 누구나 불인인지심(不忍人之心), 즉 남을 차마 (해롭게) 하지 못하는 마음이 있다"고 설명하는 대목에 대해서 다음과 같은 주석을 답니다; "천지는 생물(生物)의 마음(=만물을 낳는 마음)을 자기의 마음으로 삼으니, 천지로부터 생겨나는 모든 사물은 이 천지 생물의 마음을 자기의 마음으로 삼는다. 그래서 사람은 모두 남을 차마 해치지 못하는 마음이 있다."

맹자는 기껏해야 어린애가 우물에 빠지는 상황을 설정해서 인(仁)의 선천성을 입증하려고 했다면, 주자는 그것을 우주론적 차원으로 승격시켜 천지의 마음을 끌어와서 인의 근거로 삼고 있습니다. 우주의 마음이 인이고, 그것이 곧 인간의 마음이라는 것입니다. 여기에는 우주와 인간이 구조적으로 동형이고, 그런 점에서 인간은 소우주라는 믿음이 깔려 있습니다. 참고로 신학자이자 교육학자인 이은선 교수는 『한국 생물 여성영성의 신학』(모시는사람들, 2011)이라는 책을 썼는데, 여기서 '생물(生物)'은 주자학에서 말하는 '천지생물지심'의 '생물'을 말합니다. 천지가 만물을 낳는 마음을 '여성영성'으로 규정한 것입니다.

한편 주자학에서 리는 단지 인(仁)만이 아니라 모든 사물의 존재방식까지도 설명하는 개념입니다. 가령 주자는 개한테서는 개만 나오는 리가 있고, 사람에게서는 사람만 나오는 리가 있다고 합니다. 그리고 배[船]에는 배가 뜨는 리가 있다고도 합니다. 이 경우에 리는 생물학적인 법칙이나 물리학적인 법칙에 가깝습니다. 다른 한편으로 효(孝)에는 효의 리가 있고, 충(忠)에는 충의 리가 있다고도 합니다. 이 경우에는 윤리적 도리를 말합니다. 그리고 이것을 정리(定理)이자 당연지리(當然之理)라고 합니다. '정리'는 처음부터 그렇게 정해진 불변의 이치라는 뜻이고, '당연지리'는 마땅히 그렇게 해야 할 도리라는 뜻입니다. 그리고 그것을 도가의 개념을 빌려와서 '자연지리(自然之理)'라고도 합니다. 즉 원래 그러한, 마땅히 그렇게 해야 할 도리라는 것입니다. 이처럼 주자학에서 말하는 리는 자연학의 영역과 도덕학의 영역이 분리되지 않습니다. 자연의 영역과 당위의 영역도 혼재되어 있습니다. 이것이 주자학의 이기론(理氣論)입니다.

하늘은 리일 뿐이다

주자는 인은 물론이고 유학의 모든 핵심 개념들을 리로 재해석하였습니다. 그 중 하나가 천(天)입니다. 가령 『맹자』에는 낙천(樂天)과 외천(畏天)이라는 유명한 개념이 나옵니다. 큰 나라가 작은 나라를 섬기는 것은 하늘을 즐기는 '낙천'이고, 작은 나라가 큰 나라를 섬기는 것은 하늘을 두려워하는 '외천'입니다. 당시 약육강식의 전쟁이 횡행했던 춘추전국시대에 대국과 소국의 이상적인 관계를 유학적 입장에서 설파한 것입니다. 이에 대해 주자는 다음과 같이 주석을 달았습니다;

"천이라는 것은 리일 뿐이다(天者理而已矣). 큰 나라가 작은 나라를 품고 작은 나라가 큰 나라를 섬기는 것은 모두 이치의 마땅히 그러함이다. 저절로 그렇게(자연스럽게) 이치에 부합되므로(自然合理) '낙천'이라고 한 것이다."

여기에서 아까 소개한 '천리(天理)'라는 개념이 도출됩니다. 주자학은 고대 유학의 천을 모두 리로 재해석하는 철학입니다. 그래서 '천'은 이치의 다른 말로 그 의미가 바뀌고 있습니다. 그리고 이때의 이치의 가장 핵심적인 의미는 앞서 소개한 "천지가 만물을 낳는 마음"으로서의 인입니다.

또한 『논어』에서 "하늘[天]에 죄를 지으면 빌 곳이 없다"고 하는 구절이 유명한데, 이때의 천에 대해 주자는, 『맹자집주』에서와

중요한 것은 중국의 사상 조류가 변해도 조선은 독자적으로 주자학을 고수했다는 점입니다. 뿐만 아니라 주자학을 수용하면서도 자기 나름대로 재해석을 했습니다.

마찬가지로, "천은 곧 리이다"(天卽理也)라고 전제한 뒤에, "리에 거스르면[逆理] 하늘에 죄를 짓는 것이다"라고 부연 설명합니다. 여기에서 리는 고대 유학에서 하늘에 버금가는 위치를 획득하고 있습니다. 서양철학적으로 말하면 신(God)과 같은 자리에 오른 것입니다. 이제 유학자들은 이치를 따지는 것이 가장 중요한 임무가 되었고, 이치를 가지고 논쟁을 하게 됩니다.

반면에 이 시기에는 고대 유학에서의 천의 인격성과 종교성 그리고 상징성은 퇴색되어 버립니다. 신(新)유학적 합리성이 그 자리를 대신하고 있습니다. 민간신앙 같은 것도 들어설 자리가 없게 되었습니다. 흔히 서양의 계몽주의가 중국 성리학의 영향을 받았다고 하는 것도 이런 측면 때문입니다. 한편 청나라에 이르면 리의 절대성에 이의를 제기하는 사상이 나오기 시작하는데, 대표적으로 대진(戴震)이라는 유학자는 "리로 사람을 죽인다"(以理殺人)고 하는 유명한 말을 남겼습니다.

조선의 주자학 수용

조선은 흔히 '성리학의 나라'라고 불립니다. 주자학(성리학) 하나로만 500년을 통치한 전 세계적으로 전무후무한 국가입니다. 반면에 중국은 여전히 유·불·도 삼교를 고루 인정하고, 유학의 경우에도 송나라에서 명나라로 가면 주자학에서 양명학으로 주류사상이 전환됩니다. 그러나 조선은 일관되게 주자학이 지배했습니다. 흔히 조선후기에 등장한 '실학'이 주자학에 내한 빈동이라고 말합니다. 즉 일부 유학자들의 탈주자학적 경향을 가리켜서 실학이라고 합니다. 그러나 실학이 대세를 뒤집지는 못했습니다. 주자학이 결정적으로 흔들리기 시작한 것은 1860년에 동학이 등장하면서부터입니다.

여기서 중요한 것은 중국의 사상 조류가 변해도 조선은 독자적으로 주자학을 고수했다는 점입니다. 즉 주자학이 중국에서 형성된 것이라는 점에서는 중국사상을 수용한 것이지만, 그 뒤로 성행한 양명학을 거부했다는 점에서는 중국의 영향을 받지 않고 있습니다. 더군다나 중국은 불교와 도교도 유교 못지않게 지식인들 사이에서 유행하였는데, 조선의 지배층과 지식인은 그것도 거부했습니다. 즉 조선은 조선 나름대로의 길을 걸었던 것입니다.

뿐만 아니라 주자학을 수용하면서도 자기 식대로 재해석했을 것입니다. 즉 조선의 성향에 맞게 변용하면서 수용하였을 것입니다. 마치 중국의 불교가 유교라는 풍토와 토양으로 인해 상좌(소승)불교가 아닌 대승불교가 유행했듯이, 조선 역시 자기들의 입맛에 맞게 주자학을 재해석했을 것입니다. 바로 이 문제를 해명하는 작업이야말로 조선 유학 연구에서 가장 중요한 부분이 아닌가 생각합니다.

교토대학의 오구라 기조 교수는 『한국은 하나의 철학이다』에서 한국인들은 리를 지향하는 성향이 강하다고 하였습니다. 이때 리는 '도덕지향성'을 말합니다. 즉 한국인들은 모든 것을 도덕적으로 환원시켜 생각하는 경향이 강하다는 것입니다. 그리고 이러한 성향이 때로는 '상승지향성'과 맞물려 나타나기도 한다고 보았습니다. 그래서 한국이라는 나라는 리를 둘러싸고 투쟁을 벌이는

교토대학의 오구라 기조 교수는 『한국은 하나의 철학이다』에서 한국인들은 '리'를 지향하는 성향이 강하다고 하였습니다. 즉 한국인들은 모든 것을 도덕적으로 환원시켜 생각하는 경향이 강하다는 것입니다.

하나의 거대한 극장이라고 하였습니다. 뿐만 아니라 오구라 교수가 관찰한 바에 의하면 한국인들은 '하나의 리'를 지향합니다. 이 경우에 리는 '이념'을 말합니다. 즉 어떤 사상이든 한국에 들어오면 이념적이 된다는 뜻입니다. 이상의 분석은, 그 타당성 여부는 둘째 치고, 조선시대의 리가 현대 한국사회를 설명하는 분석틀로 여전히 유효함을 시사하고 있습니다.

제가 생각하기에 『한국은 하나의 철학이다』의 연구사적 의의는 여기에 있습니다. 종래의 유학 연구가 유학을 옹호하거나 비판하거나 하는 그야말로 도덕적 시비 판단의 영역에 머물렀던 데 반해서, 오구라 교수는 유학에 대한 가치판단은 괄호에 넣고, 유학을 한국사회를 '분석'하는 틀로 사용하였습니다. 그런 의미에서 과학적 유학 연구라고 할 수 있습니다.

한국의 철학자들

포함과 창조의 새 길을 열다

최치원

철학을 넘나드는 화랑

최치원(857~?)은 신라 말기의 문신, 유학자, 문장가입니다. 868년에 당나라로 건너가 과거에 급제한 후 당나라의 관료로 생활하였습니다. 유불도 삼교에 능통하였고, 화랑도를 '풍류'라고 설명한 것으로 유명합니다.

고운(孤雲)과 수운(水雲)

5세기 무렵에 중국에서 유불도 삼교가 성립되자 한반도에도 순차적으로 수용되는데, 이들을 한국인의 입장에서 최초로 종합한 인물이 9세기 통일신라 말기의 고운 최치원(孤雲 崔致遠)이었습니다. 최치원은 '치원(致遠)'이라는 이름 그대로 "멀리까지(遠) 도달한(致)" 석학이었지만, '고운(孤雲)'이라는 호대로 "외로운(孤) 구름(雲)처럼" 생을 마감한 사상가였습니다. '치원'이라는 말은『논어』나『주역』에 나오는 말인데,*『주역』에서는 상고시대에 중국의 성인으로 알려져 있는 황제(黃帝)와 요순(堯舜)이 배[船]를 만든 공적을 평가하면서 "치원이리천하(致遠以利天下)", 즉 "(사람들로 하여금) 멀리까지 가게 해서 천하를 이롭게 하였다"고 하였습니다. 이 말을 참고하면 최치원은 그 이름대로 "당나라라는 먼 곳까지 가서 신라를 이롭게 하였다"고 할 수 있습니다.

최치원은 신라 시대에 경주에서 태어났는데, 1000년 뒤에 동학을 창시한 수운 최제우도 경주에서 태어났습니다. 뿐만 아니라

---

* 최영성,『최치원의 철학사상』, 아세아문화사, 2001, 30쪽(이하 '최영성'으로 인용). 이 글에서 소개하는 최치원의 생애에 관해서는 이 책을 참조하였다.

최제우는 최치원의 25대 직계 후손이라고 합니다. 그의 호를 '수운'이라고 한 것도 '고운'을 의식해서라는 말이 있을 정도입니다. 하지만 두 사람의 출신 신분은 천양지차가 납니다. 최치원은 왕족(성골과 진골) 다음가는 육두품 귀족 출신이었는데, 최제우는 재혼녀의 자식이라는 이유로 과거 응시 자격도 얻지 못하였습니다. 하지만 최치원도 성골이나 진골이 아니었기 때문에 신분상의 한계는 있었습니다. 그가 당나라로 유학 가서 과거에 급제하려 한 것도 이러한 신분상의 열세를 극복하려고 했기 때문이라는 해석도 있습니다.

당나라에서 과거에 합격하다

고운은 12세 때 당나라에 유학을 떠났는데, 이때 그의 아버지가 "10년 안에 급제하지 못하면 내 아들이 아니다(十年不第, 卽非吾子也)"라고 했습니다(『삼국유사』「최치원전」). 지금으로 말하면 미국에 유학가는 자식에게 "10년 안에 교수가 되지 못하면 내 아들이 아니다"라고 말한 것과 비슷한데, 상당히 엄한 아버지였던 것 같습니다. 다행히 최치원은 머리도 좋고 노력도 열심히 해서, 유학 간 지 6년 만인 18세 때(874)에 빈공과(賓貢科)에 합격하였습니다. 덕분에 부자지간의 인연은 유지될 수 있었습니다. 실로 "출신·머리·노력"의 삼박자를 고루 갖춘 '금수저'였다고 할 수 있습니다.

이때의 상황을 그는 다음과 같이 술회하였습니다; "아버님의 엄격한 훈계를 늘 가슴에 새겨…남들이 백 번 하면 나는 천 번 해서(人百之, 己千之), 관광한 지 6년 만에(觀光六年) 과거 합격자 명단에 들어갈 수 있었습니다."(『계원필경집』「서문」) 중국에 유학 간 것을 '관광했다'고 표현한 점이 흥미롭습니다. 그리고 "남들이 백 번 하면 나는 천 번 한다"의 원문은 "人百之(인백지), 己千之(기천지)인데, 고대 유학의 경전인 『중용』에 나오는 말을 축약한 표현입니다. 여기서 人(인)은 '사람'이 아니라 '남(다른 사람)'이라고 번역합니다. 己(기)가 '자기'를 뜻하는 말이기 때문에 人이 己와 대비되어 쓰일 때에는 자기가 아닌 타인(others)을 가리킵니다. 그리고 百(백)이나 千(천)은 원래는 '백 번'과 '천 번'을 의미하는 수사(數詞)인데, 여기에서는 문장 구조상 "백 번 한다", "천 번 한다"는 동사로 번역합니다. 마지막의 之(지)는 '그것'이라는 뜻의 불특정 대명사입니다. 앞에 나오는 百이나 千이 동사로 쓰이고 있음을 알려주고 있습니다.

이때 그 유명한 「토황소격(討黃巢檄)」을 쓰는데, 황소가 이것을 보고 간담이 서늘해졌다고 합니다. 이 일로 인해 최치원의 이름은 중국에서 더욱 유명해졌습니다.

　참고로 『중용』에 나오는 이 말의 원문은 "人一能之(인일능지), 己百之(기백지); 人十能之(인십능지), 己千之(기천지)"입니다(제20장). 이때는 能(능)이 '능하다,' '할 수 있다'는 의미의 본동사로 쓰였기 때문에 一(일)과 十(십), 그리고 百(백)과 千(천)은 모두 동사가 아니라, '한 번', '열 번', '백번', '천 번'을 의미하는 부사로 품사가 바뀌게 됩니다. 그래서 번역하면 "남들이 한 번에 그것을 할 수 있으면 나는 그것을 백 번 한다; 남들이 열 번에 그것을 할 수 있으면 나는 그것을 천 번 한다"는 뜻입니다. 제가 대학원 다닐 때 중국 종교를 연구하는 어느 선배의 연구실 책상에 이 말이 새겨져 있던 것을 본 적이 있습니다.

중국인과의 친교

최치원이 비록 빈공과에 급제했다고는 하지만 얻은 관직은 말단에 불과했습니다. 그래서 좀 더 높은 관직에 오르기 위해서 관직을 그만두고 산에 들어가서 다시 과거를 준비하는데, 현실적인 문제도 있고 운도 따라주지 않았습니다. 경제력이 없어서 공부를 지속할 수 없게 된데다, 최치원이 준비하는 과거시험 과목이 20년 가까이 시행되지 않고 있었기 때문입니다. 이때 최치원을 도와준 중국인이 고병(高騈)이었습니다. 최치원은 고병의 문객(門客)으로 있으면서 그의 추천을 받아 관직 생활을 할 수 있었고, 결정적으로 고병이 '황소의 난'을 토벌하러 나갈 때 종사관으로 임명되어 고병을 대신해서 여러 문서들을 작성하는 기회를 얻었습니다(최영성, 34-38쪽). 이때 그 유명한 「토황소격(討黃巢檄)」(황소를 토벌하기 위한 격문)을 쓰는데, 황소가 이것을 보고 간담이 서늘해졌다고 합니다. 이로 인해 최치원의 이름은 중국에서 더욱 유명해졌습니다.

참고로 제가 일본에 유학하러 갔을 때에도 최치원과 같은 친교의 경험을 들은 적이 있습니다. 지도교수님이 제 또래의 일본인 제자를 소개해 줬는데, 이름이 '오카'였습니다. 아버님이 동경에 있는 어느 사찰의 주지스님이어서 장차 아버지를 이어서 사찰을 운영해야 할 운명이었습니다. 제가 소개 받을 당시에 이 친구는 아내와 함께 북경대에서 교환학생으로 유학하고 막 돌아온 박사과정 수료생이었습니다. 술을 마시면서 중국 유학 시절의 경험을 얘기해 주는데, 흥미롭게도 중국 학생들보다 한국 학생들이 일본인인 자기와 자기 아내에게 더 잘 해주더라는 것이었습니다. 중국 학생들은 프라이드가 강해서 잘 안 놀아주었다고 했는데, 제가 생각하기에는 아마 반일감정 때문이었던 것 같습니다. 그런데 뜻밖에도 반일감정이 더하리라고 생각했던 한국 학생들이 오히려 친구처럼 더 잘 대해 줬다는 것이지요. 가령 한국 유학생들이 어느 지방에 답사하러 가면 꼭 자기 부부도 같이 초대해서 버스 타고 갔다 오곤 했다고 합니다. 그렇게 한국 유학생들과 어울리면서 중국말도 쉽게 늘었고요. 오카 부부를 알게 된 지 얼마 안 있어 저희 부부가 오카의 부모님으로부터 저녁 초대를 받았습니다. 빈궁한 차림의 우리 부부를 동경에 있는 고급 호텔에 초대하시더니 랍스타 요리와 고급 와인을 시켜 주셨습니다. 생전 처음 접해보는 산해진미였습니다. 그러더니 자기 아들에게 이렇게 말씀하셨습니다; "네가 중국에서 받은 은혜를 조성환 선생 부부에게 그대로 갚아야 한다." 순간 저는 깜짝 놀랐습니다. 제가 베푼 은혜도 아닌데, 같은 한국인이라는 이유로 그 덕을 저희 부부가 받고 있는 것이니까요. 이것이 불교에서 말하는 '인연'인가 싶었습니다. 최치원이 중국에서 맺은 고병과의 친교도 오카 부부가 북경에서 한국인 유학생과 맺은 친교와 다르지 않으리라 생각합니다.

최치원은 중국을 서국(西國)이라 하고, 신라를 동국(東國)이라고 하였습니다. 여기서 '동국'은 "중국의 동쪽 나라"라는 의미가 아니라 "해가 뜨는 나라"라는 의미입니다.

신라로의 귀국

최치원은 그의 나이 28세인 884년에 중국 생활을 접고 이듬해 3월에 신라로 돌아옵니다. 지금의 학자들 같으면 대학을 마치고 유학을 떠날 나이에 최치원은 성공한 사람이 되어 고국에 돌아온 셈입니다. 그는 12세부터 28세까지 16년 동안 중국생활을 하였고, 과거 준비 기간 6년을 제외하면 꼬박 10년 동안 중국에서 활동하였습니다(874~884). 그런데 이 10년은 중국에서 '황소의 난'이 일어난 시기와 정확히 일치합니다(875~884). 따라서 그가 중국에서 활동한 시기는 중국의 혼란기였다고 해도 과언이 아닙니다.

최치원이 신라에 귀국한 이유도 중국의 이런 혼란 상황과 무관하지 않은 것 같습니다. 여기에 더해서 그가 믿고 의지하던 고병의 변화도 한몫하였습니다. 한 거짓 방사(方土, 도가의 술법을 닦은 사람)에 농락되어 신선술(神仙術)에 빠지게 된 것입니다. 이런 상황에서 최치원은 중국에 머무는 것은 더 이상 희망이 없다고 생각한 것 같습니다. 실제로 고병은 최치원이 떠나고 3년 뒤에 변란에 휘말려 피살당했다고 합니다(최영성, 40쪽). 역시 도인(道人)들은 선견지명이 있는 모양입니다.

그러나 이것만으로 최치원의 귀국 이유를 다 설명할 수는 없습니다. 최치원은 당나라에 유학했던 승려들을 '서화자(西化者)'와 '동귀자(東歸者)'의 두 부류로 분류하였습니다(『지증대사비문』, 최영성, 42쪽). 여기에서 서(西)는 '중국'을 가리키고, 동(東)은 신라를 지칭합니다. 최치원은 중국을 서국(西國)이라 하고, 신라를 동국(東國)이라고 하였습니다.* 여기서 '동국'은, 지금 우리가 '동국대학교'라고 할 때의 그 동국인데, "중국의 동쪽 나라"라는 의미가 아니라

---

* 최영성, 「최치원 사상에서의 보편성과 특수성의 문제」, 『동양문화연구』 4집, 2009, 97쪽, 각주 11)

"해가 뜨는 나라"라는 의미입니다. 예를 들어 최치원은 '동방'에 대해서 다음과 같이 말하였습니다; "큰바람과 아침해는 모두 동방으로부터 나온다(惟俊風與旭日, 俱東方自出也. 최영성 420쪽)."

그래서 서화자는 "중국에 귀화한 승려"를 말하고, 동귀자는 "신라에 귀국한 승려"를 말합니다. 그리고 다른 곳에서는 "비록 공(空)을 체득했다 하더라도 어찌 뿌리를 잊을 수 있겠는가!"라고 하였습니다(雖曰觀空, 豈能忘本!『진감선사비문』). 즉 중국에 유학 가서 불교의 진리를 깨달았다 하더라도 자신의 정체성이 신라인이라는 사실을 잊어서는 안 된다는 것입니다. 비슷한 표현으로,『맹자』에 나오는 말을 원용해서, "나를 버리고 누구라고 하겠는가!"(捨我誰謂)라고도 하였습니다(「대낭혜화상비문」).* 이것을 보면 최치원의 조국에 대한 생각은 남달랐던 것 같습니다(최영성, 41-42쪽).

참고로『삼국사기』「최치원전」에서는 최치원이 중국에 가서 유학한 것을 '서유(西遊)'라고 하였고(始西遊時), 중국에서 공부한 것을 '서학(西學)'이라고 하였습니다. 그리고 최치원은 서학에서 배운 것을 고국 신라에서 펼치고자 하였다고 나옵니다; "최치원은 스스로 생각하기를, 서학에서 얻은 바가 많아서 (신라에) 돌아와서 장차 자기의 뜻을 실행하겠다고 하였다(致遠自以西學多所得, 及來將行己志)." 이것을 보아도 최치원이 귀국한 것은 중국에 유학 갈 당시부터 염두에 두고 있었던 것 같습니다.

* 최영성, 위의 논문, 95쪽.

최치원은 한반도를 '동방(東方)'으로, 한반도에 사는 사람들을 '동인(東人)'으로 각각 표현했습니다 최치원에 이르러 중국과는 다른 한반도의 문화적·사상적 정체성이 명료하게 표현된 것입니다.

동방과 동학

한편 중국인들은 당시에 인도를 '서역(西域)'이라고 표현했습니다. 당나라 현장이 인도 지역을 여행하고 쓴 여행기를 『대당서역기(大唐西域記)』라고 한 것이 대표적인 예입니다. 그래서 근대 이전에 중국인들에게 있어 '서학'이라고 하면 인도의 불학(佛學)을 말합니다. 그리고 인도에 유학 가는 것은 '서유(西遊)'가 됩니다. 시대는 후대로 내려오지만, 명나라 때 쓰인 『서유기(西遊記)』의 '서유'가 그런 용례를 보여줍니다. 한편 조선 후기에는 서양에서 전래된 천주교나 서양 과학을 '서학(西學)'이라고 하였는데, 신라 말기의 최치원은 중국학을 '서학'이라고 한 셈입니다. 그러면 자연히 신라학은 '동학(東學)'이 되는데, '동학'이라는 표현까지는 아직 안 쓴 것 같습니다. 이 표현은 그로부터 천 년 뒤에 같은 경주 지역에서 최제우가 처음으로 쓰게 됩니다.

선행연구에 의하면 최치원은 한반도를 '동방(東方)'으로, 한반도에 사는 사람들을 '동인(東人)'으로 각각 표현했습니다(최영성 400-401쪽). 이것은 대단히 중요한 의미를 갖는 개념입니다. 왜냐하면 최치원에 이르러 중국과는 다른 한반도의 문화적·사상적 정체성이 명료하게 표현되고 있기 때문입니다. 그 뒤로 한반도에 사는 사람들은, 고려시대가 되었든 조선시대가 되었든, 나라는 바뀌어도 항상 자신들을 '동방'이라고 불렀습니다. 예를 들면 조선 초에 변계량(卞季良, 1369~1430)이라는 신하가 태종에게 다음과 같이 상소문을 올린 적이 있습니다;

"우리 '동방'은 단군이 시조입니다. (단군은) 하늘에서 내려왔지

(중국의) 천자가 분봉한 사람이 아닙니다."(『태종실록』 16년 6월 1일)

여기에서 '우리 동방'의 한자어 원문은 '오동방(吾東方)'인데, 최치원 이래로 한반도에 사는 지식인들은 중국과 대비시켜 자신들을 지칭할 때 항상 이 '오동방'이라는 말을 사용하여 왔습니다.

마지막으로, 최치원이 귀국하려 하자 그와 같은 해에 과거에 급제한 중국인 친구 고운(顧雲)이 다음과 같은 시를 지어 주었다고 합니다; "열두 살에 배를 타고 바다를 건너와(十二乘船渡海來) 문장으로 중화의 나라를 감동시켰네(文章感動中華國). 열여덟 살에 문단의 전장을 휩쓸고 다니면서(十八橫行戰詞苑) 처음 쏜 화살로 과거장의 과녁을 꿰뚫었네(一箭射破金門策)."(『삼국사기』「최치원전」) 중국인조차 이 정도로 극찬할 정도면 그가 얼마나 한문에 능했는지 가히 상상할 수 있습니다.

최치원은 필시 청운의 꿈을 품고 신라에 귀국했을 것입니다. 그런데 당시의 신라 상황도 중국처럼 좋지 않았습니다. 당시 신라는 말기 증상을 보이면서 쇠퇴일로를 걷고 있었습니다. 그래서 최치원의 큰 뜻을 품을 여유가 없었습니다.

고국에서의 좌절

최치원은 필시 청운의 꿈을 품고 신라에 귀국했을 것입니다. 그런데 당시의 신라 상황도 중국처럼 좋지 않았습니다. 말기 증상을 보이면서 쇠퇴일로를 걷고 있었기 때문입니다. 그래서 최치원의 큰 뜻을 품을 여유가 없었습니다. 귀국한 지 10년 뒤인 894년(38세)에 진성여왕에게 「시무책 10조」를 올리는데, 다행히 이 시무책이 받아들여져 육두품으로는 최고 관직인 아찬에 임명됩니다. 그러나 진골 귀족층의 저항으로 시무책은 제대로 시행되지 않고, 게다가 898년(42세)에 최치원이 쓴 글이 문제가 되어 아찬에서 면직됩니다. 이후로 최치원은 벼슬에 대한 의욕을 잃고 은거

생활에 들어갑니다(최영성, 44-45쪽). 이때 그의 나이는 불과 42세였습니다. 지금 같으면 박사학위를 마치고 사회활동을 막 시작할 나이에 정계 은퇴를 선언하고 속세를 떠난 셈입니다.

이러한 그의 파란만장한 일생을 두고『삼국사기』「최치원전」에서는 다음과 같이 말했습니다; "최치원은 서쪽으로 당나라를 섬기고(致遠自西事大唐) 동쪽으로 고국에 귀국하기까지(東歸故國) 모두 난세를 만났다(皆遭亂世). 어려움에 머뭇거리고 고생이 잇따르며(屯邅蹇連) 걸핏하면 허물을 뒤집어쓰니(動輒得咎) 불우한 것을 스스로 아파하여(自傷不遇) 더 이상 관직에 나아갈 뜻이 없었다(無復仕進意). 소요하면서 자신을 풀어 놓고(逍遙自放), 산 아래와 강기슭에서(山林之下江海之濱) 누각과 정자를 짓고 소나무와 대나무를 심고서(營臺榭植松竹), 경서와 사서를 베개로 삼고(枕藉書史) 음풍농월을 읊조렸다(嘯詠風月). 예컨대 경주의 남산, 경북 영천의 빙산, 합천의 청량사, 지리산의 쌍계사, 마산의 별장 등은 모두 그가 노닐던 곳이다. 마지막에는 가족을 데리고 가야산 해인사에 은거하면서(最後帶家隱伽耶山海印寺) 친형인 승려 최현준 및 정현사와(與母兄浮圖賢俊及定玄師) 도우 관계를 맺고(結爲道友) 한가로이 안식하며 살다가(棲遲偃仰) 노후를 마쳤다(以終老焉)."

신라의 개혁가

신라시대의 화랑은 산천초목을 유랑하면서 공부와 수행을 겸했다고 하는데, 실로 최치원의 말년이 화랑 같은 삶이었습니다.『삼국사기』「최치원전」에서는 최치원이 뜻을 펴지 못한 이유를 다음과 같이 밝히고 있습니다; "최치원은 스스로 생각하기를, 서학에서 얻은 바가 많아서 (신라에) 돌아와서 장차 자기의 뜻을 실행하려 했으나, 왕조 말기여서 의심과 시기가 많아 (그의 뜻이) 받아들여지지 않았다."(致遠自以西學多所得, 及來將行己志, 而衰季多疑忌, 不能容.) 예나 지금이나 뛰어난 사람에 대한 질투는 변함이 없는 것 같습니다.

최치원은 항상 유학자를 자처했지만 불교와 도교에 대한 조예도 남달랐습니다. 그의 폭넓은 사상은 '풍류도(風流道)'로 알려진 화랑도(花郎道)와도 상통하고 있습니다.

조선 인조 때의 유학자인 정극후(1577~1658)는 『서악지(西岳志)』에서 최치원을 다음과 같이 평가하였습니다; "동국에서 태어나서 그 문장과 사업이(生乎東國而其文章事業) 중원을 달리고 후세에 빛나는 데까지 이른 사람은(至於馳騖中原, 暎耀後世者) 지난 천년 동안(최치원) 한 사람뿐이다(千古一人而已). 이것이 그가 중국 조정에 등용될 수 있었던 까닭이다(此其可以從祀聖廟也)."(최영성, 54쪽)

또한 조선 후기의 북학파 실학자로 알려진 박제가(朴齊家, 1750~1805)는 『북학의(北學議)』 서문에서 최치원을 다음과 같이 평가하였습니다; "나는 어려서 고운 최치원과 중봉 조헌의 사람됨을 사모하였다.…고운은 당나라의 진사였는데(孤雲爲唐進士) 동쪽에 있는 본국으로 귀환하여(東還本國) 신라의 풍속을 혁신하여 중국과 같은 수준으로 나아갈 수 있다고 생각하였다(思有以革新新羅之俗, 進乎中國).…압록강 동쪽에서(鴨水以東) 지난 천여 년 동안(千有餘年之間) 구구한 귀퉁이를(有以區區一隅) 일변시켜서 중국에 이르고자 한 자는(欲一變而至中國者) 이 두 사람뿐이다(惟此兩人而已)."(최영성, 451~2쪽) 여기에서 중봉 조헌(重峯 趙憲, 1544-1592)은 조선중기의 유학자로, 한편으로는 조선의 각 분야에 대해서 개혁론을 내놓은 초기 실학자이고, 다른 한편으로는 임진왜란 때 최초로 의병을 일으켜 청주성을 수복하는 등 왜군에게 커다란 타격을 입히고 700 의병과 함께 장렬히 순국한 의병장입니다. 박제가에 의하면, 최치원은 신라시대에 조헌과 같이 사회개혁을 꿈꾼 정치가이자 사상가였습니다.

삼교를 넘나드는 유학자

최치원은 항상 유학자를 자처했지만 불교와 도교에 대한 조예도 남달랐습니다. 여기에는 집안 분위기도 한몫했는데, 그의 아버지는 화엄종 계통의 사찰을 창건하는 데 관여하였고, 그의 형 최현준은 화엄불교에 정통한 승려였습니다. 최치원의 대표작도 불교에 관한 책입니다. "네 개의 산에 세운 비석에 새긴 글"이라는 뜻의 『사산비명(四山碑銘)』은 세 명의 불교 선사(禪師)의 일생과 한 개의 사찰의 창건 내력을 담고 있는데, 최치원의 철학사상과 종교사상을 알 수 있는 중요한 기록입니다.

한편 『해동전도록(海東傳道錄)』에 의하면, 최현준은 일찍이 중국에 유학하여 도교의 환반법(還反法)과 시해법(尸解法) 등을 배우고 돌아와서 최치원에게 전수하였고(최영성, 31쪽), 최치원은 이것을 바탕으로 『가야보인법(伽倻步引法)』이라는, 시해법에 관한 독창적인 책을 저술했습니다(『한국민족문화대백과사전』 「가야보인법」). 이러한 집안 분위기가 삼교에 두루 능통한 최치원의 학풍을 형성하는 데 일조했다고 생각됩니다.

그의 폭넓은 사상은 '풍류도(風流道)'로 알려진 화랑도(花郎道)와

도 상통하고 있습니다. 최치원은 '난랑'이라는 화랑의 비문(碑文) [鸞郎碑序]에서 풍류도를 다음과 같이 설명했습니다; "나라에 현묘한 도가 있으니 '풍류'라 한다(國有玄妙之道曰風流). 가르침을 세운 근원은 『선사(仙史)』에 상세히 나와 있는데(設敎之源, 備詳仙史), 핵심은 삼교를 포함하고 군생을 접화한다는 것이다(實乃包含三敎, 接化群生). 예를 들면 들어가서는 집에서 효도하고 나와서는 나라에 충성하는 것은 노나라 사구의 가르침이고(且如, 入則孝於家, 出則忠於國, 魯司寇之旨也), 무위의 일에 처하고 불언의 가르침을 행하는 것은 주나라 주사의 종지이며(處無爲之事, 行不言之敎, 周柱史之宗也), 어떤 악도 짓지 않고 모든 선을 행하는 것은 인도 태자의 교화이다(諸惡莫作, 諸善奉行, 竺乾太子之化也)."

'수용으로서의 포함' 개념은 '포함'을 내용이 아닌 '태도'의 차원에서 이해하는 것입니다. 즉 "외래사상을 수용하고자 하는 개방적인 태도"를 '포함'으로 보고 있는 것입니다.

이 구절이 그 유명한 신라의 '풍류사상'을 소개하는 대목입니다. 비록 짧기는 하지만 오늘날 논문 등에서 많이 인용되는 구절입니다. 여기에서 노나라 사구(司寇)는 공자를, 주나라 주사(柱史)는 노자를, 인도 태자는 붓다를 가리킵니다. 재미있는 점은 공자, 노자, 붓다라는 존칭을 쓰지 않고 '사구(법무장관)'나 '주사(도서관장)' 또는 '태자(왕의 아들)'와 같은 관직명을 썼다는 점입니다. 최치원이 중국을 '서국'으로, 신라를 '동국'으로 대등하게 표기한 것과도 상통하는 자세입니다.

한편 최치원은 풍류도의 기원은 신선들의 역사책인 『선사(仙史)』에 상세하게 기록되어 있다고 말하고 있는데, 문제는 이 『선사』가 오늘날 전해지지 않고, 구체적으로 어떤 책을 가리키는지도 불분명하다는 점입니다. 다만 문맥으로부터 추측할 수 있는 사실은, 중국의 삼교와는 다른, 한반도에서 오래전부터 전해 내려오는 풍류도가 있는데, 이 풍류도는 중국의 삼교를 포함(包含)하고 있다는 것입니다. 여기에서 최치원은 신라 고유의 풍류도와 중국 전래의 삼교의 관계를 '포함'이라는 단어로 설명하고 있습니다.

'포함'의 철학적 의미

문제는 "풍류도는 유·불·도 삼교를 포함하고 있다"고 할 때의 '포함'이 구체적으로 어떤 의미인지가 불분명하다는 점입니다. 대개는 "고대 한반도에 유·불·도 삼교를 포함하는 풍류도가 원래부터 있었다"는 식으로 해석하는데, 이것은 좀 지나친 감이 있습니다. 마치 우리가 서양문화를 받아들이기 이전에 이미 단군신화나 『천부경』 같은 문헌에 서양문화가 다 들어 있었다고 말하는 것과 유사하기 때문입니다. 그래서 설령 최치원이 이러한 의미로 '포함삼교'라는 말을 썼다고 해도, 그것을 사실 그대로 받아들이기는 어렵습니다. 무엇보다도 한반도에 삼교를 전해준 중국인들이 가장 납득하기 어려워할 것입니다.

두 번째 해석은 이것과는 정반대로, 풍류도는 유불도 삼교의 절충 내지 종합에 불과하다는 해석입니다. 실제로 풍류도에 대한 최치원의 설명을 보면 이런 측면이 두드러져 보입니다. 유교와 불교와 도교의 핵심 덕목을 하나씩 취하고 있으니까요. 그런데 이렇게만 해석하고 나면 뭔가 허전한 느낌이 듭니다. 첫 번째 해석이 지나치게 자국 우월적인 느낌이 강했다면, 두번째 해석은 정반대로 지나치게 자국 비하적인 느낌을 떨칠 수가 없습니다.

풍류도에서 아무런 독창성이나 주체성을 찾을 수 없게 되니까요. 마치 동학은 유·불·도 삼교의 절충 내지는 종합이라고 말하고 끝내는 것과 유사합니다. 이런 해석에서는 최치원이나 최제우가 '풍류'나 '동학'이라는 말로 표현하고자 했던 사상적 주체성과 능동성이 무시되고 맙니다.

화랑은 삼교 중에서 어느 하나의 사상에 매여 있지 않습니다. 그런 점에서 특정한 사상적 정체성을 고집하지 않는 방식으로 자신들의 정체성을 만들어 갔다고 할 수 있습니다.

이 문제와 관련해서 참고할 만한 견해가 신학자 이정배 교수의 해석입니다. 이정배 교수는 '포함'의 함(含)을 외래문화를 '수용'하는 행위로 해석하였는데(〈생명평화마당〉 신학위원회 4차 심포지엄 발표. 2013.6.5), 이 해석은 전통적인 해석과는 다른 차원을 열어주고 있다고 생각됩니다. 왜냐하면 '수용으로서의 포함' 개념은 포함을 내용이 아닌 '태도'의 차원에서 이해하기 때문입니다. 즉 "외래사상을 수용하고자 하는 개방적인 태도"를 포함으로 보고 있는 것입니다.

저는 이 해석에 한 표를 던집니다. 이 해석을 참고하면, '포함삼교'로서의 풍류는 전통시대에 한반도에 살았던 사람들이, 한편으로는 중국문화를 수용하면서, 다른 한편으로는 자신들의 문화적 정체성과 고유성을 유지하고자 했던 '사상적 긴장감'을 보여주는 말로 이해할 수 있습니다. 이 긴장감이야말로 중국이나 일본과는 다른 한국만의 특징이라고 생각합니다. 왜냐하면 중국은 늘 주변국가에 문화를 전파한다는 입장이었고, 일본은 한국과는 달리 바다로 격절되어 있었기 때문에 상대적으로 자신들의 문화적 정체성을 유지해야 하는 긴장감은 덜했을 것입니다.

'어우러짐'으로서의 풍류

이처럼 최치원의 '포함삼교'는 전통적으로 중국문화를 수용해야 하는 입장에 있었던 한국의 특수한 상황을 잘 보여주고 있습니다. 그것은 한편으로는 외래문화를 받아들이면서도 다른 한편으로는 자기의 정체성을 유지해야 하는, 일종의 '이중과제'를 해결해 가는 태도라고 할 수 있습니다. 최치원은 외래문화를 '삼교'로, 자기 정체성을 '풍류'로 표현하고 있는 것입니다.

'풍류'는 말 그대로 '바람'과 같은 존재 방식을 의미합니다. 그것은 어느 한 곳에 머물지 않으면서 끊임없이 자기를 새롭게 하는 유목적 삶을 상징합니다. 그런 점에서 장자가 말하는 '소요유(逍遙遊)'와 상통합니다. 실제로 조선후기의 다산 정약용은 화랑을 '貴遊(귀유)' 즉 "유랑하는 귀족집단"이라고 하였는데(花郞者, 新羅貴遊之名也.『아언각비』), 여기에서 遊(유)는 떠돌아다니는 놀이적 삶을 가리킵니다.

풍류신학자 유동식의 해석에 의하면, 화랑은 명산대천을 유랑하면서 자연의 정기를 흡수하고 거기에 깃들인 신령과 교제했다고 합니다(유동식,「한국인의 영성 풍류도」). 이러한 삶의 방식이 사상적으로 드러난 것이 '포함삼교'입니다. 포함삼교는 어느 하나의 가치체계에 안주하지 않고 다양한 사상을 수용하고자 하는 철학적 태도를 가리킵니다. 다시 말하면 어느 하나의 진리 체계도 배제함이 없이, 또는 어느 하나의 사상을 고집하지 않고 모두를 아우르고자 하는 사상적 '어우러짐'이 풍류입니다. 자연과 어우러지고(遊娛山水) 사람과 어우러지고(接化群生) 사상과 어우러지는(包含

三敎) 경지야말로 화랑이 지향한 최고의 경지였습니다.

그래서 화랑은 유교나 불교 또는 도교와 같은 특정한 사상적 정체성을 갖지 않습니다. 이것이 당시 중국의 지식인들과의 차이입니다. 중국의 지식인들은 군이 말한다면 유교나 불교 또는 도교의 삼교 가운데 하나의 교를 유지한 채 다른 이교(二敎)를 수용하는 자세를 취했습니다. 반면에 화랑은 삼교 중에서 어느 하나의 사상에 매여 있지 않습니다. 그런 점에서 특정한 사상적 정체성을 고집하지 않는 방식으로 자신들의 정체성을 만들어 갔다고 할 수 있습니다.

모든 사상과 어우러지기 때문에 어떤 사상가라고 이름을 붙이기 어렵습니다. 그래서 그냥 '풍류(떠돌이)'라고 밖에 할 수 없습니다.

이처럼 풍류도는 어우러짐의 아이덴티티를 지향하기 때문에 기본적으로 '일교주의'가 아닌 '다교주의'의 입장을 취하고 있습니다. 조선시대의 주자학과 같이 하나의 사상만을 정통으로 인정하고 다른 사상이나 종교는 이단으로 배척하는 일교주의가 아니라, 가급적 많은 사상을 받아들이고 아우르고자 하는 다교주의를 지향했습니다. 그래서 '포함삼교'는 상황이 바뀌면 '포함사교'나 '포함오교' 또는 '포함백교' 등으로 확장될 가능성을 갖고 있습니다. 만약에 최치원 시대에 그리스도교가 수용됐다면 최치원은 '포함사교'라고 했을 것입니다. 20세기 초에 중국의 '교'의 체제가 붕괴되고 서양의 '종교' 개념이 들어오자, 이능화가 "백교의 회통"(『백교회통(百敎會通)』, 1912)을 주장한 것도 기본적으로는 이러한 전통이 있기 때문에 가능했습니다.

기대지 않는 아이덴티티

풍류도의 '포함삼교'는 중국의 '삼교공존(三敎共存)'과는 기본적으로 다른 발상입니다. 왜냐하면 중국의 삼교공존 내지 조화사상은 삼교의 독자성을 인정한다는 것이지, 삼교를 포함해서 새로운 '도'나 '교'를 만들겠다는 발상은 아니기 때문입니다. 따라서 거기에는 삼교끼리의 교류나 영향 관계는 있을지언정 삼교와는 다른 새로운 '교'나 '도'는 설정되지 않습니다. 이에 반해 최치원의 '포함삼교'는 삼교를 수용한 새로운 '도'의 탄생을 의미합니다. 동시에 그것은 삼교의 소양을 골고루 갖춘 전인적 인간형의 양성을 지향합니다. 즉 유·불·도 삼교의 어느 하나에 치우치지 않고 모두를 아우르는 인재를 기르겠다는 발상입니다.

그런 점에서 화랑은, 『장자』의 표현을 빌리면, "어느 하나의 가르침에 속박되어 있지 않다"고 할 수 있습니다. 『장자』는 「추수」편에서 "편협한 지식인에게 도(道)를 말할 수 없는 것은 교(敎)에 속박되어 있기 때문이다"라고 하였습니다(曲士不可以語於道者, 束於敎也). 또한 「소요유」편에서는, 바람을 타고 다니는 열자는 비록 걸어 다니는 수고는 면했지만 여전히 바람에 기대고 있다고 비판하면서(此雖免乎行, 猶有所待者也), "만약에 천지의 올바름을 타고(乘天地之正), 육기의 변화를 부리며(御六氣之辯), 무궁에 노니는 자라면(以遊無窮者) 어디에 기대겠는가!(彼且惡乎待哉) 그래서 '지인은 자기가 없고(至人無己) 신인은 공적이 없으며(神人無功) 성인은 이름이 없다(聖人無名)'고 한다"고 하였습니다.

우리가 사회적으로 이름이 나거나 공을 세우거나 하는 것은 모두 어느 한 분야에 탁월했을 때에 일어나는 일들입니다. 마치 도가사상가인 열자(列子)가 바람을 부리는 데 능수능란해서 이름이 났던 것처럼 말입니다. 그래서 열자는 '신선'이라는 정체성이 부여되었습니다. 그런데 장자는 그것을 특정한 사물에 기대고 있다고 생각합니다. 바람이 없어지면 자신의 아이덴티티 자체가 소멸되고 마니까요. 자신을 자신이게 하는 근거가 없어지니까요. 그래서 장자가 생각하기에 열자는 자유로워 보이지 않습니다. 오히려 바람에 구속되어 있습니다. 바람은 열자에게 신선이라는 정체성을 부여해 주었지만, 다른 한편으로는 바람이 열자의 정체성을 신선으로 구속하고 있는 셈입니다. 이에 반해 천지(天地)와 육기(六氣: 風·寒·暑·濕·燥·火)라고 하는 자연 세계 전체와 하나 된 사람이라면 그 어떤 것에도 기댈 게 없습니다. 그래서 그는 자유롭습니다. 대신 이름이 날 일도 공을 세울 일도 없습니다. 최치원이 말하는 화랑의 풍류도도 이와 유사합니다. 화랑은 사상적으로 그 어느 것에도 얽매어 있지 않습니다. 모든 사상과 어우러지기 때문에 어떤 사상가라고 이름붙이기가 어렵습니다. 그래서 그냥 '풍류(떠돌이)'라고 할 수 밖에 없습니다.

'국선'이라는 말에는, 마치 "포함삼교로서의 풍류"에 중국의 삼교와 신라의 풍류가 걸쳐 있고 넘나들고 있듯이, 제도권 안과 밖에 걸쳐 있고 넘나들고 있다는 느낌이 묻어납니다.

제도화된 신선

신라시대에 화랑은 '국선(國仙)'이라고도 불렸는데, 국선은 '나라의 신선'이라는 뜻입니다. 원래 중국에서 '신선'이라고 하면 개인의 불로장생을 추구하는 제도권 밖에 있는 방외지사(方外之士)를 말합니다. 그런데 '국선'은 그 명칭으로부터 알 수 있듯이 나라에서 신선을 '제도화'한 것입니다. 즉 제도권 밖에 있던 신선을 제도권 안으로 끌어들인 셈입니다. 그래서 신선이 불로장생이라는 개인 구제의 차원에 머물지 않고 사회변혁의 차원으로까지 나아가게 하였습니다. 중국으로 말하면 신선도(神仙道)에서 도교로 승격된 것과 비슷합니다. 그런 의미에서 화랑은 신라 버전의 도사(道士)라고 할 수도 있습니다.

이처럼 '국선'이라는 말에는, 마치 "포함삼교로서의 풍류"에 중국의 삼교와 신라의 풍류가 걸쳐 있고 넘나들고 있듯이, 제도권 안과 밖에 걸쳐 있고 넘나들고 있다는 느낌이 묻어납니다. 그래서 화랑들은 사회 안에 들어오면 충이나 효와 같은 공동체의 규범에 충실하였지만, 평소에는 명산이나 대천을 찾아다니면서 영성을 연마하고 무예를 닦았던 것입니다.

한국의 철학자들

포함과 창조의 새 길을 열다

원효

코끼리를 말하는 장님

원효와 화쟁

원효(元曉)는 7세기 신라시대의 대표적인 고승으로, 한국철학사에서는 보통 "한국불교의 새벽을 열었다"고 평가받고 있습니다. 이때 '새벽'을 한자로 표현하면 '효(曉)'가 됩니다. 그래서 원효는 이름 그대로 살았던 사람이라고 할 수 있습니다. 이름(名)과 실질(實)이 서로 상부한 인물이었던 거죠. 원효가 활동한 시기는 한반도가 국내외로 전쟁을 치르는 혼란기였습니다. 신라가 당나라와 동맹을 맺은 것이 원효 나이 32세 때(648)이고, 신라가 삼국을 통일한 시기가 60세 때(676)였습니다. 그리고 10년 뒤에 원효는 세상을 떠납니다. 최치원이 통일신라 말기를 산 사상가였다면, 원효는 통일신라가 막 형성되던 신라 말기를 산 사상가였습니다.

시대가 시대여서 그랬는지 원효는 '화(和)'(어우러짐)에 관심이 많았습니다. 그중에서도 특히 언쟁(言爭)의 어우러짐에 주목했습니다. 이것을 '화쟁(和諍)'이라고 하는데, 이때의 쟁(諍)은 '말씀 언(言)'과 '다툴 쟁(爭)'이 합쳐진 글자로, 법정 소송과 같이 '말로 하는 다툼'이나 왕에게 올리는 간언(諫言)을 뜻합니다. 그래서 '화쟁'은 보통 "말다툼을 화해시킨다" 또는 "언쟁을 조화시킨다"는 의미로 해석합니다. 영어로는 "reconciliation of dispute"(논쟁의 화해)

라고 번역하기도 합니다.

　한편 이와는 약간 다른 해석도 가능합니다. 가령 문법적으로는 '화쟁'의 '화'를 형용사로 보아서 화쟁을 "조화로운 언쟁"이라고 해석할 수도 있습니다. 이 경우에는 '화해시킨다'는 실천적 의미가 사라지고, 무엇보다도 화쟁이 언쟁을 화해시키기 위한 하나의 '방법'이라는 측면이 부각되지 않습니다. 이 외에도 원효가 사용한 '화'와 '쟁'의 용례들을 자세히 분석하여 종래와는 다른 해석을 내놓은 학자도 있습니다. 박재현 교수는 '화'를 화해의 '화'가 아닌 화합(和合)의 '화'로 해석하여, "(여러 주장들을) 한데 모은다"는 의미로 풀이합니다. '쟁'도 '논쟁'보다는 '주장'으로 이해하여 '서로 간에 소통이 단절된 채 자기 입장만 고수하는 형국'이라는 의미로 해석합니다. 그래서 '화쟁'은 '대립과 갈등의 화해'를 의미하는 것이 아니라 '상이한 주장들 사이의 소통'을 말한다고 해석하고 있습니다. 즉 '화'는 화해보다는 '소통'의 의미이고, 그런 점에서 화쟁은 회통(會通)과 상통하며, 화쟁은 화해 이론이 아니라 소통 이론으로 이해해야 한다는 것입니다.*

　날카로운 지적이라고 생각합니다. 다만 그렇다고 해서 '화'에 담겨 있는 화해나 조화의 의미가 사라지는 것은 아니라고 봅니다. 박재현 교수도 지적하고 있듯이, '화'는 단순히 상이한 주장들

---

* 박재현, 「원효의 화쟁사상에 대한 재고-화쟁의 소통적 맥락」, 『불교평론』 8호, 2001.09.10.; 박재현, 「해석학적 문제를 중심으로 본 원효의 회통과 화해」, 『불교학연구』 24호, 2009.

제6강 원효 ｜ **113**

을 모아 놓는 것이 아니라 "상이한 것들이 서로 연관되어 있다"는 의미가 담겨 있기 때문입니다. 즉 겉으로는 대립되는 것처럼 보이는 상이한 주장들이, 알고 보면 근저에서 서로 통하는 지점이 있음을 보여주는 것이 '화'입니다. 그래서 결과적으로는 상이한 주장들이 화해하게 됩니다. 이런 의미에서 저는 '화'를 '어우러짐'이라고 해석합니다. 지포린 교수가 리를 'coherence(어우러짐)'라고 번역한 것과 유사한 의미입니다. 다만 리(理)에는 '알 수 있다' '이해 가능하다'는 의미가 강조되고 있다면, 화(和)에는 '화합한다' '조화된다'는 의미가 강조된다는 차이가 있습니다.

원효가 『십문·화쟁·론』을 저술한 동기는 붓다 사후에 붓다의 가르침을 둘러싸고 의견이 분분하여 상대의 견해를 인정하지 않는 폐단이 일어났기 때문입니다.

원효의 『십문·화쟁·론』

이처럼 화쟁은 원효를 논하는 경우에 항상 뜨거운 감자와 같은 주제입니다. 오늘날뿐만 아니라 과거에도 원효에 대한 평가는 화쟁에 집중되고 있습니다. 대표적인 것이 원효의 삶을 소개한 전기 자료들입니다. 그중에서도 가장 오래된 것은 9세기 초 통일신라 말기에 쓰인 「서당화상비(誓幢和尙碑)」입니다. '서당'은 원효의 다른 이름이고 '화상'은 '승려'라는 뜻이며 '비(碑)'는 비석을 말합니다. 이 비석에 원효의 전기가 새겨져 있는데, 군데군데 글자가 지워져 있어서 전문은 알 수 없습니다. 하지만 원효에 대한 귀중한 정보들이 많이 담겨 있습니다. 특히 원효의 대표적인 저서 두 권이 소개되고 있는데, 그중 하나가 화쟁과 관련된 『십문·화쟁·론(十門和諍論)』입니다.

[화상=원효의 저술 가운데] 『십문론(十門論)』은 여래(붓다)가 세상에 계실 적에는 온전한 가르침에 의지했는데, 중생들이…자기는 맞고 다른 사람은 틀리다고 하거나, 자기는 타당하고 다른 사람은 타당하지 않다고 하는 것이 마치 황하(黃河)와 한수(漢水)와 같았다.*

여기에서 『십문론』은 『십문·화쟁·론』의 약칭으로 쓰였는데, '십문(十門)'이란 '열 가지 문'이라는 뜻입니다. 대개 '열 가지 주제'나 '열 가지 접근 방식' 정도로 해석합니다. 그래서 '십문·화쟁·론'은 "열 가지 주제로 나누어서 화쟁에 대해 논한 글"이라는 뜻이 됩니다. 위의 비문에 의하면, 원효가 『십문·화쟁·론』을 저술한 동기는 붓다 사후에 붓다의 가르침을 둘러싸고 의견이 분분하여 상대의 견해를 인정하지 않는 폐단이 일어났기 때문임을 알 수 있습니다.

공(空)과 유(有)의 언쟁

「서당화상비」는 이어서 『십문·화쟁·론』의 핵심 내용을 소개하고 있습니다.

[공(空)을 싫어하고 유(有)를 좋아하는 것은] 산을 [버리고] 골짜기로 달아나는 것과 같고, [반대로] 유(有)를 싫어하고 공(空)을 좋아하는

---

* 번역은 박태원, 『원효의 십문화쟁론』, 세창출판사, 2013의 부록에 실린 「서당화상비」의 번역에 약간의 수정을 가했다. 이하도 마찬가지.

것은 나무를 버리고 숲으로 달려가는 것과 같다. 비유하자면 청색과 남색은 바탕을 공유하고 얼음과 물은 근원을 같이하며, 거울은 모든 형상을 받아들이고 물은 [수천 갈래로] 갈라지는 것과 같다.…[상이한 주장들을] 통융(通融)시켜 순서대로 서술하여 『십문·화쟁·론』이라고 하였다. 동의하지 않는 사람이 없었고 모두들 '훌륭하다!'고 하였다.

원효는 『십문·화쟁·론』에서 공(空)과 유(有)에 관한 상이한 견해들을 화해시키고 있습니다. 이로부터 화쟁이 상반되는 주장들을 화해시키는 해결책이자 방법론으로 제시되고 있음을 알 수 있습니다.

이에 의하면 『십문·화쟁·론』은 공(空)과 유(有)에 관한 상이한 견해를 한편으로는 비판하면서 다른 한편으로는 화해시키고 있습니다. 여기에서 '공'은 현상이 헛되다고 부정하는 입장을 대변하고, '유'는 현상이 영원하다고 긍정하는 입장을 말합니다. 그러나 양자는 결국 동전의 양면에 불과하다는 것이 원효의 주장입니다. 이로부터 화쟁이 상반되는 주장들을 화해시키는 하나의 해결책이자 방법론으로 제시되고 있음을 알 수 있습니다. 이 점은 고려시대의 고승인 대각국사 의천(義天)의 다음과 같은 평가로부터 확인할 수 있습니다.

여러 학파의 상이한 주장들의 실마리를 화해시키고, 한 시대의 지극히 공정한 이론을 얻었다.(和百家異諍之端, 得一代至公之論)*

앞의 「서당화상비」가 『십문·화쟁·론』의 저술 배경이나 핵심

---

* 「제분황사효성문(祭芬皇寺曉聖文)」, 『대각국가문집』 권16.

내용을 전달하고 있다면, 여기에서는 그것이 구체적으로 어떤 효과를 가져왔는지를 말해주고 있습니다. 이 중에서 앞 구절의 "화백가이쟁지단(和百家異諍之端)"을 줄이면 '화쟁(和諍)'이 됩니다. 그리고 뒷 구절의 "득일대지공지론(得一代至公之論)"을 줄이면 '득공(得公)'이 됩니다. 그래서 원효에 대한 의천의 평가를 네 글자로 줄이면 "화쟁득공(和諍得公)"이라고 할 수 있겠지요. 여기에서 공(公)은 사(私)와 대비되는 개념으로, '공정함' 또는 '공평함'을 말합니다. 공(空)이나 유(有)의 어느 한쪽에 치우지지 않는 균형잡힌 관점을 유지했다는 뜻입니다.

한편 의천에 이어서 숙종 때에는 드디어 왕으로부터 '화쟁국사(和諍國師)'라는 시호가 내려졌고(1101), 명종(1170~1197) 때에는 원효가 거처했던 경주 분황사(芬皇寺)에 '화쟁국사비(和諍國師碑)'가 건립되었습니다.* 이것을 보아도 '화쟁'이 원효의 대명사처럼 쓰였음을 알 수 있습니다.

화쟁과 회통

이처럼 원효가 화쟁에 관심을 갖게 된 것은 상이하게 보이는 불교의 여러 이론들과 다양한 학설들을 서로 화해시킬 필요성을 느껴서였습니다. 그래서 원효의 불교를 흔히 '통불교(通佛敎)'라고 하는데, 여기에서의 통(通)은 "서로 다른 것들끼리 통하게 한다"는 말입니다. '소통한다'거나 '회통시킨다'고 할 때도 이 通(통)을

---

* 박태원, 『원효의 십문화쟁론』, 세창출판사, 2013, 25쪽.

씁니다.

　반면에 "하나로 통일(統一)시킨다"고 할 때에는 統(통)을 씁니다. 그래서 通(통)이 和(화)와 상통한다면 統(통)은 合(합)과 상통합니다. 가령 "짜장면으로 통일!"이라고 할 때의 통(統)은 서로 다른 것들을 어느 하나로 통합시킨다는 의미입니다. 반면에 通(통)은 서로 다른 것들의 가치를 인정하면서 서로 어우러지게 한다는 뜻입니다. 그래서 通(통)은 合(합)이 아니라 和(화)와 통합니다.

1912년에 이능화가
『백교회통(百敎會通)』
이라는 책을 썼는데,
여기서 '통'도 統이 아
닌 通입니다. "세상의
모든 종교들을 한데 모
아서(會) 서로 통하게
(通) 한다"는 뜻입니다.

　가령 다양한 불교의 이론과 학설들을 어느 하나의 이론과 학설로 통합시키는 것이 統(통)이라면, 각각의 다양성을 인정하면서 조화시키는 것은 通(통)입니다. 1912년에 이능화가 『백교회통(百敎會通)』이라는 책을 썼는데, 여기서 '통'도 統이 아닌 通입니다. "세상의 모든 종교들을 한데 모아서(會) 서로 통하게(通) 한다"는 뜻이니까요. 이때 이능화가 모든 종교의 접점으로 생각한 것은 '하늘' 관념이었습니다("세상의 모든 종교는 다 하늘을 중심으로 삼고 있다").

　그런데 오늘날 한국에서 사용되는 '회통'이라는 말에는 대략 두 가지 의미가 뒤섞여 있는 것 같습니다. 하나는 상이한 학설들을 서로 통하게(通) 한다는 의미이고, 다른 하나는 상이한 학설들을 통합해서(統) 새로운 체계를 만든다는 의미입니다. 전자가 원효의 '화쟁'과 유사하고, 그런 점에서 通에 해당한다면, 후자는 최치원의 '포함'에 가깝고, 그런 점에서 統과 유사합니다. 최치원이 말하는 풍류는 유불도 삼교의 장점을 취해서 하나의 새로운 가치체계를 만든 것이니까요. 그런 점에서 동학이 유·불·도 삼교를 회통시켰다고 할 때의 회통도 후자의 용례에 해당한다고 볼 수 있습니다. 반면에 이능화가 『백교회통』에서 말하는 회통은 전자의 의미에 해당합니다. 세상의 모든 종교들이 근저에서 서로 통하고 있다는 것을 밝히고 있을 뿐, 이것들을 종합해서 하나의 새로운 교리체계를 만든 것은 아니니까요. 물론 양자가 모두 포함된 경우도 있을 수 있습니다. 가령 원불교의 경우에는 "세상의 모든 종교는 한 뿌리에서 나왔다"고 보고 있습니다. 그래서 서로 通(통)한다는 것입니다. 동시에 동아시아의 전통종교인 유불도 삼교의 장점을 취해서 새로운 '학'을 만들었습니다. 그런 점에서는 統(통)의 작업도 겸했다고 할 수 있습니다. 만약에 최치원도 유·불·도 삼교가 서로 통(通)한다고 생각했다면, 그가 말하는 풍류도 통(通)과 통(統)을 겸한 회통이라고 말할 수 있겠지요.

화쟁과 제물

『장자』 철학의 핵심 개념 중의 하나도 通(통)입니다. 『장자』는 "도가 통하면 하나가 된다"(道通爲一)고 하였습니다. 여기에서 統이 아닌 通을 쓰기 때문에, 장자가 말하는 '통일'이란 여러 가치들이 하나로 통합되는 統一이 아니라, 다양한 가치들이 서로 소통하는 通一을 말합니다. 장자는 이러한 인식을 '제물(齊物)'이라고 하였습니다. '제물'이란 "사물을 고르게 한다"는 뜻으로, "다양한 가치관을 동등하게 인식한다"는 말입니다. 『장자』의 두 번째 장(章)이 「제물론」인데, '제물론'이란 "사물을 고르게 인식하기 위한 논의"라는 뜻입니다.

『장자』는 어느 하나의 세계관에 고정되어 있으면 그것과는 다른 세계관과 소통할 수 없다고 생각했습니다. 여기에서 각각의 세계관을 도(道)라고 하고, 그 세계관이 절대적인 가치로 자리 잡은 상태를 교(敎)라고 합니다. 그래서 장자는 "세상 사람들은 교(敎)에 속박되어 있어서 도(道)를 말할 수 없다"고 한 것입니다. 이때의 도(道)는 제자백가가 말하는 각각의 세계관이라기보다는 장자가 말하는 대도(大道)를 가리킵니다. 대도는 교(敎)로부터 자유로운 상태를 말합니다. 이 상태는 마음이 비워진 허심(虛心)의 경지에 이르러야 가능합니다. 반면에 교(敎)에 속박된 상태를 성심(成心)이라고 합니다. '성심'은 '완성된 마음,' '굳어진 마음'이라는 뜻입니다. 이런 마음상태에서는 고집하여 불통(不通)이 되거나 꼰대가 되기 십상입니다.

『장자』에서 양행(兩行)은 "두 길을 동시에 간다"는 뜻입니다. 한 길은 '허심'의 길이고, 다른 한 길은 '응물'의 길입니다.

장자는 허심의 상태에 이르러야 어느 하나의 도(道)에 갇히지 않을 수 있다고 생각했습니다. 이것이 바로 '소요'의 경지입니다. 그리고 이 소요의 경지에 이르러야 다양한 도(세계관)를 고르게 인식할 수 있다고 보았습니다. 이것이 '제물'의 인식입니다. 그리고 이러한 대도(大道)의 경지에 이르면 다양한 도에 자유자재로 반응할 수 있다고 생각했습니다. 이것을 응물(應物)이라고 하는데, '응물'이란 "외물에 (거울과 같이) 반응한다"는 뜻입니다. 「양생주」에 나오는 '포정의 해우'는 이러한 응물의 경지를 말하고 있습니다. 그래서 『장자』는 「소요유」로 시작해서 「제물론」으로 이어지고 「양생주」로 발전됩니다. 기본 구도는 "허심의 상태에서 응물을 한다"입니다.

이것을 장자는 양행(兩行)이라고 하였습니다(「제물론」). '양행'은 "두 길을 동시에 간다"는 뜻입니다. 한 길은 '허심'의 길이고, 다른 한 길은 '응물'의 길입니다. 허심의 세계에는 시비와 같은 가치체계가 없습니다. 반면에 응물의 차원에는 시비와 같은 가치체계가 개입됩니다. 특정한 세계관과 관계를 맺어야 하니까요. 그런데 장자가 생각하기에는 나에게 고정된 가치체계가 없어야 다양한 가치체계에 자유자재로 반응할 수 있습니다. 이것을 『장자』 주석가인 곽상(郭象)은 "시비를 떠나지 않으면서 (자신은) 시비가 없을 수 있다. 그래서 '양행'이라고 한다"고 풀이하였습니다. 달리 말하면 "허심의 상태에서는 시비가 없지만 응물의 차원에서는 시비가 생긴다"는 뜻입니다.

장자가 살던 시대는 다양한 세계관이 서로 옳다고 주장하는 백가쟁명(百家爭鳴)의 시대였습니다. '백가쟁명'은 직역하면 "여러(百) 학파가(家) 다투어(爭) 이야기한다(鳴)"는 뜻입니다. 앞에서 의천이 원효의 『십문·화쟁·론』의 의의를 설명하면서 "화백가이쟁지단(和百家異諍之端)"이라고 했는데, 이때의 '백가이쟁'도 '백가쟁명'과 비슷한 표현입니다. 영국의 저명한 중국철학 연구자인 앵거스 그레이엄(Angus Charles Graham)은 고대 중국의 제자백가를 "도(道)에 대해 논쟁한 사람들"(Disputers of the Tao)이라고 표현했습니다. 제자백가의 시대가 끝날 무렵에 살았던 장자는 다양한 '도(세계관)'들 사이의 소통가능성에 대해 고민했습니다. 그리고 그것에 대한 해법을 「세물론」에서 '허심응물론'으로 제시했습니다. 마찬가지로 원효도 불교의 교리를 둘러싼 상반되는 주장들을 화해시키려고 했습니다. 그것이 『화쟁론』입니다.

같음과 다름

원효의 『십문·화쟁·론』은 일부밖에 전해지지 않지만, 화쟁의 논리는 원효의 저작 곳곳에 표현되어 있습니다. 예를 들면 원효의 대표적인 저작인 『금강삼매경론』에는 같음(sameness)과 다름(difference) 개념을 다음과 같이 화쟁시키고 있습니다.*

같음은 다름과의 관계 속에서 같음이 되고, 다름은 같음과의 관계 속에서 다름이 됩니다. 즉 '다르다'고 해서 모든 게 다른 것이 아니고, '같다'고 해서 모든 게 같은 것이 아닙니다.

'같다'고 할 수 없는 것은 '같으면서 다르기' 때문이고(不能同者, 卽同而異也), '다르다'고 할 수 없는 것은 '다르면서 같기' 때문이다(不能異者, 卽異而同也).

여기에서 卽(즉)은 직역하면 "~에 즉해서," "~에 붙어서"라는 뜻입니다. 반대말은 離(리)입니다. '離(리)'는 '떨어져 있다'는 뜻입니다. 그래서 '부즉불리(不卽不離)'라고 하면 "붙어(卽) 있지도 않고(不) 떨어져(離) 있지도 않다(不)"는 뜻이 됩니다. 의역하면 서로 연관되어 있는 두 존재가 "전적으로 같지도 않고 전적으로 다르지도 않다"고 할 때에 쓰는 말입니다. 가령 성리학에서는 리(理)와 기(氣)의 관계를 '부즉불리(不卽不離)'라고 합니다.

---

* '같음'과 '다름' 개념에 대한 철학적 의미에 대해서는 Brook Ziporyn의 *Ironies of Oneness and Difference: Coherence in Early Chinese Thought; Prolegomena to the Study of Li*, SUNY Press, 2013와 *Beyond Oneness and Difference: Li and Coherence in Chinese Buddhist Thought and Its Antecedents*, SUNY Press, 2014를 참조하였다.

위의 문장은 "같음과 다름이 부즉불리의 관계에 있다"는 것을 설명한다고 볼 수 있습니다. 즉 어느 두 개가 전적으로 같은 것도 없고 전적으로 다른 것도 없다는 것입니다. 그 이유는 '같음' 속에는 이미 '다름'이 포함되어 있고 '다름' 속에도 '같음'이 포함되어 있기 때문입니다. 그래서 전적으로 같은 것만도 없고, 전적으로 다른 것만도 없습니다. 우리가 어느 두 개가 '같다'거나 '다르다'고 말할 때에는, 어느 한 측면을 들어서 말할 뿐입니다. 예를 들어 "철수와 영희가 같다"고 할 때에는 사람이라는 기준에서, 또는 다니는 학교가 같다는 점에서 '같다'고 할 수 있습니다. 그러나 동시에 철수와 영희는 수많은 다른 것도 가지고 있습니다. 반대로 "철수와 영희가 다르다"고 할 때에는 성별이나 생김새, 또는 나이 상의 차이를 말할 수 있지만, 다른 한편으로는 사람이나 동물 또는 한국인이라는 점에서는 같습니다.

이처럼 어느 두 개가 전적으로 같기만 하고 전적으로 다르기만 한 것은 없습니다. 같으면서 다르고(卽同而異) 다르면서 같습니다(卽異而同). "A와 B가 같다"고 할 때에는 A와 B의 다른 점들(異) 중에서(於) 같은 점만(同) 가려내고 변별한다(辨)는 뜻입니다. 반대로 "A와 B가 다르다"고 할 때에는 A와 B의 같은 점들(同) 중에서(於) 다른 점만(異) 드러내고 명확히 한다는(明) 것입니다. 그래서 원효는 이어서 다음과 같이 말하고 있습니다.

'같음'은 "다른 것들 중에서 같은 것을 변별하는 것"이고(同者, 辨同於異), '다름'은 "같은 것들 중에서 다른 것을 드러내는 것"이다(異者, 明

異於同).

같음은 다름과의 관계 속에서 같음이 되고, 다름은 같음과의 관계 속에서 다름이 된다는 것입니다. 즉 '다르다'고 해서 모든 게 다른 것이 아니고, '같다'고 해서 모든 게 같은 것이 아닙니다. 그래서 원효는 다음과 같이 부연하고 있습니다.

① "같은 것들 중에서 다른 것을 드러낸다"는 것은(明異於同者)
② "같은 것들을 쪼개서 다르다고 보는 것"이 아니다(非分同爲異也)
③ "다른 것들 중에서 같은 것을 변별한다"는 것은(辨同於異者)
④ "다른 것들을 녹여서 같다고 보는 것"이 아니다(非銷異爲同也)

여기에서 ②"같은 것들을 쪼개서 다르다고 보는 것"은 "같은 속성들을 분할해서(쪼개서) 억지로 다르게 만드는 것"을 말합니다. 우리가 "어느 두 개가 다르다"고 할 때, 이들의 공통 속성이 없어지는 것은 아니고, 그것은 그것대로 여전히 존재합니다. 마찬가지로 ④"다른 것들을 녹여서 같다고 보는 것"은 "상이한 속성들을 없애서 억지로 같게 만드는 것"을 말합니다. 우리가 "어느 두 개가 같다"고 할 때, 이들의 다른 속성이 없어지는 것은 아니고, 그것은 그것대로 여전히 존재합니다. 그래서 "어느 두 개가 같다"고 해서 그 두 개가 완전히 동일한 것도 아니고, "어느 두 개가 다르다"고 해서 그 두 개가 완전히 상이한 것도 아닙니다. 결국 전적으로 같은 것도, 전적으로 다른 것도 없다는 것이죠. 다만 언어상에서 '같다'거나 '다르다'고 말할 뿐입니다. 그래서 '같다'고 해도 같은 것이 아니고, '다르다'고 해도 다른 것이 아니게 됩니다. 다만 '완전히 다르다'고 말할 수 없기 때문에 '같다'고 하는 것이고, '완전히 같다'고 말할 수 없기 때문에 '다르다'고 할 뿐입니다. 그래서 원효는 다음과 같이 말합니다.

> 실로 '같음'이란 "다른 것을 녹인 것"이 아니기 때문에(良由同非銷異故) '같다'고 말할 수 없고(不可說是同), '다름'이란 "같은 것을 쪼갠 것"이 아니기 때문에(異非分同故) '다르다'고 말할 수 없다(不可說是異).
>
> 단지 '다르다'고 말할 수 없기 때문에 '같다'고 말할 수 있을 뿐이고(但以不可說異故, 可得說是同), 같다고 말할 수 없기 때문에 다르다고 말할 수 있을 뿐이다(不可說同故, 可得說是異耳).

이상의 원효의 논리를 한마디로 하면 "같음 속에 다름이 있고 다름 속에 같음이 있다."고 할 수 있습니다. 즉 "A와 B가 같다"고 해도 A와 B 사이에는 다름이 존재하고, "A와 B가 다르다"고 해도 A와 B 사이에는 같음이 존재한다는 것입니다. 같음은 이미 "다름을 포함한 같음"이고, '다름'은 이미 "같음을 포함한 다름"입니다. 그래서 같음과 다름은 별개가 아니게 됩니다(不二).

원효는 여기에서 한 걸음 더 나아가서 다음과 같은 수수께끼 같은 말을 남기고 이 단락을 맺고 있습니다.

'말하는 것'과 '말하지 않는 것'도 둘이 아니고 별개가 아니다(說與不說, 無二無別).*

이 문장을 해석해 보면, "두 개가 같다"고 말할(說) 때에는 그 "두 개가 다르다"는 말은 하고 있지 않습니다(不說). 그러나 "두 개가 같다"에는 이미 "두 개가 다르다"도 포함되어 있기 때문에, 비록 "두 개가 다르다"는 말은 하고 있지 않지만 "두 개가 다르다"고 말한 것과 다르지 않다는 것입니다.

이상이 원효의 화쟁 방식입니다. 즉 같음과 다름이라고 하는 일견 상반되고 별개의 개념처럼 보이는 것을 서로의 연관성과 언어의 단면성을 보여줌으로써 양자를 어우러지게 하고 있는 것입니다.

참고로 위에서 인용한 원효의 말 중에서 "'다르다'고 말할 수 없기 때문에 '같다'고 말할 수 있을 뿐이고, '같다'고 말할 수 없기 때문에 다르다고 말할 수 있을 뿐이다."는 말은 불교적 언어관을 잘 대변해 주고 있습니다. 즉 불교에서는 어떤 명제를 주장할 때 그것이 부분적 진리만을 나타내고 있다고 보는 것입니다. 가령 "A와 B가 같다"고 할 때에는 "A와 B가 완전히 같다"는 의미가 아니라 "A와 B가 다르지 않다"는 것을 표현하는 것에 지나지 않습니다. 마찬가지로 "A와 B가 다르다"고 할 때에는 "A와 B가 완전히

"진과 속을 다르다고 보지 않는다"는 말은 "실재로 존재하는 실재계와 우리 인식에 드러난 현상계를 다르다고 보지 않는다" "단절적으로 보지 않는다"는 뜻입니다.

---

* 이상, 『금강삼매경론(중)』 제3 「무생행품(無生行品)」. 원문은 은정희·송진현 역주, 『원효의 금강삼매경론』, 일지사, 2000, 229-230쪽 참조.

다르다"는 말이 아니라 "A와 B가 같지 않다"는 것을 표현하는 것에 지나지 않습니다. 그래서 불교에서는 어느 한 명제에 대해서, 그 명제 자체보다는 그 명제에서 말해지지 않은 '나머지' 부분에 주목한다고 할 수 있습니다.

하나의 마음과 두 개의 문(一心二門)

장자의 제물론이 허심(虛心)-응물(應物)의 인식론을 바탕에 두고 있다면, 원효의 화쟁론은 일심(一心)-이문(二門)의 인식론을 바탕에 깔고 있습니다. 여기에서 일심(一心)은 '같은 마음'을 의미하고, 이문(二門)은 '다른 문'이라는 뜻입니다. 예를 들어 원효는 진(眞)과 속(俗)의 관계에 대해 다음과 같이 말합니다. 여기에서 진(眞)은 '실제로 존재하는 실재계'를 가리키고, 속(俗)은 '우리 인식에 드러난 현상계'를 말합니다.

> '진'과 '속'을 다르다고 보지 않으면서도 같음을 고수하지 않는다
> (眞俗無二, 而不守一). 다르다고 보지 않기 때문에 '일심'이 되고(由無
> 二故, 卽是一心), 같음을 고수하지 않기 때문에 각 영역을 둘로 여긴
> 다(不守一故, 擧體爲二). 이와 같은 것을 '일심이문'이라고 말한다(如
> 是名爲一心二門).*

여기에서 한자 '一'은 '같음'을 의미하고 '二'는 '다름'을 가리킵

---

* 원효, 『금강삼매경론』.

니다. 그래서 "진과 속을 다르다고 보지 않는다"는 말은 "실재로
존재하는 실재계와 우리 인식에 드러난 현상계를 다르다고 보지
않는다" "단절적으로 보지 않는다"는 뜻입니다. 아까 나온 예로
말하면, "공(空)과 유(有), 무(無)와 유(有)를 다르다고 보지 않는다"
고 할 수 있습니다. 그리고 "같음을 고수하지 않는다"는 것은 그
렇다고 해서 양자를 "같다고 보려 하지도 않는다"는 뜻입니다.

이어서 "(진과 속을) 다르다고 보지 않기 때문에 일심이 된다"는
말은 실재계와 현상계가 단절되어 있다고 보지 않기 때문에 한
덩어리로 인식한다는 뜻입니다. 그리고 "같음을 고수하지 않기
때문에 각 영역을 둘로 여긴다"는 말은, 그렇다고 해서 "실재계와
현상계가 동일하다고 보는 것도 아니기 때문에 양자의 차이는 인
정한다는 뜻입니다. 즉 실재계와 현상계는 같지도 않고 다르지도
않은 관계에 있다는 것입니다.

모두 일리가 있다

결국 원효의 화쟁은 언어의 한계와 인식의 한계를 지적하고 있
다고 할 수 있습니다. 같음과 다름의 예에서는 같음 속에 다름이
있고 다름 속에 같음이 있지만 언어의 속성상 '같다', '다르다'고
말할 수밖에 없습니다. 비슷하게 인간의 인식이 일심의 차원에
도달하지 못하면 이문(二門) 중 어느 하나만을 고집하게 됩니다.
즉 '공'이나 '유'가, 또는 '같음'과 '다름'이 단절된 것이 아니라는 사
실을 알지 못하면 둘 중 어느 하나에 빠지게 됩니다.

이런 상태를 원효는 『열반경』에 나오는 "코끼리를 말하는 장님

원효의 입장에서 보면,
우리가 언어를 사용하
는 것은 장님이 코끼리
를 말하는 것과 같습니
다. 하지만 그것은 부
분적인 진리는 전달하
고 있습니다.

들"에 비유합니다. 장님들은 코끼리의 전체는 결코 알 수 없습니다. 손으로 일부분만을 만지고서 얘기할 수 있을 뿐입니다. 그렇다고 해서 코끼리에 대해서 아무런 얘기도 안 하는 것은 아닙니다. 적어도 일부는 말하고 있으니까요. 그래서 장님마다 코끼리에 대한 부분적 진리는 얘기하고 있는 셈입니다. 이것을 원효는 "皆有道理(개유도리)"라고 합니다. "모두 그 나름대로의 일리가 있다"는 뜻입니다.

인간의 언어는 이런 태생적 한계가 있습니다. 부분적인 진리만 담고 있을 뿐 온전한 진리는 전달하지를 못합니다. 그리고 이런 제한적인 언어를 바탕으로 이루어지는 인간의 인식 또한 제한적일 수밖에 없습니다. 세상의 부분적인 모습만 인식할 뿐 온전한 참모습은 인식하지 못합니다. 온전한 참모습에 대한 인식에 도달하려면 먼저 언어의 한계를 자각해야 합니다. 예를 들어 "같음 속에 다름이 있고 다름 속에 같음이 있다"는 세상의 참모습에 이르려면 '같다'와 '다르다'라는 개념의 한계를 자각해야 합니다.

그래서 원효의 입장에서 보면, 우리가 언어를 사용하는 것은 장님이 코끼리를 말하는 것과 같습니다. 하지만 그것은 부분적인 진리는 전달하고 있습니다. 바로 여기에 원효가 말하는 화쟁의 포용성과 개방성이 있습니다. 언어로 표현하는 각 주장들은 부분적이기는 하지만 나름대로의 진리를 담고 있습니다. 그래서 어느 하나도 틀렸다고 말하기는 어렵습니다. 반대로 설령 나의 주장이라고 하더라도 100퍼센트 옳다고 확신힐 수도 없습니다. 언어를 사용하는 한 부분적인 진리밖에 전달할 수 없으니까요. 그래서

자기 입장만 옳다고 주장할 수 없게 됩니다. 상대의 주장에 대해
열려 있지 않을 수 없게 됩니다. 이처럼 자신의 한계를 자각하고
상대의 입장에 열려 있는 태도가 화쟁입니다.

제 7 강

실록

왕이 가장 두려워하는 것

주자(1130~1200)는
남송의 유학자 주희(朱
熹)의 존칭으로, 송대
의 유학을 집대성하여
완성시켰습니다. 그의
유학은 주자학이라고
불립니다.

『고려대장경』에서 『일본대장경』으로

이제 고려시대로 넘어갑니다. 일본에서 1924년부터 10여 년간
에 걸쳐 대대적인 불교대장경 간행 작업이 시작됩니다. 종래에
주제별로 분류되어 있던 불교대장경을 현대식으로 "인도편"·중
국편"·"일본편"과 같이 국가별로 정리한 것입니다. 이 작업이 시
작된 시기는 '대정(1912-1926)'이라는 연호를 쓰는 시기인데, '대정'
은 한자로 '大正'이라고 쓰고 일본말로는 '타이쇼(Taishou)'라고 읽
습니다. "타이쇼(大正) 천황(1879-1926)이 다스린 시대"라는 뜻입니
다. 그래서 이때 간행한 불교대장경을 '대정신수대장경(大正新修
大藏經)'이라고 합니다. '신수(新修)'는 "새롭게 편수했다"는 뜻이니
까, '대정신수대장경'은 "대정(타이쇼) 시대에 새로 편찬한 대장경"
을 말합니다.

전 세계 불교학자들이 불교경전을 인용할 때에는 모두 이 『대
정신수대장경』을 인용합니다. 인용 형식은 'T48-123c'와 같은 식
입니다. T는 '타이쇼(Taishou)'의 약자로 『대정신수대장경』을 가리
킵니다. 48은 '제48권'이라는 뜻이고, 123은 '123쪽'을 말하며, c는
한 페이지가 상중하 3단으로 구성되어 있는데 그 중에서 맨 하단
(c)이라는 의미입니다. T48-123c를 동아시아 한자문화권에서는

'大正48-123下'라고 표기하기도 합니다.

그런데 흥미롭게도 이 현대판 불교대장경의 저본이 된 것은 중국에서 나온 대장경이 아니라 고려에서 편찬한 팔만대장경입니다. 그 이유는 고려의 대장경이 중국에서 간행된 『북송대장경』이나 『거란대장경』보다 훨씬 정확했기 때문입니다. 그만큼 고려인들의 불교에 대한 애정과 열정은 남달랐습니다. 특히 『팔만대장경』이 편찬된 시기는 몽골 침입기여서 더더욱 그랬을 겁니다. 국가 주도하에 부처님의 영성[佛力]으로 외세를 물리치자는 취지에서 만든 대장경이었으니까요. 그런 의미에서 『팔만대장경』 간행 작업은 일종의 '영성정치'의 산물이라고 할 수 있습니다.

고려인들의 불교에 대한 열정이 조선시대에는 유교, 그중에서도 특히 주자학(朱子學)으로 이동하게 됩니다. 500년 동안 주자학만 연구했으니까요. 주자학은 춘추전국시대 공자의 유학이, 한대의 통치사상으로서의 유교화를 거치고, 송대에 불교와 도교를 수용하여 형이상학화되면서 성립한 새로운 유학을 말합니다. 이 새로운 유학을 체계화한 사람이 주자라고 해서 주자학(朱子學)이라고도 하고, 새로운 유학이라고 해서 신유학(新儒學)이라고도 합니다. 주자(朱子)는 주희(朱熹)의 존칭입니다. 그래서 고려 500년이 불교에 열중했다면, 조선 500년은 유교에 몰두했다고 보면 됩니다. 다만 사상적 다양성으로 말하면 고려가 조선보다 풍부하다고 할 수 있습니다. 조선은 주자학 이외에는 공식적으로 허용을 안 했지만, 고려시대에는 국가 차원에서 도교 행사가 공식적으로 열릴 정도였으니까요.

『팔만대장경』에서 『조선왕조실록』으로

조선시대를 연구하는 가장 기본이 되는 사료는 『조선왕조실록』입니다. 하지만 조선시대의 사상이나 철학을 연구하는 연구자들은 『조선왕조실록』은 별로 참고하지 않습니다. 주로 퇴계나 율곡과 같은 사상가들의 문집이나 주석서, 서신 등을 읽기 때문입니다. 당시 유학자들의 개인 저작이나 전집이 그들의 철학체계나 사상 구조를 전달주고 있다면, 『조선왕조실록』에 기록된 그들의 언행은 그 사상이 당시 사회와 어떻게 호흡하고 있었는지, 시대적으로 어떤 의미가 있는지를 생생하게 보여줍니다. 그래서 한 사상가의 사상을 제대로 이해하려면, 그의 철학이 담겨 있는 개인문집과 함께 당시 시대를 반영하는 『조선왕조실록』을 같이 보아야 합니다.

『조선왕조실록』은 조선을 건국한 태조(1392)부터 철종(1863)에 이르는 25대 472년간의 역사를 왕과 신하들의 언행을 중심으로 연월일 순으로 기술한 역사서입니다. 대단히 방대한 기록으로 이것만을 전문적으로 연구하는 분야가 있어서 '실록학'이라고 명명할 정도입니다. 예를 들어 훈민정음학회 초대회장을 역임한 서울대학교 김주원 교수는 『조선왕조실록의 여진족 족명과 인명』의 맨 마지막 장을 「실록학을 제안하며」로 맺고 있습니다.

철종 이후에도 고종과 순종이 있었는데, 이 시기의 실록은 일제강점기 때 만들어졌기 때문에 일반적으로 『조선왕조실록』에는 포함시키지 않습니다. 그래서 1997년에 『조선왕조실록』이 '유네스코 세계기록유산'으로 지정될 때에도 『고종실록』과 『순종실

『조선왕조실록』 이외에 세계기록유산으로 등재된 조선시대 기록물로는 『훈민정음』, 『난중일기』, 『동의보감』, 『일성록』, 『승정원일기』, 『조선왕조의궤』가 있습니다.

록』은 제외되었습니다.*

유네스코 세계기록유산 4위

『조선왕조실록』 이외에 세계기록유산으로 등재된 조선시대 기록물로는 『훈민정음』, 『난중일기』, 『동의보감』, 『일성록』, 『승정원일기』, 『조선왕조의궤』가 있습니다.** 이 중에서 『훈민정음』은 우리가 쓰는 '한글'을 말하는 것이 아니라, 한글의 원리와 철학을 서술한 『훈민정음 해례본』을 말합니다. '해례'는 쉽게 말하면 '메뉴얼'이라는 뜻입니다. 길지 않은 분량이지만, 이 책은 한국인이라면 누구나 한번쯤은 읽어 봐야 할 필독서입니다.

『일성록(日省錄)』은 "나날이(日) 성찰한(省) 기록(錄)"이라는 뜻으로, 조선 후기의 임금들이 1760년(영조36)부터 1910년까지 151년 간에 걸쳐 쓴 '왕의 일기'입니다. 『승정원일기』도 조선 후기 인조 때(1623)부터 1910년까지 288년간의 국정 전반을 기록한 조선왕조 최대의 1차 사료입니다. 『조선왕조실록』은 이것들을 바탕으로 작성한 2차 사료입니다. 즉 왕이 죽으면 그 왕이 살아 있을 당시의 1차 기록인 『승정원일기』를 편집하여 만든 것이 『조선왕조실록』입니다. 『승정원일기』 분량도 방대해서 글자 수가 무려 2억 4천250만 자에 달하는 세계 최대의 '연대 기록물'이라고 합니다. 참고로

---

* 조선왕조실록에 대한 기초적인 내용은 국가기록원의 〈어린이 조선왕조실록〉 홈페이지를 참고하기 바란다. http://theme.archives.go.kr/next/silloc/viewMain.do

** 이에 대해서는 〈문화재청〉 홈페이지에 있는 〈한국의 세계기록유산〉 참조.

『조선왕조실록』은 총 5,400만자이고, 역대 중국의 역사를 기록한 『이십오사(二十五史)』도 4천 만자 정도라고 하니까, 이들보다 5배에서 6배가 많은 분량입니다. 조선 시대 사람들의 기록에 대한 열정을 말해주는 대목입니다. 조상들의 이러한 열정 덕분에 한국은 유네스코 세계기록유산 등재 순위가 세계 4위입니다. 총 16건으로 중국(13건)이나 일본(7건)보다도 앞서고 있습니다(2017년 현재). 나라는 작은데 역대급 기록물은 많다는 사실이 놀랍습니다.*

이와 관련해서 흥미로운 사실은 중국에도 실록이 남아 있고, 일본이나 베트남에도 실록이 있었는데 왜 하필 조선의 실록만 세계기록유산으로 등재되었는가 하는 것입니다. 이에 대해서는 『조선왕조실록』을 직접 읽어 보면 알 수 있습니다. 다른 나라의 실록은 사건일지나 메모 같은 느낌입니다. 반면에 『조선왕조실록』은 대단히 구체적이고 생생합니다. 왕의 일거수일투족은 물론이고 왕과 신하들 사이에 오간 논쟁이나 상소문 등이 자세하게 실려 있습니다. 게다가 기록자의 권한이 보장되어 기록의 진실성과 신빙성이 높습니다. 즉 왕이 기록물을 보거나 손댈 수 없었기 때문에 설령 왕에게 불리한 사실이라고 하더라도 있는 그대로 기록이 되어 있습니다.

세종은 실록의 정신을 '전신어후(傳信於後)'라고 말했습니다. 의미는 "믿을만한 진실을 후대에 전한다."는 뜻입니다.

---

* 〈'세계 4위, 中日 능가' 유네스코 한국기록유산 16건 아시나요〉, 『연합뉴스』 2017년 11월 14일자.

후세를 위해 쓰는 일기

왕의 일거수일투족을 기록하기 위해서는 왕을 하루 종일 '밀착 취재' 해야만 했습니다. 지금으로 말하면 일종의 '24시간 CCTV'를 장착시킨 셈이지요. 왕의 스트레스가 엄청났을 것입니다. 당시에 조선의 사대부들이 왕권이 남용되는 것을 견제하기 위해 얼마나 노력했는지를 알 수 있습니다. 더 중요한 것은 왕은 원칙적으로 실록을 볼 수가 없었다는 점입니다. 왕이 죽은 다음에 그 왕의 실록을 편찬하기 때문입니다. 그러니까 자기도 볼 수 없는 일기를 쓰기 위해서 자기를 하루 종일 감시하라고 하는 셈이지요. 그러면 그 일기는 누구를 위해서 남긴 걸까요?

실록에서는 이 물음에 "傳信於後"(전신어후)라고 답하고 있습니다. 직역하면 "신(信)을 후세(後)에(於) 전한다(傳)"는 뜻입니다. 여기에서 信(신)은 사전상으로는 '신뢰'나 '믿음'을 뜻하지만, 의미상으로는 "신빙성 있는 자료"를 말한다고도 볼 수 있습니다. 그래서 "전신어후"에는 두 가지 의미가 중첩되어 있습니다. 하나는 왜곡되지 않은 진실을 후대에 전한다는 뜻이고, 다른 하나는 그것을 통해 "앞 세대의 신뢰를 뒷 세대에게 전한다"는 뜻입니다.

후세에 믿음을 전하다

『세종실록』에서는 세종이 "傳信於後(전신어후)"를 말하는 대목이 다음과 같이 소개되고 있습니다.

경연에 나아갔다.

임금이 말하였다; "『고려사(高麗史)』에서 공민왕 이하의 부분은 정도전이 자기가 들은 내용을 바탕으로 첨삭을 가했기 때문에(鄭道傳以所聞筆削), 사신(史臣)이 쓴 본래의 초고와 다른 곳이 매우 많다. 어찌 후세에 믿음을 전할 수 있겠는가!(何以傳信於後世) 차라리 없느니만 못하다."

직필(直筆)이란, '직서(直書)'라고도 하는데, "있는 그대로 쓴다"는 뜻입니다. 실록의 정신은 한마디로 이 '직필' 또는 '직서'라고 할 수 있습니다.

변계량과 정초가 아뢰었다; "만약 끊어져서 세상에 전해지지 않는다면(若絶而不傳於世), 후세에 누가 전하께서 정도전이 직필(直筆)에 첨삭을 가한 것을 싫어하신 뜻을 알 수 있겠습니까?(則後世孰知殿下惡道傳增損直筆之意乎?) 원컨대 문신(文臣)에게 명하여 고치도록 하소서."

임금이 말하였다; "알았다."

이 사료는 『세종실록』 즉위년(1418) 12월 25일 첫 번째 기사로,* 실록의 전형적인 패턴을 보여주고 있습니다. 실록은 이처럼 왕과 신하 사이의 대화 내용이 생생하게 기록되어 있는데, 그중에서도 특히 세종실록에 대화 기록이 많습니다. 위의 기록에서 세종이 "정도전이 자기가 들은 내용을 바탕으로 첨삭(筆削)을 가했다"고 한 말을 변계량과 정초는 "정도전이 직필(直筆)에 첨삭(=增損)했다"고 바꿔 말하고 있습니다. 여기에서 '직필(直筆)'이란, '직서(直書)'라고도 하는데, "있는 그대로 쓴다"는 뜻입니다. 실록의 정신은 한마디로 이 '직필' 또는 '직서'라고 할 수 있습니다. 왕의 입

* http://sillok.history.go.kr/id/wda_10012025_001

장에서는 가감 없이 있는 그대로 쓰니까 무서운 것입니다.

있는 그대로 쓰다

직필/직서의 일을 맡은 관료를 '사관(史官)'이라고 합니다. 『정종실록』에는 사관의 일을 다음과 같이 말하고 있습니다.

> 사관(史官)의 직책은 임금의 언동과 정사의 득실을 직서(直書)하여 숨기지 않고 후세에 전하는 것입니다.…고려 말에 (임금이) 음란하기 그지없어 부녀자와 내시를 가까이 하고 충성스럽고 어진 신하를 멀리 하며, 사관이 직서(直書)하는 것을 꺼리어 가까이 있지 못하게 하는 것이 가장 심했습니다. 마땅히 고려의 실정(失政)을 거울삼아 사관을 설치한 의의를 생각하고, 사관으로 하여금 날마다 좌우에 입시(入侍)해서 언동을 기록하고 그때그때의 정사를 적게 하여 만세의 큰 규범으로 삼도록 하소서. (『정종실록』 1년 (1399) 1월 7일 두 번째 기사)

이 기사는 조선왕조가 건국된 지 얼마 안 된 시기의 상소문으로, 사관의 임무와 직서의 중요성에 대해서 말하고 있습니다. 고려가 망한 원인을 사관이 임금의 언동을 "있는 그대로 쓰지" 못하게 한 데에서 찾고 있습니다.

왕이 가장 두려워하는 것은?

옛날에 어린 아이들은 호랑이보다 곶감을 더 무서워했다고 하는데 조선시대의 왕들이 가장 두려워한 것은 무엇일까요?

> 임금이 두려워하는 것은 역사뿐이다(人君所畏者史而已).

성리학은 반드시 구체
적인 사물이나 사태 안
에서 이치를 따질 것을
권합니다. 이것을 "즉
물궁리(卽物窮理)"라
고 합니다. "사물에 다
가가서 이치를 궁구한
다"는 뜻입니다.

『연산군일기』 12년(1506) 8월 14일 일기 중 다섯 번째 기사에
나오는 연산군 자신의 말입니다. 참고로 연산군은 폐위된 왕이
기 때문에 『연산군실록』이 아닌 『연산군일기』라고 부릅니다. 여
기에서 연산군은 역사를 가장 두려워한다고 했는데, 달리 말하면
『실록』을 가장 두려워한다고도 할 수 있습니다. 실제로 연산군은
위의 말에 이어서 다음과 같이 말하고 있습니다.

> 사관(史官)은 시정(時政)만 기록해야지 임금의 일을 기록하는 것은
> 마땅치 않다. 근래 사관들은 임금의 일이라면 다 쓰지 못할까 걱
> 정하면서 아랫사람의 일은 꺼리며 쓰지 않으니 죄가 또한 크다.
> 이제 사관에게 임금의 일을 쓰지 못하게 하였지만, 아예 역사가
> 없는 것이 더 낫다. 임금이 하는 일은 역사에 구애될 수 없다.

여기에서 연산군은 임금이 오히려 역사 위에 있다고 하면서 사
관들이 자신의 언행을 기록하지 못하도록 하고 있습니다. 그런데
우연의 일치인지 이 일이 있고 나서 한 달도 못 돼서 연산군은 왕
위에서 쫓겨나게 됩니다.

하늘을 두려워하는 군주

임금이 두려워 할 대상은 역사 말고도 한 가지 더 있습니다. 그
것은 역사 서술과는 달리 임금도 어떻게 할 수 없는 영역입니다.
아마도 그래서 연산군은 일부러 언급을 안했는지도 모릅니다. 앞
서 인용한 『정종실록』 1년(1399) 1월 7일자 기사의 나머지 부분에
다음과 같은 말이 나옵니다.

> 임금이 두려워할 것은 하늘(天)이고 사필(史筆)입니다. 여기에서
> '하늘(天)'은 푸르고 높은 창공을 말하는 것이 아닙니다. 그것은
> '리(理)'일 뿐입니다. 사관은 임금의 선악을 기록하여 만세에 남기
> 니 두려워하지 않을 수 있겠습니까?

조선 건국 초기에 조박(趙璞)이라는 신하가 임금에게 한 말인
데, 조선을 이해하는 데 대단히 중요한 단서가 됩니다. 여기에서
조박은 임금이 두려워해야 할 첫 번째는 '하늘'이라고 말합니다.
연산군은 하늘에 대해서는 언급하지 않았는데, 아마도 "손바닥으
로 하늘을 가릴 수 없다"는 말이 있듯이, 자신이 어찌 할 수 없는
영역이라서 일부러 언급하지 않았는지도 모릅니다.

사물에서 이치를 궁구하라

위의 사료에서 조박은 조선의 성리학자답게 하늘을 '리'라고 바
꿔 말하고 있습니다. 주자가 공맹의 유학을 "하늘은 리(理)일 뿐이

다"(天者理而已矣)*라는 관점에서 재해석한 전통을 그대로 따르고 있는 것입니다. 이처럼 성리학적 세계에 들어오면 군주 위에는 '리'라는 새로운 초월이 군림하게 됩니다. 그러나 그 리는 세계 밖에서 창조주와 같은 형태로 존재하는 것이 아니라, 세계 안에서, 구체적인 사물이나 행위 안에서의 '올바름' 이나 '마땅함'의 형태로 존재하게 됩니다. 그래서 이제 초점은 어느 것이 올바른지를 합리적으로 따지는 문제로 이동하게 됩니다.

왕이 가장 두려워해야 하는 것은 하늘과 역사입니다. 연산군은 하늘을 언급하지 않았고, 역사실록)는 못쓰게 하였습니다.

무엇이 올바른지를 따지는 것을 '궁리(窮理)'라고 합니다. 궁리는 "이치를 궁구한다"는 뜻입니다. 그리고 구체적인 사물이나 행위를 物(물) 또는 事(사)라고 합니다. 성리학은 명상이나 좌선처럼 단지 머릿속으로만 이치를 따지는 것을 아주 싫어합니다. 반드시 구체적인 사물이나 사태 안에서 이치를 따지기를 권합니다. 이것을 "즉물궁리(卽物窮理)"라고 합니다. 직역하면, "사물에 즉해서 이치를 궁구한다"는 뜻입니다. 주자학이 불교를 배척한 것도 바로 이 점 때문입니다. 불교는 가정이나 사회와 같은 생활세계(事界)를 떠나서 수양을 하거나 진리(理界)를 추구하려 한다는 것이지요.

이처럼 주자학은 천(天)을 리(理)로 재해석하는 데에서 출발하는데, 조선 사상의 재미있는 점은 그런 주자학을 수용하면서도 천(天)이 리(理)로 다 환원되지는 않고 있다는 것입니다. 이론적으로라면 "하늘(天)은 이치(理)일 뿐이다"라는 주자의 말처럼, 전통적

---

* 『맹자』「양혜왕(하)」에 대한 주자의 주석.

인 하늘 관념이 이기론(理氣論)의 리로 전부 대체되어야 할 터인데, 조선에서는 하늘은 하늘대로 그 영향력이 여전히 살아 있었습니다. 대표적인 예가 조선 초의 성리학자 양촌 권근의 『입학도설』(1394)에 수록된 「천인심성분석지도」(天人心性分釋之圖)입니다.

하늘은 이치 위에 있다

이 그림은 제목에서부터 '하늘(天)'이 들어 있습니다. 그리고 그림도 맨 꼭대기가 '天'으로 시작되고 있습니다. 그리고 그 다음 단락에는 그 天(천)을 大(대)와 一(일)로 쪼개어 설명하고 있습니다.

천인심성 분석지도

하늘은 '크다'는 속성과 '하나'라는 속성을 지니고 있다는 것입니다. 그래서 하늘을 다시 말하면 '가장 큰 하나'가 됩니다.

이어서 그 '하나(一)'에 대해서는 "이치가 짝이 없다(=절대적이다)"는 뜻의 무대(無對)와 "운행이 쉼이 없다"는 뜻의 무식(無息)으로 설명하고 있습니다. 원문 그대로 번역하면 "이치로 말하면 짝이 없고"(以理言則無對), "운행으로 말하면 쉼이 없다"(以行言則無息)입니다. 다시 말하면 하늘과 필적할 만한 이치(理)는 없고, 하늘의 운행은 한 번도 쉬지 않는다는 것입니다.

여기에서 무대(無對)의 대(對)는 '짝'이라는 뜻입니다. '상대방'이라고 할 때의 상대(相對)와 같습니다. 상대(相對)는 "서로(相) 짝을 이룬다"는 의미인데, 절대(絶對)라고 하면 "짝을 끊는다"는 말이 됩니다. 절대는 무대와 같습니다. "짝이 없다"는 뜻이니까요. 그래서 "하늘은 이치로 말하면 무대(無對)이다"는 말은 "하늘은 짝이 없는 절대적 존재"라는 뜻입니다. 달리 말하면 하늘은 리로도 설명할 수 없다는 것입니다.

여기에서 우리는 하늘의 의미와 위상이 주자학과는 달라지고 있음을 알 수 있습니다. 하늘은 리로도 설명될 수 없고, 리보다 위에 위치하고 있으니까요. 즉 권근에 있어서는 주자학에서와 같이 하늘이 모두 리로 환원되는 것이 아니라, 오히려 리의 상위에 위치하거나 리로는 환원되지 않는 존재로 이해되고 있는 것입니다. 바로 이 점이 중국의 주자학과 한국의 주자학의 차이라고 할 수 있습니다.

참고로 '크다'는 의미의 大와 '하나'라는 의미의 一은 우리말로

권근철학에서는 하늘이 모두 리(理)로 환원되지 않고, 오히려 리의 상위에 위치하고 있습니다. 바로 이 점이 중국의 주자학과 한국의 주자학의 차이입니다.

하면 모두 '한'으로 표현합니다. '한아버지'나 '한글'의 '한'은 '크다'
는 뜻이고, '한 명'의 '한'은 '하나'라는 말인 데서 알 수 있습니다.
그런데 '하늘'은 천도교와 같은 개벽종교에서는 '한울'이라고도
합니다. '한울'은 '하나(一)의 커다란(大) 울타리'라는 뜻입니다. 지
금으로 말하면 "세계는 하나"라는 말입니다. 여기에서 우리는 '하
늘'과 '한'이 어원적으로 상통함을 알 수 있습니다. 그래서 권근은
외형적으로는 天을 大와 一로 쪼개고 있지만, 의미상으로도 이들
이 상통하고 있음을 염두에 두고 있었는지도 모릅니다.

하늘과 사람이 하나 된다

이어서 세 번째 단락에서는 一과 大가 "모든 변화의 근원"(萬
化之源)이자 "모든 차이의 근본"(萬殊之本)이라고 설명하고, 그것
을 '성(誠)'이라는 덕목으로 아우르고 있습니다. 달리 말하면 하늘
의 덕은 誠(성)이라는 것입니다. 여기에서 성(誠)은 '성실하다'고
할 때의 '성'으로, 우리말로는 '참되다'라고 번역됩니다. '참되다'
는 "거짓이 없다, 진실되다, 알차다"라는 의미를 담고 있습니다.
즉 하늘은 거짓이 없어서 사계절이 늘 그러하게[常] 운행되고, 바
로 그렇기 때문에 인간이 가장 믿을 수 있는 대상이며, 인간은 이
러한 덕을 본받아야 한다는 것입니다. 이것이 바로 하늘과 사람
이 하나 되는 '천인합일(天人合一)'의 경지입니다.

그런데 이렇게 천인합일의 경지에 이르려면, 다시 말하면 사람
이 하늘과 같은 '성'의 상태에 도달하려면 수양을 해야 하는네, 그
것이 바로 '경(敬)'입니다. 그래서 이 그림의 맨 아래에는 인간이

지켜야 할 덕목으로 '경'이 제시되어 있습니다. '경'은 '성'이라는 하늘의 덕과 하나 되려는 인간의 노력을 말합니다.

그리고 '성'의 아래와 '경'의 위에는, 오른쪽에 일감(日監)과 왼쪽에 외천(畏天)이라는 『시경』의 구절이 각각 달려 있습니다. '일감'은 "나날이[日] 감시한다[監]"는 뜻이고, '외천'은 "하늘[天]을 두려워한다[畏]"는 뜻입니다. 즉 하늘이 위에서 내려 보고 있으니까, 그 하늘을 두려워해야 한다는 것입니다. 이 지점이 하늘과 사람이 만나는 접점에 해당합니다. 그래서 결국 하늘과 사람은 성과 경이라는 덕목으로 이어지고 있는 셈입니다.

하늘의 속성은 성(誠)이고, 그 성에 도달하려면 경(敬)의 수양이 요청됩니다. 그래서 조선의 신하들은 임금에게 "매사에 경건하라"는 경치(敬治)를 요구했습니다.

경건함에 의한 영성정치

『조선왕조실록』에서도 '경'이 통치하는 위정자의 덕목으로 강조되고 있습니다. 그도 그럴 것이 권근과 같은 성리학자가 왕에게 '경'을 한시도 잊지 말라는 상소문을 올리곤 했으니까요.

> 무릇 '경(敬)'이란 온 마음을 주재하는 것이자 모든 일의 뿌리가 되는 것입니다. 그래서 크게는 하늘을 섬기고[事天] 귀신을 대접하는 [饗帝] 일에서부터, 작게는 일상생활에서 먹고 쉬는 것에 이르기까지 (경을) 떠나서는 안 됩니다(不可得而離也). (『태조실록』 1년 7월 20일 세 번째 기사)

이것은 조선이 건국되고 3일 후인 1392년에 7월 20일에 사헌부에서 태조 이성계에게 올린 상소문인데, 군주가 통치에 임하는 마음가짐을 말하고 있습니다. 임금은 모름지기 매사에 경(敬)을 해야 한다는 것인데, 이것을 저는 '경치(敬治)'라고 부릅니다. 지금 식으로 말하면 일종의 '영성정치'라고 할 수 있습니다.

유학의 경(敬)과 동학의 경(敬)

참고로 이곳에서의 '경'은 글자는 같지만 동학의 '경'과는 약간 다릅니다. 동학에서는 "타인이나 사물을 하늘처럼 공경하라"는 의미에서 '경'을 말하는데, 여기에서는 "자기의 마음을 경건하게 하라"는 의미에서 '경'을 말하고 있습니다. 이것을 주자학에서는 '주일무적(主一無適)'이라고 합니다. '주일무적'이란 "하나(一)에 집중해서(主) 산만함(適)이 없다(無)"는 뜻입니다. '경'을 설명할 때 단골로 등장하는 어구입니다.

이런 측면에서 보면, 유학에서 동학으로의 전환은 경(敬)의 대상이 심(心)에서 물(物)로 전환된 사건이라고 할 수 있습니다. 그래서 사람을 대하는 대인윤리(對人倫理)가, 유학에서는 인(仁)이나 예(禮)였다고 한다면, 동학에서는 경(敬)이나 시(侍=모심)로 바뀌게 됩니다. 동학에서는 모든 대상을 하늘처럼 경건하게[敬] 모시라고[侍] 말합니다. 그래서 동학의 '경'이나 '시'는 수평윤리라고 할 수 있습니다.

반면에 유학에서는 나이나 지위에 따라 차등적으로 대상을 대하라고 합니다. 그것이 인(仁)과 예(禮)입니다. 인(仁)은 주로 윗사람이 아랫사람에게 베푸는 내리 사랑을 말하고, 예(禮)는 나이나 신분에 따라 차등적으로 적용되는 행위규범을 말합니다. 그래서 조선시대에 군주는 백성을 적자(赤子)로 보았습니다. '적자'란 "핏덩어리 어린애"라는 뜻입니다. 부모가 자식을 돌보듯이 군주는 백성을 돌보아야 한다는 것입니다. 그런 의미에서 인과 예는 차등윤리라고 할 수 있습니다. 이 차등이 유학에서 말하는 질서, 즉 '리'입니다.

천도를 숭상하라

위의 사간헌 상소문에서 경은 심지어 역사의 흥망까지 설명하는 개념으로 자리매김되고 있습니다.

조선이라는 나라를 건설한 사대부들의 이상은 "도학(道學) 정치에 의한 유교사회의 실현"이었습니다. 이 조선 도학의 핵심에 하늘[天]과 경건[敬]이 있습니다.

> 천도(天道)를 숭상하여 밤낮으로 두려워했기 때문에 탕임금과 무임금이 흥한 것입니다. 덕을 소멸하고 위력을 일으키면서 '경'은 실천할 만한 게 못 된다고 했기 때문에 걸임금과 주임금이 망한 것입니다. 역대 왕조를 고찰해보면 치란과 흥망은 모두 이것으로부터 나왔습니다. 그렇다면 '경'이라는 한 글자는 진실로 임금의 통치가 나오는 근원입니다(欽崇天道, 夙夜祗懼, 湯武之所以興也; 滅德作威, 謂敬不足行, 桀紂之所以亡也. 考之歷代, 治亂興亡, 皆由此出. 是則敬之一字, 固人君出治之原也.).

여기에서는 역대 왕조의 흥망성쇠의 요인을 군주의 '경'의 유무로 설명하고 있습니다. 이것은 유학사에서는 주자학 이후에나 나올 수 있는 발상입니다. 주자학에 이르러야, 또는 남송의 주자학에 영향을 준 북송의 도학(道學)에 이르러야, 유학에서 경이 강조되기 시작했으니까요. 그래서 성리학에서의 경의 등장은 불교의 영향이라고 말해지고 있습니다. 불교에서 정좌(靜坐)나 참선과 같은 마음공부법이 발달했는데, 그것을 유학적으로 수용한 것이 경이라고 할 수 있으니까요. 이처럼 경을 강조하는 것이 송대 도학의 특징입니다. 조선의 유학자들은 이 도학으로 이상사회를 건설하려고 했습니다. 마치 동학의 해월 최시형이 경으로 새로운 세상을 만들어 보고자 했던 것과 유사합니다.

도덕적 이상사회 건설

조선이 건국되고 10여 년이 지난 태종 3년(1403), 사간원에서 태종에게 다음과 같은 상소를 올립니다.

> 바라옵건대 전하께서는 오늘부터 경연에 임하시어 경서를 강의하는 학자를 예로써 대하고, 항상 (그들과) 함께 성학(聖學)을 연구하시고 치도(治道)를 논하시며, 시종일관 학문에 종사하시면…장차 정치가 (하은주) 삼대보다 더 융성해지는 것을 보게 되실 겁니다. (『태종실록』 3년 3월 3일 2번째 기사)

여기에서 '경연(經筵)'은, 직역하면 '경전(經) 마당(筵)'이라는 뜻으로, 왕과 신하가 정기적으로 고전을 읽으면서 토론하는 세미나를 말합니다. 그리고 '(하은주) 삼대'는 중국에서 가장 이상적인 정치가 행해졌나고 하는 시대를 말합니다. 이 상소문에서는 두 가지를 주장하고 있습니다. 하나는 임금이 학문을 게을리 하면 안

된다는 것과, 다른 하나는 학문을 열심히 하면 중국보다 더 이상
적인 사회를 만들 수 있다는 것입니다. 이 이상사회로 가는 방법
이 바로 '학'이고, '학' 중에서도 과학이나 경제학이 아니라 '도학
(道學)', 즉 도덕학입니다. 여기에서 우리는 조선이라는 나라를 건
설한 사대부들의 이상을 엿볼 수 있습니다. 그것은 "도학(道學) 정
치에 의한 이상사회의 실현"입니다. 그리고 이 조선 도학의 핵심
에 하늘[天]과 경건[敬]이 있습니다.

세종

창조를 하는 임금

세종의 한글 창제는 백
성들에게 표현할 수 있
는 도구를 손에 쥐어준
것입니다. 바로 이 점
이야말로 세종을 다른
군주와 구분짓는 가장
큰 차이입니다.

철인왕 세종

세종(재위 1418~1450)은 우리에게 대개 정치가로 알려져 있습니다. 그것도 백성을 사랑한 애민군주의 이미지가 강합니다. 하지만 알고 보면 사상가로서의 기질도 다분합니다. 아니 오히려 이 점이야말로 그의 가장 큰 매력이라고도 할 수 있습니다. 세종을 한국사상사의 한 장으로 다루어야 하는 이유가 여기에 있습니다.

19권에 이르는 방대한 『세종실록』의 구석구석에는 그의 사상이 숨은 그림처럼 녹아 있습니다. 신하들과 나누는 말 한마디 한마디에서 그가 단순한 정치가가 아니라 자기 나름대로의 철학이 있는 사상가였음을 알 수 있습니다. 그렇다고 해서 그 철학이 단순히 백성을 사랑하는 애민사상이나 민본사상과 같은 유학적 가치로만 다 설명될 수 있는 것도 아닙니다. 그보다 더 깊이 있고 현실적인 사상을 가지고 있었습니다. 그렇지 않고서야 조선의 다른 군주들과의 현격한 차이를 설명할 수 없을 것입니다.

예를 들어 한글 창제는 한자를 어려워하는 백성을 생각하는 마음에서 만들었다는 점에서는 애민사상의 발로라고 할 수 있습니다. 그러나 그것은 새로운 농사기술을 만들어서 생산량을 증가시킨 애민정책과는 근본적인 차이가 있습니다. 왜냐하면 같은 애민정책이라고 해도 한글 창제는 백성들에게 자신의 생각을 표현할 수 있는 도구를 손에 쥐어준 것이기 때문입니다. 그런 점에서 백성들을 수동적인 객체에서 능동적인 주체로 거듭나게 하는 계기를 마련해 주었다고 말할 수 있습니다. 농업정책이나 기술정책은 세종 이외의 군주들도, 조선 이전의 임금들도 시행한 정책입니다. 그러나 문자의 발명은 세종만이 생각할 수 있었습니다. 바로 이 점이 세종과 세종 아닌 군주들을 구분 짓는 가장 큰 차이라고 생각합니다.

백성과 함께 하라

세종의 사상가로서의 측면을 보여주는 사례를 하나 소개하면 다음과 같습니다.

> 경상도 감사가 아뢰었다; "토지를 재 측량한 뒤에 새로 개간한 토지가 어떤 것인지 분간하기 매우 어려우니 원래대로 세를 받도록 하소서."
> 임금이 말하였다; "어째서 분간하지 못한단 말이냐! 만일 그것이 의심스러우면 백성과 함께하면 된다. 호조에 이렇게 하라고 전해라."(『세종실록』 12년(1430) 12월 20일 세 번째 기사)*

---

* 새로 개간한 토지에 대해서는 2년까지는 세금을 아예 면제해 주고, 3년에는 절반을 감해 주고, 4년째에 가서야 전액을 받았기 때문에 이런 보고가 있었던 것이다.

이 상황은 토지 개간을 장려하기 위해, 토지를 개간하면 토지세를 면제해 준다는 법이 새로 시행되자, 그 폐단을 둘러싸고 경상도 감찰사와 세종 사이에 의견을 나누는 장면입니다. 이전에 개간한 토지를 새로 개간했다고 속이고서 토지세를 면제받으려 하는 백성이 있을 수 있다는 문제점을 경상도 감찰사가 제기하자, 세종은 "백성과 함께하면 된다"는 말로 대답하고 있습니다.[*] 이처럼 실록은 군주와 신하 간의 대화와 논쟁이 상세히 수록되어 있기 때문에 당시 정치가들의 사상을 분석하는 데 많은 도움이 됩니다.

세종의 '여민가의'는 "백성과 함께하면 된다"는 말입니다. 조정에 앉아서 된다, 안 된다는 식의 탁상공론을 하지 말고 백성들의 삶의 현장으로 직접 들어가라는 말입니다.

'여민가의'의 정치철학

위의 대화에서 세종이 말한 "백성과 함께하면 된다"의 한문 원문은 '여민가의(與民可矣)'입니다. 이 중에서 가(可)는 '가하다, 된다'는 뜻이고, 의(矣)는 단정을 나타내는 어조사입니다. 그래서 '여민가의'는 "여민하면 된다"는 말입니다. 문제는 '여민'의 의미입니다. '여민'은 세종이 만든 말이 아니라 고전에 나오는 말입니다. 『맹자』의 여민동락(與民同樂)에서 유래하는 말로, 여(與)는 '함께/더불어(with)'라는 뜻의 전치사이고, 동(同)은 '함께한다'는 동사입니다. 민(民)은 '백성'을, 락(樂)은 '즐거움'을 말합니다. 그래서 '여민동락'은 "백성과[民] 더불어[與] 즐거움을[樂] 함께한다[同]"는 뜻이 됩니다. 맹자가 제나라 선왕에게 한 말로 귀한 것들을 왕 혼자서

---

* 박현모, 〈링컨의 'for the people' 뛰어넘은 세종의 '與民'〉, 『조선일보』, 2013.03.30.

만 즐기지 말고 "백성과 더불어 즐거움을 함께 하면" 이상적인 왕도정치를 실현할 수 있다는 충고였습니다.

세종이 말한 "여민가의"도 이와 비슷한 의미입니다. 하지만 뉘앙스가 완전히 같은 것은 아닙니다. 맹자에서의 여(與)는 '더불어'라는 전치사로 쓰였지만 세종의 여(與)는 '함께한다'는 동사로 쓰였습니다. 그래서 세종의 '여민가의'는 "백성과 함께하면 된다"는 말이 됩니다. 맹자보다 좀 더 적극적인 행위를 요구하고 있습니다. 조정에 앉아서 된다, 안 된다는 식의 탁상공론을 하지 말고 백성들의 삶의 현장으로 직접 들어가라는 말입니다. 그래서 맹자에서의 '여'가 왕이 누리는 즐거움을 백성과 '공유하는' 차원이라면, 세종에서의 '여'는 말 그대로 백성과 함께 '실천하는' 차원을 의미합니다.

백성 속으로!

'여민가의'는 간단히 말하면 "백성 속으로!"라고 할 수 있습니다. 달리 말하면 일종의 '현장주의'의 입장입니다. 세종은 철저하게 백성이 처한 '현실'에 맞춰서 그들의 눈높이에서 정치를 한 현장주의자였습니다. '여민가의'는 세종의 그러한 실학적 입장을 담고 있습니다. 예전에 보았던 「춤추는 대수사선」이라는 일본 영화에 "사건은 현장에서 일어난다!"는 명대사가 있었는데, 이 말을 빌리면 세종은 "정치는 현장에서 일어난다!"고 말한 셈입니다.

몇 년 전에 도법스님과 함께 1년 동안 전국 방방곡곡을 돌아다니면서 지역순례를 하신 이부영(1942~) 전 국회의원이 이런 말을 했다고 합니다; "내가 그동안 정치한다면서 비행기만 타고 다녔구나···." 국회에서 정치를 할 때와는 달리 직접 민생의 현장에 들어가서 그들의 소리를 들어보니까 전혀 다른 세계가 있었다는 말입니다. 일제강점기에 〈불법(佛法)연구회〉(훗날의 원불교)를 창시한 소태산 박중빈은 "현실이야말로 큰 경전이다"는 말을 했는데, 이 역시 현장을 중시하는 실학정신의 표현이라고 할 수 있습니다.

중국의 공공(公共)

세종의 현실적 정치관을 알 수 있는 사례를 하나 더 들면 다음과 같습니다. 옛날에는 왕이 행차를 하는데 뭣 모르고 뛰어드는 백성들이 더러 있었나 봅니다. 가령 고대 중국의 역사를 기록한 사마천의 『사기(史記)』에는 다음과 같은 일화가 나옵니다. 한나라 문제가 말을 타고 행차를 하는데 어떤 사람이 갑자기 뛰어 들어서 황제가 하마터면 말에서 떨어질 뻔한 것입니다. 이에 황제가 흥분하여 바로 옆에 있던 정위(廷尉) 장석지에게 당장 처벌을 하라고 명령을 내렸습니다. 그런데 장석지는 뜻밖에도 벌금형이라는 가벼운 판결을 내렸습니다. 당시의 법률상으로는 황제 행차 방해죄는 벌금형밖에 안 되었던 모양입니다. 이에 황제가 노발대발하자 장석지가 이렇게 간언을 하였습니다; "법이란 황제라 할지라도 천하와 더불어(與) 공공(公共)하는 바입니다.* 지금의 법이 이와 같은데 더 무겁게 한다면 이 법은 백성들에게 믿음을 주지

> "법이란 황제라 할지라도 천하와 더불어(與) 공공(公共)하는 바입니다. 지금의 법이 이와 같은데 더 무겁게 한다면 이 법은 백성들에게 믿음을 주지 못할 것입니다."

---

* 法者天子所與天下公共也.

못할 것입니다." 이 말을 들은 한문제는 잠시 생각한 후에 수긍하였다고 합니다.

여기에서 '공공'이라는 말이 나옵니다. 한자 문헌에서 최초로 등장하는 용례인데, 중요한 점은 명사가 아닌 동사로 쓰이고 있다는 점입니다.* 한자로는 '公共'이라고 쓰는데, 앞의 公은 '모두가/누구나'라는 의미이고, 뒤의 共은 '함께한다, 공유한다'는 말입니다. 그래서 共은 맹자의 여민동락의 同과 유사하고, 세종의 여민가의의 與에 해당하는 말입니다. 결국 '공공'은 '모두와 함께한다'는 뜻입니다.

이후에 성리학에 가면 公의 범위가 단지 사람뿐만 아니라 우주만물로까지 확장됩니다. 가령 성리학에서 말하는 인(仁)은 "우주만물이 공유하는 리"라는 의미에서 공공지리(公共之理)라고도 합니다. 요즘 식으로 말하면 '우주적 공공성'의 차원이라고 할 수 있습니다. 우리가 근대화되었다는 것은 이 우주적 공공성이 국가적 공공성 내지는 시민적 공공성으로 축소된 것을 의미합니다. 반면에 한살림 같은 생명운동은 이 우주적 공공성을 회복하고자 하는 시민운동입니다. 우주가 하나의 생명을 공공하는 생명체라는 우주론에서 출발하고 있기 때문입니다.

세종의 공공(公共)

기원전 2세기에 한나라 문제에게 일어났던 사건이 흥미롭게도

---

* 김태창 구술, 이케모토 케이코 기록, 조성환 번역, 『공공철학대화』, 모시는사람들, 2017.

1,500년 후에 조선에서도 일어났습니다. 세종이 행차를 하고 있는데 어떤 사람이 갑자기 뛰어든 것입니다. 당시의 상황이 『세종실록』에 전해지는데, 흥미롭게도 세종은 한문제와는 다른 반응을 보이고 있습니다.

세종이 왕의 행차를 방해한 백성에 대해 보인 반응은 한문제와 비슷하면서도 다릅니다. 한문제가 법을 공공했다면 세종은 백성이 처한 현실을 공공했습니다.

> 우대언* 정연이 아뢰었다; "지금 임금의 행차에 뛰어 든 자가 있으니, 법률에 따라 마땅히 교수형에 처해야 합니다."
> 임금이 말하였다; "이는 매우 옳지 않다. 만약에 그런 법률이 있는 줄을 알고도 감히 뛰어들었다면 그렇게 처벌해야겠지만, 무지(無知)한 사람이 어리둥절하여 갈 곳을 모르고 뛰어든 것을 그런 법률로 처리한다면 어찌 옳겠느냐? 다른 법률을 참조하여 아뢰어라." (『세종실록』 11년(1429) 3월 26일 첫 번째 기사)

여기에서 정연은 장석지와 마찬가지로 법대로 처리할 것을 주장합니다. 그러나 세종은 다른 법률을 알아보라고 지시를 내립니다. 그 이유는 백성은 한문을 읽지 못하기 때문에 한문으로 된 법조문을 몰랐다는 것입니다. 그래서 법조항을 일률적으로 적용하는 대신에 피의자인 백성이 무지했다는 현실을 반영하여 다른 법조항을 적용하라고 한 것입니다.

저는 이런 태도 또한 세종의 여민정치의 일환이라고 생각합니

---

* 우대언: 조선 초기에 승정원에 소속된 정3품 관직으로 '우승지'(右承旨)를 개칭한 것이다. 뒤에 다시 '우승지'로 개칭되었다. 『한국민족문화대백과사전』 '우대언(右代言)' 항목 참조.

다. 세종은 자의대로 처리하지 않고 법에 따른다는 점에서는 한문제와 비슷하지만, 해당 법조항을 그대로 적용하지 않았다는 점에서는 한문제와 다릅니다. 한문제가 법을 공공했다면 세종은 백성이 처한 현실을 공공한 것입니다. 바로 이 점이말로 세종을 세종이게 하는 점입니다.

실학을 추구한 군주

세종의 이러한 입장은 '실학(實學)'이라는 말로 표현할 수 있습니다. 여기서 '실'이란 '실용적'이라는 뜻이 아니라 '현실적'이라는 뜻입니다. 즉 세종의 정치학은 당시 조선과 백성이 처한 현실에서 출발하고 있다는 뜻입니다. 백성의 무지, 백성의 정감, 백성의 불편이라는 현실이 이념보다 앞서고 있는 것입니다. 이러한 점을 보여주는 사례를 하나 더 들어 보겠습니다.

세종 3년(1421), 그의 나이 25세 때의 일입니다. 임군례라는 사람이 역모를 꾀한 일이 있었는데, 역모를 도모하는 현장에 그의 아들 임순례도 함께 있었던 모양입니다. 하지만 아들 임순례는 아버지의 역모를 돕기 위해서가 아니라 말리기 위해서 그 자리에 있었습니다. 그런데 심도원이라는 신하는 임순례도 역모를 도모한 거나 다름없기 때문에 함께 처벌해야 한다고 하였습니다. 이에 대해 세종은 다른 입장을 제시했는데, 『세종실록』에는 당시의 상황을 다음과 같이 전달하고 있습니다.

① 집의(執義) 심도원이 아뢰었다; "난신(亂臣) 임군례·정안지와 연

루된 자들을 모두 법대로 해야 합니다."

② 임금이 말하였다; "…과거에는 비록 난신과 연루된 자가 있더라도 문제 삼지 않더니, 왜 하필 지금 이 사람들을 처벌하려 하느냐?"

③ 심도원이 아뢰었다; "임군례의 아들 임맹손은 다른 연좌인과는 다릅니다. 그의 아비가 난언(亂言)을 할 때에 옷을 잡아당기며 말렸는데, 이것은 함께 들은 것이니 결코 용서해서는 안 됩니다."

④ 임금이 말하였다; "그대의 말은 틀렸다. 임금과 신하의 의리가 비록 중하지만, 아버지와 아들의 은혜도 큰 것이다. 어찌 군신의 의리로 부자의 은혜를 막을 수 있겠는가. 맹손이 제 아비의 옷을 잡아당기며 난언을 못하게 한 것은 군례에게 효자 노릇한 것이니 어찌 함께 들었다고 해서 죄를 씌울 수가 있겠느냐."

⑤ 심도원이 나간 뒤에 임금이 말하였다; "도원은 법을 담당한 관리로서, 단지 맹손이 말을 함께 들은 것이 죄가 있다는 것만 알았지, 그가 아비를 사랑하는 효심은 잊어버렸으니, 어찌 '법을 안다'(知法)고 할 수 있겠는가." (『세종실록』 3년(1421) 3월 15일 두 번째 기사)

세종은 추상보다는 구체를, 이론보다는 현실을 더 중시하고 있습니다. 세종의 정치학은 당시 조선의 백성이 처한 현실에서 출발하고 있습니다. 바로 이 점이 세종을 실학자로 볼 수 있게 하는 대목입니다.

여기에 나오는 심도원(沈道源, 1375~1439)은 세종(1399~1450)보다 24살이 위니까 부모뻘 되는 신하입니다. 그리고 심도원의 관직명이 집의(執義)인데, 집의는 "정의를 집행한다"는 뜻이므로 관리를 감찰하고 법을 집행하는 관료임을 알 수 있습니다. 그래서인지 심도원은, 앞에서 나온 장석지나 정연처럼, 법을 곧이곧대로 적용할 것을 주장합니다. 하지만 세종은, 앞의 사례와 마찬가지로,

당사자의 실정을 반영해야 한다고 말하고 있습니다. 이 경우에 실정은 아버지를 생각하는 '정감'입니다.

무릇 법이나 이념은 백성을 다스리고 사회를 이끌기 위한 추상적 체계이자 이론입니다. 반면에 백성의 정감이나 무지(無知)는 구체적인 현실입니다. 세종은 추상보다는 구체를, 이론보다는 현실을 중시하고 있습니다. 바로 이 점이 세종을 실학자로 볼 수 있게 하는 대목입니다. 그래서 25살의 젊은 군주는 아버지뻘 되는 신하에게 "법을 모른다"(不知法)고 안타까워한 것입니다. 앞에서 소개한 왕의 행차에 뛰어든 백성은 한문을 몰라서 법을 모른 경우입니다. 반면에 지금의 상황은 법을 집행하는 관료가 법의 정신을 모른 경우입니다. 둘 다 법을 모르는데 내용상으로는 상당히 다릅니다.

백성도 알게 하라

세종은 왕의 행차에 뛰어든 백성의 일이 있고 나서 3년 뒤에(세종14년), 백성들도 법조문을 알 수 있게 하는 조치를 취합니다. 법조문의 대강을 이두로 번역해서 인쇄해서 반포하도록 한 것입니다. 그런데 이 과정에서 이조판서 허조(許稠, 1369~1439)와 논쟁이 일어납니다. 참고로 허조는 태종과 세종 시대에 걸쳐 유교적인 예악제도를 정비하는 데 크게 공헌한 인물로, 강직한 성품으로 알려져 있는 인물입니다.* 그런 의미에서 정통 유학자라고 할 수

---

* 『한국민족문화대백과사전』, '허조(許稠)' 항목.

있습니다.

세종은 성선설적인 인간관을 가지고 있어서 인간은 선악을 알면 스스로 고칠 수 있다는 입장이고, 허조는 성악설에 가까운 인간관이어서 인간이 선악을 알면 악을 악용한다는 입장입니다.

① 임금이 좌우 신하들에게 말하였다; "비록 이치를 아는[識理] 사람이라 할지라도 법률에 의거하여 판단한 연후에 죄의 경중을 알게 되거늘, 하물며 어리석은 백성이[愚民] 어찌 지은 죄의 대소를 알아서 스스로 고치겠는가[自改]! 비록 백성들로 하여금 법조문을 모두 알게 할 수는 없지만, 큰 죄의 항목만이라도 따로 뽑아서 이두로 번역하여 민간에게 반포해서 우부우부(愚夫愚婦)들로 하여금 (범죄를) 피할 수 있게 하면 어떤가?"

② 이조판서 허조가 아뢰었다; "신은 폐단이 일어나지 않을까 두렵습니다. 간악한 백성이 실로 법조문을 알아서 죄의 대소를 알게 되면, 두려워하고 거리낄 것 없이 법을 농간하는 무리들이 생길 것입니다."

③ 임금이 말하였다; "그렇다면 백성들로 하여금 알지 못한 채[不知] 죄를 범하게 하는 것이 옳겠는가? 백성들이 법을 알지 못하는데 법을 어긴 자를 처벌하면, 조사모삼(朝四暮三)의 술책에 가깝지 않은가? 더욱이 태조[祖宗]께서 법조문을 읽게 하는 법을 제정하신 것은 사람마다 모두 알게 하고자 함이었다. 경들은 고전들을 조사하여 의논하여 아뢰거라." [중략: 다른 사안 논의]

④ 허조가 나가자 임금이 말하였다; "허조의 생각에는 백성들이 법조문을 알면 소송이 그치지 않고 윗사람을 능멸하는 폐단이 있게 되리라는 것인데, 모름지기 세민(細民)으로 하여금 금할 것을 알게 해서 두려워 피하게 해야 한다."

마침내 집현전에 명하여 옛날에 백성으로 하여금 법률을 익히게 하던 일을 조사하여 아뢰게 하였다. (『세종실록』 세종 14년(1432) 11월 7일 첫 번째 기사)

여기에서 세종과 허조의 백성에 대한 인식은 정반대로 갈라집니다. 허조의 생각은 백성들이 법률을 알면 악용하게 된다는 것이고, 세종은 백성들이 법률을 알면 스스로 고치게 된다는 것입니다. 이러한 인식의 차이에는 두 사람의 상반된 인간관이 깔려 있습니다. 세종은 성선설적인 인간관을 가지고 있어서 인간은 선악을 알면 스스로 고칠 수 있다는 입장이고, 허조는 성악설에 가까운 인간관이어서 인간이 선악을 알면 악을 악용한다는 입장입니다.

이와 같이 낙관적인 인간관을 갖고 있는 세종이기에 그의 문제의식은 자연히 백성들의 '앎[知]'의 확장에 있게 됩니다. 즉 어떻게 하면 백성의 무지(無知)를 유지(有知)로, 무식(無識)을 유식(有識)으로 전환시킬 수 있을까가 세종의 고민이었습니다. 위의 대화에서 세종이 말하는 우민(愚民), 즉 '어리석은 사람'은 백성에 대한 폄하의 발언이 아니라, 말 그대로 '글자를 모르는 백성', 즉 '문맹의 백성'이라는 뜻입니다. 그래서 세종의 문제의식은 백성들의 문맹(文盲)을 문명(文明)으로 전환시키는 데에 있었다고 할 수 있습니다. 세종의 한글 창제는 이러한 현실 인식과 결코 무관하지 않습니다.

번역의 필요성

위의 지시가 있고 나서 일주일 뒤에 실제로 안숭선(安崇善, 1392~ 1452)이라는 신하가 고전에 나오는 사례를 조사하여 보고합니다. 그러나 이 사례는 백성들이 아닌 관리가 대상이 되고 있습니다. 즉 형벌을 관장하는 관리가 법조문에 밝지 못해서 생기는 폐단이 소개되고 있습니다.

세종의 문제의식은 어떻게 하면 백성들의 무지(無知)를 유지(有知)로 전환시킬 수 있을까에 있었습니다. 그리고 그 무지로 인해 생기는 불편을 편리로 바꾸는 데에 있었습니다.

> 안숭선이 상소를 올렸다; "『경제육전』을 찾아보니 '형벌을 정하는 자가 법조문에 밝지 못해서 주관이 개입하기 때문에 형벌이 공정하지 못하고, (이로 인해 백성들이) 억울하여도 호소할 곳이 없어서 화기(和氣)를 상하게 하고 재앙을 부른다'고 쓰여 있습니다. 『대명률』은 이 시대의 제왕이 제정한 것이니 마땅히 행해야 하겠지만, 우리나라 사람들이[國人] 이해하기 쉽지 않으니 우리말로[俚語] 번역하여 전국에 반포해서 익히게 하여, 곤장 하나라도 반드시 법률에 따라 시행하도록 하여 인후한 덕을 보여주시기 바랍니다.(『세종실록』 14년 11월 13일 두 번째 기사)

여기에서 안숭선이 인용하고 있는 『경제육전』은 조선 초기(1397)에 편찬된 조선 최초의 법전인데, 다행히 세종이 요구했던 것과 비슷한 사례가 있었나 봅니다. 하지만 세종이 문제 삼았던 백성들의 무지(無知)가 아니라 관리의 무지(無知)를 지적하고 있습니다. 누구의 무지이든 간에 중요한 것은 법조문이 중국문자로 되어 있어서 국인(國人), 즉 우리나라 사람들이 이해하지 못하고 있다는 현실입니다. 지금으로 말하면 법조문이 온통 영어로 되어 있어서 관리들조차 이해하는 데 애를 먹고 있는 상황이라고 할 수 있습니다. 이러한 불편(不便)은 중국과 조선이라는 공간적, 문화적 차이로 인해 필연적으로 생기는 문제입니다. 그래서 안숭선도, 세종과 마찬가지로, 법조문을 쉬운 우리말로[俚語] '번역'해서 나누어 줄 것을 제안합니다. 여기에서 '쉬운 우리말'의 원문인 리어(俚語)는, 아직 한글이 나오기 전의 일이므로, 한글을 말하는 것은 아닙니다. 우리말 식의 쉬운 한자나, 아니면 이두식 표기를 말하는 것 같습니다.

새로운 문자의 탄생

그러나 이런 해결책도 궁극적인 것은 되지 못합니다. 왜냐하면 이두만 해도 한자를 부호처럼 활용해서 토를 다는 형식이기 때문입니다. 지금으로 말하면 영어 단어와 단어 사이에, 특정한 영어 부호를 활용해서, 우리말의 의미를 나타내는 조사나 어미를 다는 식입니다. 그래서 결국 세종은 우리 '실정'에 맞는 문자를 창조하게 됩니다. 중요한 것은 한글 창제의 계기가 조선의 백성들이 처한 현실에서 비롯되었다는 점입니다. 아울러 이 프로젝트가 비밀리에 진행되었다는 점도 잊어서는 안 됩니다. 중국의 눈치보다도 당시 조선의 지식인들의 반발이 더 우려되었을 것입니다.

이렇게 비밀리에 탄생한 '훈민정음(訓民正音)'이라는 말이 역사상 처음 등장하는 것은 『세종실록』입니다. 세종 25년, 시기 1443년이 저물어 갈 무렵의 일이었습니다.

이달에 임금이 친히 언문(諺文) 28자를 지었다. 그 글자는 옛 전자(篆字)를 모방하였고, 초성·중성·종성으로 나누어져 있는데, 이것들을 합한 연후에야 글자를 이루었다. 무릇 (중국의) 문자(文字)와 우리의 이어(俚語)를 모두 쓸 수 있고, 글자는 비록 간결하지만 전환이 무궁하니, 이것을 훈민정음(訓民正音)이라 하였다.* (『세종실록』 25년(1443) 12월 30일 두 번째 기사)

참고로 여기에서 말하는 '훈민정음'은 유네스코 기록유산에 등재된 텍스트로서의 『훈민정음』이 아니라, 말 그대로 한글이라는 문자를 말합니다. 텍스트로서의 『훈민정음』은 한글의 원리와 철학을 밝힌 『훈민정음 해례본』을 가리킵니다. 새로운 도구가 만들어졌으니 그것의 사용법도 당연히 필요했겠지요.

『조선왕조실록』에 '훈민정음'이라는 말은 모두 11회 나옵니다. 생각보다는 적은 용례입니다. 반면에 '언문(諺文)'이라는 말은 151회나 등장합니다. 그리고 최초의 용례가 위의 기사에 나오는 '훈민정음'의 별칭입니다. 따라서 언문은 지금으로 말하면 한글의 다른 말로 쓰였음을 알 수 있습니다. 참고로 오늘날 우리가 사용하는 '한글'이라는 말은 일제강점기에 탄생한 개념입니다.

---

* 是月, 上親制諺文二十八字, 其字倣古篆, 分爲初中終聲, 合之然後乃成字, 凡干文字及本國俚語, 皆可得而書, 字雖簡要, 轉換無窮, 是謂訓民正音.

비밀스런 창조

그런데 위의 기사 이전에 '훈민정음'이나 '언문'이라는 말은 『세종실록』의 그 어디에도 나오지 않습니다. 다시 말하면, 세종이 문자를 만들고 있었다는 내용 자체가 1443년 12월 30일 이전의 그 어느 문헌에도 나오지 않습니다. 그렇다면 이것은 세종이 신하들 몰래 공작을 하고 있었다고밖에 생각할 수 없습니다.

실제로 위의 기사의 맨 처음에 나오는 '친제(親制)'라는 표현이 이러한 사실을 뒷받침해 주고 있습니다. '친제'는 직역하면 "친히 제작했다"는 말입니다. 세종이 직접 훈민정음을 만들었다는 뜻입니다. 실제로 『세종실록』을 읽다 보면 세종이 언어학에도 상당한 관심이 있었음을 알 수 있게 하는 대목들이 나옵니다. 아마 당시의 최신 언어학 이론을 직접 공부했던 것 같습니다.

그리고 맨 마지막에 나오는 "글자는 간결하지만 전환이 무궁하다"는 평가는 한글의 편리성과 과학성을 말하고 있습니다. 마치 몇 종류의 조각으로 무수한 형상을 조합해내는 레고처럼, 몇 개의 자모음만 사용해서 무궁무진한 글자를 얼마든지 만들어 낼 수 있다는 것입니다. 이러한 편이(便易)함은 세종이 백성들의 입장을 깊이 헤아린 끝에 나온 결과입니다.

'작'에 대한 반발

그러나 글자의 창조[作]에 대한 반발도 만만치 않았습니다. 중화주의에 젖어 있던 유학자들이 세종의 한글 장세에 일제히 반대하고 나선 것입니다. 세종이 훈민정음 프로젝트를 비밀리에 진행한 것도 이러한 반발을 예상했기 때문일 것입니다. 당시 신하들을 대표해서 장문의 반대상소문을 올린 인물이 집현전 부제학 최만리입니다. 이 상소문을 읽어 보면 당시 조선유학자들의 정신세계가 어떠했는지를 짐작할 수 있습니다. 그 요지를 소개하면 다음과 같습니다.

유학의 창시자인 공자가 중원이라는 중국 땅에서 인문학을 했다면, 한글을 창제한 세종은 한반도라는 조선 땅에서 인문학을 하였습니다. 그래서 공자학이 중국학이라면, 세종학은 한국학에 속합니다.

> 음을 쓰고 글자를 합하는 방식이 모두 옛 것에 반대되니…만약에 중국에라도 흘러 들어가서 혹시라도 비난하는 자가 있으면, 어찌 대국을 섬기고 중화를 사모하는 데 부끄러움이 없겠습니까!
> 이제 따로 언문을 만드는 것은 중국을 버리고 스스로 오랑캐와 같아지려는 것입니다. 어째서 수천 년 동안 폐단 없이 써온 이두를 버리고 야비하고 상스럽고 무익한 글자를 따로 만드십니까! 언문이 설사 유익하다 하더라도 학자의 기예의 하나에 불과합니다.
> 정치에 이로움이 하나도 없는데 (관리들이) 여기에 정력을 들이고 정신을 허비하며 시간만 보내게 되면, 당면한 과제를 배우는 데 손해가 될 뿐입니다. (『세종실록』 26년(1444) 2월 20일 첫 번째 기사)

훈민정음 창제 사실이 알려지고 두 달 뒤에 제출된 이 상소문은 당시 조선 유학자들의 '중국바라기'가 어느 정도로 심했는지를 단적으로 보여줍니다. 세종은 재임 기간 내내 이러한 문화적 사대주의와 싸웠다고 해도 과언이 아닙니다. 문제는 지금도 이런 상황이 크게 달라지지 않았다는 점입니다. 그 대상이 중국에서 미국이나 유럽으로 바뀌었을 뿐입니다. 그러나 세종 시대는 지금

보다 훨씬 낫습니다. 독자적인 문화 창조 작업으로 문화사대주의
를 극복하려 했으니까요. 세종은 한글뿐만 아니라 악보도 창제했
고 독자적인 달력도 만들었습니다. 중국의 고대 성왕(聖王)이나
할 수 있는 '작(作)'의 작업을 직접 해 버린 셈입니다.

　실제로 『훈민정음 해례본』 저술 작업에 참여한 정인지는 이 책
의 서문에서 한글이라는 작품에 대해 다음과 같이 평가하고 있습
니다: "正音之作(정음지작), 無所祖述(무소조술), 而成於自然(이성어
자연)." 즉, "훈민정음의 '작'은 그 어느 것으로부터도 '술'한 바가
없고 자연을 참고하여 만들어진 것이다"라는 뜻입니다. 이미 있
는 것을 모방한[述] 것이 아니라 자연을 모델로 삼아 새로운 것을
창조했다는[作] 말입니다.

세종과 공자

　『훈민정음 해례본』 첫머리에는 세종이 직접 쓴 「서문」[御製序
文]이 달려 있는데 다음과 같습니다.

　　나라 말소리가 중국과 달라서 한자와 서로 통하지 않기 때문에 (한
　　자에) 무지한 백성들이 말하고자 하는 바가 있어도 자신의 감정/실
　　정을 제대로 표현하지 못한다. 내 이를 가엾게 여겨 직접 28자를
　　만들었으니, 사람들로 하여금 쉽게 익혀서 일상생활이 편리하게

쓰도록 하기 위함이다.[*] (『세종실록』 28년(1446) 9월 29일 네 번째 기사)

　　유학의 창시자인 공자가 중원이라는 중국 땅에서 인문학을 했다면, 한글을 창제한 세종은 한반도라는 조선 땅에서 인문학을 하였습니다. 그래서 비록 실학이라는 말은 쓰지 않았지만 '실학'적인 문제의식이 싹틀 수밖에 없었습니다. 즉 모든 문물제도와 사상철학을 중국에서 빌려오다 보니 조선이라는 현실과 안 맞는 부분이 생기게 되었고, 이 부분을 조율하고 양자의 간극을 메워야 할 필요성을 느꼈습니다. 세종의 한글은 우리 실정에 맞는 문자를 창조했다는 점에서 실학 정신의 발로라고 하기에 충분합니다. 그런 점에서 '한국학'의 모델을 보여줬다고 할 수 있습니다.

　　김주성(1952~) 전 한국교원대 총장은 2014년에 세종을 공부하는 한 모임에서 "중국에 공자가 있다면 한국에는 세종이 있다"는 말을 한 적이 있습니다. 난생 처음 듣는 말이었습니다. 세종에 대해서 웬만큼 아는 사람이 아니라면 이렇게 자신 있게 말할 수 없을 것입니다. 막 세종을 접하기 시작한 저로서는 여러 가지를 생각하게 한 화두였습니다. 세종을 공자와 같은 사상가나 철학자로 볼 수 있구나, 세종이 한국인들에게 차지하는 위상이 중국에서의 공자에 맞먹는구나, 하는 생각을 한 것입니다. 무엇보다도 김주성 총장에게는 중국에 대한 문화적 콤플렉스를 느낄 수 없

매년 5월 15일은 '스승의 날'입니다. 이 날은 세종의 양력 생일에 맞춰 제정되었다고 합니다. 그만큼 세종이라는 인물이 우리에게 차지하는 비중이 크다는 사실을 말해줍니다.

---

[*] 國之語音, 異乎中國, 與文字不相流通, 故愚民有所欲言, 而終不得伸其情者多矣. 予爲此憫然, 新制二十八字, 欲使人易習, 便於日用耳.

다는 점이 가장 인상적이었습니다. 그런 점에서 저는 이 한마디 야말로 한국인들이라면 누구나 깊이 새겨보아야 할 말이라고 생각합니다.

매년 5월 15일은 '스승의 날'입니다. 이날은 세종의 양력 생일에 맞춰 제정되었다고 합니다. 그만큼 세종이라는 인물이 우리에게 차지하는 비중이 크다는 사실을 말해줍니다. 일종의 '국민적 스승' 같은 대우를 하는 셈입니다. 우리 국민들에게 물어보면, 실제로 그렇게 생각하는 사람이 많을 것입니다. 그러나 한편으로 막상 『세종실록』을 제대로 읽어본 한국인은 극히 드물 것입니다. 『논어』나 『성경』과 같이 남의 스승이 쓴 글은 하늘처럼 받드는데 정작 자기 스승이 남겨 놓은 소중한 가르침에는 무관심한 것이 한국인들의 오래된 성향이자 현재의 모습입니다. 그런 점에서 우리는 여전히 백성들을 위해 한글을 창제한 세종의 후손으로서보다는 한글 창제를 반대하고 중국이 쓰는 문자를 숭상해야 한다고 주장한 최만리의 후예로서 살아간다고 해도 과언이 아닙니다. 세종이 오늘날 우리에게 던지는 메시지는 여기에 있다고 생각합니다.

한국의 철학자들

포함과 창조의 새길을 열다

이황

철학을 그리는 사람들

퇴계는 1543년에 『주
자대전』이 조선에서
간행되자마자 입수해
서 읽었습니다. 퇴계의
노력 덕분에 주자학이
한반도에 뿌리내리게
되었는데 그것은 퇴계
의 해석을 거친 주자학
이었습니다.

주자학의 수용

세종 이도가 조선 문명의 기틀을 다진 군주였다면, 그로부터
반세기 뒤에 태어난 퇴계 이황(1501~1570)은 조선 철학의 초석을
마련한 사상가였습니다. 그 초석은 다름 아닌 〈중국의 주자학〉
을 〈조선의 주자학〉으로 소화하고 수용하는 작업입니다. 퇴계 이
전에도 주자학은 조선에 들어와 있었고 조선 건국의 핵심 이념으
로 채택되었지만, 퇴계 이전까지는 본격적으로 수용되었다고는
말하기 어렵습니다. 그 이유는 조선 건국(1392)으로부터 150년쯤
지나고 퇴계가 활동하던 16세기 중엽에 이르러서야 비로소 주자
의 전집인 『주자대전』이 조선의 지식인들 사이에서 유포되기 시
작했기 때문입니다. 퇴계는 그의 나이 43세(1543)에 『주자대전』이
조선에서 간행되자마자 입수해서 읽기 시작했습니다. 얼마나 텍
스트에 열중했는지 한여름에도 더운 줄도 모르고 독서에 몰두했
다고 합니다. 그의 수제자 학봉 김성일(1538~1593)은 당시의 모습
을 다음과 같이 전하고 있습니다.

선생께서 『주자전서』를 서울에서 구해 오신 뒤부터 대문을 걸어
잠그고 조용히 읽기에 열중하여, 아무리 더운 여름이라도 중단하

지 않았다. 사람들이 더위에 탈이 나지 않을까 염려하면 말씀하시기를 "이 책을 읽으면 속이 다 시원하여 저절로 서늘한 기운이 생겨서 더운 줄을 모르게 된다. 무슨 탈이 나겠는가?"라고 하셨다.*

이처럼 철저하게 주자학을 연마한 퇴계의 노력 덕분에 마침내 주자학이 조선 땅에 뿌리를 내리게 되는데, 그것은 다분히 퇴계라는 조선인의 해석을 거친, 조선의 냄새가 나는 조선식 주자학이었습니다. 이와 똑같은 일은 일본에서도 일어났습니다. 퇴계가 죽고 임진왜란이 일어났을 때, 퇴계의 학문을 이은 강항(姜沆, 1567~1618)이라는 인물이 일본에 포로로 끌려가게 됩니다. 그런데 흥미롭게도 이 강항으로 인해 일본에 주자학이 전파됩니다. 그렇다면 일본에 전파된 주자학은 '퇴계학적 주자학'이라고 할 수 있겠지요. 다만 조선에서의 주자학 수용이 그랬던 것처럼, 일본에서도 일본식으로 해석된 '일본식 퇴계학적 주자학'이라고 해야 맞을 겁니다.

이처럼 문화는 있는 그대로 수용되는 것이 아니라 수용하는 쪽의 풍토나 성향에 맞게 변용되어 수용되기 마련입니다. 그래서 중국유학-한국유학-일본유학 사이의 차이는 '유학' 그 자체에서는 찾을 수 없고, 중국-한국-일본이라는 풍토성 또는 토착성에서 찾아야 합니다. 달리 말하면 유학 이외의 요소가 중국유학과는 다른 한국유학, 일본유학을 만든 것입니다. 그래서 한국유학을 아

* 『퇴계전서(하)』「언행록」권2, 649上.

천명도

「천명도」는 철학적 개념을 디자인한 '철학도'입니다. 조선사상의 특징 중의 하나는 철학적 개념을 그림으로 표현하는 철학도의 전통이 강하다는 점입니다.

무리 들여다보아도 한국유학의 특징을 알기는 어렵습니다. 중국 유학과 비교하고, 그것을 바탕으로 양자의 차이를 낳은 한국의 사상적 풍토를 찾아내야 비로소 한국유학의 특징을 이해할 수 있습니다. 이것이 일반 철학사나 종교사 연구와는 다른 사상사 연구 방법론입니다.

철학을 그린 철학자

중국유학과는 다른 한국유학의 특징을 단적으로 보여주는 것이 퇴계 시대에 작성된 「천명도」입니다. '천명도(天命圖)'란 '천명에 관한 그림(圖)'이라는 뜻이고, 천명(天命)은 '하늘(天)의 명령(命)'을 말합니다. 「천명도」는 『주자대전』이 조선에 유포되기 5년

전인 1537년에 추만 정지운(秋巒 鄭之雲, 1509~1561)이 만든 일종의 철학도(哲學圖)입니다. '철학도'는 "철학적 개념을 디자인한 그림"이라는 의미로, 이 말 자체는 1907년에 나온 천도교 교리서『성훈연의(聖訓演義)』에 수록된「철학도(哲學圖)」에서 용례가 보입니다.*

'철학도'라는 말로부터 추측할 수 있듯이, 조선사상의 커다란 특징 중의 하나는 그림으로 철학적 개념을 표현하는 전통이 강하다는 점입니다. 이 분야를 퇴계학 연구자들은 '도상학(圖像學)'이라고 부르고 있습니다(안유경, 이원진). 물론 이런 종류의 그림이 중국에도 없었던 것은 아닙니다. 하지만 그 정교함이나 빈도수 또는 영향력의 측면에서는 조선이 압도적입니다. 대표적인 것이 중국의「태극도」와 조선의「천명도」입니다. 주자학의 선구자에 해당하는 주돈이의「태극도(太極圖)」는 만물의 발생 과정을 그림으로 나타낸 '우주론 철학도'인데, 구조가 지극히 간단합니다. 반면에 정지운의「천명도」는 주자학의 핵심 개념들을 총동원하여 우주의 구조는 물론이고 인간과 만물의 차이까지 보여주고 있어 가히 '주자학 철학도'라고 할 만합니다.

「천명도」와 같은 철학도의 전통은 정지운뿐만 아니라 이후 조선유학의 특징으로 자리 잡게 됩니다. 조선시대 유학자들은 좀 유명하다 싶으면 누구나 다 자기가 그린 철학도를 하나씩 가지고

* 「철학도」의 존재에 대해서는 허수,「『개벽』의 종교사회운동론과 일본의 '종교철학'」,『인문논총』72-1, 2015, 345쪽을 참조하였다.

있을 정도입니다. 그래서 이런 철학도 전통은 조선사상사의 전개에도 커다란 영향을 끼치게 됩니다. 예를 들면 퇴계 이황과 고봉 기대승 사이에 벌어진 8년간의 사단칠정논쟁은 정지운의 「천명도」에 의해서 촉발되었습니다.

정지운과의 운명적 만남

추만 정지운은 자신이 「천명도」를 '작(作)'했다고 말하고 있습니다. 중국에 있는 것을 빌려오거나 수정한 '술(述)'이 아니라 자신이 직접 '만들었다,' '디자인했다'고 밝힌 것입니다.

추만 정지운이 1537년에 「천명도」를 그리자 학자들 사이에서 널리 유포되었고, 마침내 퇴계에게까지 알려지게 됩니다. 그것이 1553년이니까 「천명도」가 만들어지고 16년 뒤의 일입니다. 퇴계가 『주자대전』을 공부한 지 10년 뒤의 일이니까, 주자학에 대한 이해가 상당히 깊어졌을 무렵입니다. 이런 입장에서 보면 정지운의 「천명도」에 빈틈이 많아 보였을 겁니다. 퇴계는 당시의 정황을 다음과 같이 술회하고 있습니다.

내가 처음 벼슬길에 오른 이래로 한양 서쪽 성문 안에 산 지가 20년이 되었는데, 아직까지도 이웃에 사는 정지운과 서로 안면이 없어 교제하지 못했다. 하루는 조카 교가 어디서 「천명도」라는 것을 구해 가지고 와서 보여 주었는데, 그 그림과 설명에 자못 틀린 곳이 많았다. 교에게 누가 지은(作) 것이냐고 물었더니 모른다고 하였다. 그 뒤에 차츰 수소문해서 비로소 그것이 지운에게서 나왔음을 알게 되었다. 이에 사람을 통해 지운에게 연락하여 원본(本圖)을 보여 달라고 하였고, 또 얼마 지나서는 지운을 만나자고 하였다. 두세 차례의 서신을 교환한 이후에야 좋다는 허락을 받았으니, 내가 지난날 편벽하고 고루하여 사람들과의 교제가 적었음은 부끄러워할 만하다.* (「천명도설후서」 『퇴계선생문집』 41권)

바로 옆집에 사는 사람의 존재는 물론이고, 그 사람이 만든 화제의 철학도조차 모른 채 16년이나 지냈다고 하니 퇴계도 어지간히 엉덩이가 무거웠던 모양입니다. 어쨌든 퇴계는 정지운과 만나서 「천명도」를 둘러싼 이야기를 듣게 되는데, 이 또한 흥미롭습니다.

제자의 작품을 대하는 태도

내가 지운에게 물었다; "지금 (보여주신) 그림은 교가 제게 준 것과 다른데 어찌된 까닭입니까?"
지운이 대답하였다; "지난날 김안국과 김정국 두 선생님 밑에서 배울 적에…성리학이 어려워서 표준적인 해설이 없는 점이 염려되어 시험 삼아 주자(朱子)의 학설을 취하고 여러 학설을 참조하여 그림을 하나 만들어서[作] 먼저 김안국 선생님에게 의심나는 것을 물었더니, 선생님께서 잘못되고 망령된 것이라고 배척하지 않으시고, 책상에 놓아두고는 여러 날을 집중하여 생각하셨습니다. 제가 잘못된 곳을 지적해 줄 것을 청하자, '적공(積功)이 아니고서는

---

* 번역은 〈한국고전종합DB〉 싸이트에 실려 있는 『퇴계집』 참조. http://db.itkc.or.kr/dir/item?itemId=BT#/dir/node?dataId=ITKC_BT_0144B_0300_010_0010

경솔히 논할 수 없다.'고 하셨습니다. (하지만) 혹 배우는 사람이 문하에 들어오면 꺼내 보이면서 말하시곤 하셨습니다.

김정국 선생님께서도 꾸짖거나 금하지 않으셨으니, 이것은 두 선생님께서 광간(狂簡)*한 저를 잘 인도하시기 위해서였지, 그림이 다른 사람에게 전해줄 만하다고 생각하신 것은 아니었습니다. 그런데 뜻하지 않게 당시에 동학들이 이것을 베껴서 친구들에게 전하였습니다. 그 뒤에 오류를 깨닫고 고친 곳이 많아서 앞뒤 그림 사이에 차이가 생긴 것인데 아직까지도 정본은 없는 상태입니다. 그래서 부끄럽기도 하고 두렵기도 합니다. 원컨대 바로잡아 주시고 가르쳐 주시기 바랍니다."

스승 김안국은 정지운을 철학자로 대했습니다. 사람을 어떻게 대하느냐에 따라서 그 사회의 문화가 달라집니다. 동아시아철학은 세상을 대하는 태도나 방식을 묻는 철학입니다.

여기에서 우리는 당시 학자들의 학문적 자세와 제자를 대하는 태도를 엿볼 수 있습니다. 우선 정지운은 분명 자신이 「천명도」를 작(作)했다고 말하고 있습니다. 중국에 있는 것을 빌려오거나 수정한 술(述)이 아니라 자신이 직접 '만들었다,' '디자인했다'고 밝힌 것입니다. 이것은 당시로서는 매우 당돌한 일이 아닐 수 없습니다. 아직 이름도 없는 무명의 젊은 학자가 중국의 최신 철학을 가지고 나름대로의 작품을 만들어 본 셈이니까요. 그런데도 스승 김안국과 김정국은 이것을 무시하거나 배척하지 않았습니다. 그것에 대해서 함부로 평가하는 것을 자제하고 오히려 여러 날을 사색하고 연마하였습니다. 심지어는 다른 학생들에게 그것

---

* 광간(狂簡): 허황되고 소략하다. 큰 얘기를 하는데 구체성은 결여되어 있다.

을 알려주기까지 했습니다. 지금으로 말하면 학생의 작품을 선생이 존중하고 공부하고 전파한 셈입니다. 저는 바로 이런 태도가 당시의 학풍을 만들었고 조선의 주자학을 가능하게 했다고 생각합니다. 만약에 김안국이 정지운의 「천명도」를 무시하거나 도용했다면, 그것이 퇴계에게 전해질 일도 없었을 것이고, 퇴계와 고봉 사이의 사단칠정론도 일어나지 않았을 것입니다. 조선유학사도 다른 방식으로 전개되었을지 모릅니다.

'방탄소년단의 아버지'라고 불리는 방시혁 대표는 방탄소년단을 아티스트로 대했다고 합니다. 김안국은 정지운을 철학자로 대했다고 할 수 있습니다. 사람을 어떻게 대하느냐에 따라 그 사회의 문화가 달라집니다. 오늘날 사회적 문제가 되고 있는 갑질 사건들은 한국인들이 타인을 대하는 수준을 보여주는 단적인 예입니다. 동아시아철학은 세상을 대하는 태도(attitude)나 방식(way)을 묻는 도학입니다. 본질을 따지고 진리를 캐묻는 과학과는 다릅니다. 그 태도와 방식을 공자는 인(仁)과 예(禮)로 제시했고, 장자는 허심(虛心)과 응물(應物)로 제안했고, 붓다는 자비와 해탈로 설파했습니다. 이 세 가지 태도는 동아시아사상사 2천년을 관통하고 있습니다.

퇴계의 깐깐한 반응

퇴계는 정지운의 설명을 듣고 다음과 같은 반응을 보입니다. 참고로 성시운은 퇴계보다 여덟 살이 어린 후배 학자입니다.

내가 말하였다; "맞습니다. 두 선생님께서 경솔하게 시비를 논하지 않은 데에는 실로 깊은 의미가 있을 것입니다. 그러나 오늘날 우리가 학문을 하면서 만약에 불안한 곳이 있음을 알았다면, 어찌 구차하게 동조하고 왜곡해서 변호하여 그 시비를 가려내지 못하는 일이 있을 수 있겠습니까! 더구나 동학들이 전달하면서 모두들 '김안국과 김정국 두 선생님의 교정을 거쳤다'고 하였는데 여전히 오류가 있음을 면치 못한다면 사문(師門)에 누가 됨이 또한 크지 않겠습니까?"

지운이 대답하였다; "그것이 실로 제가 오래전부터 우려하던 바이니, 감히 자신을 비우고서[虛己] 가르침을 듣지 않을 수 있겠습니까?"

오늘날 우리가 보는 「천명도」는 정지운과 퇴계가 '공공한' 공동 작품이라고 해야 맞습니다. 오히려 제1저자는 퇴계가 아니라 정지운입니다.

여기에서는 퇴계라는 학자의 학문적 철저함을 엿볼 수 있습니다. 이 철저함은 종교적 경건함에서 나온다고 할 수도 있습니다. 왜냐하면 퇴계에게 있어 주자는 성인과 같은 존재인데, 그 성인의 말씀을 잘못 전달한다는 것은 성인에게 죄를 짓는 거나 다름없다고 생각했으니까요. 지금으로 말하면 목사가 예수님의 가르침을 잘못 전하는 것과 비슷하다고 생각했을 것입니다.

아울러 퇴계의 학문적 철저함과 더불어 자신감도 드러나고 있습니다. 김안국과 김정국의 검토를 거친 그림인데도 불구하고 오류가 있다고 말하는 것이 이를 말해줍니다. 결국 퇴계는 정지운이 만들고 양김 선생이 검토한 「천명도」에 손을 대고 맙니다. 그래서 정지운과 퇴계의 합작품이 탄생합니다. 그것이 오늘날 우리에게 알려져 있는 「천명도」입니다. 두 철학도를 구분하기 위해서, 정지운의 천명도를 「천명구도」, 퇴계가 수정한 천명도를 「천명신도」라고 각각 부릅니다. 마치 1392년에 조선이 건국되자, 옛날 조선을 '고조선'이라고 부르는 것과 비슷합니다.

두 철학자의 합작

결국 정지운의 요청에 응하여 퇴계는 「천명도」를 수정하는 작업에 착수합니다. 하지만 혼자 수정하지 않고 정지운과 함께 작업합니다. 그래서 오늘날 우리가 보는 「천명도」는 정지운과 퇴계가 '공공한' 공동작품이라고 해야 맞습니다. 오히려 제1저자는 퇴계가 아니라 정지운이 되는 셈입니다. 퇴계는 당시 두 사람의 공동작업 상황을 다음과 같이 전하고 있습니다.

> 내가 마침내 「태극도」와 그 해설을 증거로 대면서 지적하면서, "어느 대목은 잘못되었으니 고치지 않을 수 없고, 어느 대목은 남아도니 없애지 않을 수 없고, 어느 대목은 빠졌으니 보충하지 않을 수 없는데 어떻습니까?"라고 하였다.
> 지운은 내 말이 떨어지자마자 모두 수긍하면서 어기거나 싫어하는 기색이 없었다. 다만 내 말에 타당하지 않은 점이 있으면 반드시 있는 힘껏 논변하여 지극히 타당함에 이른 뒤에야 그만두려 하였다. 아울러 호남의 선비 이항이 논한 "정(情)은 기권(氣圈)에다 배치할 수 없다"는 설을 들어서 어러 장점들을 취합하는 자료로 삼았다.

몇 달이 지난 뒤에 정이가 수정한 그림과 첨부한 해설을 가지고 와서 보여주기에 나는 다시 서로 함께[相與] 교정하여 완성하였다. 비록 과연 오류가 없는지 어떤지는 모르겠지만 우리들 소견으로 할 수 있는 데까지는 거의 다한 것이었다. 그러니 책상 오른편에 걸어 놓고 아침저녁으로 침잠하고 연구하여, 이 그림을 통해 스스로 깨우치고 마음을 계발하여 조금이나마 진전이 있기를 바란다.

"「천명도」를 책상 오른편에 걸어 놓고 아침저녁으로 침잠하고 연구하여 스스로 깨우치고 마음을 계발하기 바란다." 퇴계의 이 말로부터 「천명도」가 수양도의 역할도 겸하고 있음을 알 수 있습니다.

이에 의하면 두 사람의 공동작업 절차는 퇴계의 지적을 정지운이 참고해서 수정하고, 그것을 다시 퇴계와 정지운이 상의해서 수정하는 방식이었습니다. 마치 대학원생이 써 온 논문을 지도교수가 수정부분을 지적하고, 그것을 받아서 대학원생이 수정하고, 이 수정본을 가지고 둘이 상의해서 완성한 형태입니다. 그런 점에서 완벽한 공동 작품이라고 할 수 있습니다.

한편 퇴계의 마지막 말을 참고하면 「천명도」가 단순한 철학도에 머무는 것이 아니라 일종의 수양도(修養圖)의 역할도 겸하고 있음을 알 수 있습니다. 즉 교육의 효과를 기대하고 있는 것입니다. 이 점은 특히 퇴계가 강조하는 부분이라고 생각합니다. 정지운도 교육적 목적으로 그림 제작에 착수한 것은 맞지만, 퇴계만큼 자기계발의 효과를 염두에 두고 있었는지는 잘 모르겠습니다.

마지막으로 두 사람의 일화에서 알 수 있듯이 학문은 대화에서 출발합니다. 사단칠정논쟁도 8년간의 철학 대화였습니다. 오늘날 대학에서는 학문이 "혼자서 책을 읽고 혼자서 글을 쓰는" 형식으로 바뀌었지만, 모든 인간사가 다 그렇듯이 학문도 타자와의 만남과 교류에서 시작되고 완성되는 '공공하는 활동'입니다.

「천명도설후서」와 『훈민정음해례본』

보통 철학도에는 그림[圖]만 있는 것이 아니라 해설[說]도 딸려 있습니다. 이것을 '도설(圖說)'이라고 합니다. 가령 주돈이는 「태극도」를 그리고 거기에 설명을 달았는데, 그것을 「태극도설」이라고 합니다. 정지운 역시 「천명도」를 그리고 거기에 해설을 달았는데, 그것을 「천명도설」이라고 합니다. 퇴계와 정지운이 함께 작업한 것도 「천명도설」의 수정 작업이었습니다. 퇴계는 「천명도설」 최종본을 완성하고 거기에다 후기를 달았는데, 그것이 지금까지 인용한 「천명도설후서」입니다. 그런 점에서 『훈민정음 해례본』이 훈민정음(한글)을 만들고서 제작 동기와 사용 방법 그리고 철학적 원리를 밝혀 놓은 것과 비슷합니다.

「천명도설후서」는 크게 두 부분으로 나뉘는데, 앞부분은 정지운과의 대화 및 공동작업 과정이고, 뒷부분은 지나가는 손님과의 문답입니다. 한글로 번역하면 A4 여섯 장 반에 달하는 분량인데, 이 중에서 뒷부분이 다섯 장 가량입니다. 그래서 「천명도설후서」는 앞부분보다는 뒷부분에 비중이 있다고 할 수 있습니다. 그런데 그 내용을 보면 왜 그렇게 분량이 많은지 알 수 있습니다. 그것은 「천명도설」 제작에 대한 주변의 반발과 이에 대한 퇴계의 반론을 수록하고 있기 때문입니다. 마치 『훈민정음 해례본』이 한글을 반대하는 유학자들에 대한 응답의 성격을 겸하는 것과 유사합니다.

창작에 대한 반발

「천명도설후서」에 실려 있는 지나가는 과객(過客)과의 문답은
의외의 내용으로 시작되고 있습니다.

하루는 어떤 지나가는 손님이 문을 두드리기에 나가보았더니 이
렇게 말했다; "들자니 정선생에게 「천명도」가 있는데 그대가 교정
해 주었다고 하는데 맞습니까?"

"그렇습니다."

"심하군요, 정선생의 무례함과 선생님의 어리석음이."

나는 놀라서 말했다: "무슨 말입니까?"

손님이 말했다; "황하와 낙수에서 상서로움이 보이자 복희씨와 우
임금이 이것을 바탕으로 『주역』과 「홍범」을 만들었고(作), 오성(五
星)이 규성(奎星)에 모이자 주선생님이 이에 응하여 도설을 작성했
습니다. 이것으로 보면 도서(圖書)의 창작은 모두 하늘의 뜻에서
나오는 것이고, 반드시 성현이 있어서 창작한 연후에야 가능한 일
입니다. 저 정선생이라는 자는 어떤 사람인데 감히 도서를 만들었
고, 그대는 어떤 사람인데 감히 그 잘못을 따라한 것입니까?"

손님의 갑작스럽고 도발적인 발언에 제아무리 마음공부의 대
가인 퇴계라 하더라도 충격을 받았음에 틀림없습니다. 여기에서
과객의 반응은 마치 111년 전에 한글 창제를 반대했던 최만리 등
의 반응과 유사합니다. 즉 중국의 성인이 아니면 함부로 창작을
할 수 없다는 것입니다. 이런 생각은 고대 중국의 유교 경전인 『예

기』「악기」에 "작자지위성(作者之謂聖)"이라는 말에 근거하고 있습니다. "창조를 한 사람을 성인이라고 한다."는 말입니다. 즉 유교에서는 성인만이 창조할 수 있습니다. 나머지는 성인의 창조를 해설하는 술자(述者)의 역할에 만족해야 한다는 뜻이기도 합니다.

대작 같지 않은 대작

위의 대화에서 과객이 보인 반응은 유학의 이념에 충실한 유학자라면 당연한 것이었고, 세종 시대의 최만리 역시 마찬가지였습니다. 그렇다면 오히려 정지운이나 그의 스승, 그리고 퇴계가 남다른 셈입니다. 최만리나 과객이 엄격한 유학자라고 한다면, 정지운이나 퇴계는 유연한 유학자라고 할 수 있습니다. 그래서 우리의 일반적인 선입관과는 달리, 여기에서는 퇴계가 창조적이고 급진적인 인물로 그려지고 있습니다. 성인이나 할 수 있는 창조 작업을 도와주고 참여한 셈이니까요. 하지만 과객의 입장에서 보면 과격하고 건방진 유학자에 다름 아닙니다.

퇴계는 자신의 단독 저작을 남긴 적이 없습니다. 철저하게 술(述)만 했습니다. 그런 점에서는 공자와 비슷합니다. 가령 퇴계의 대표작인 『성학십도』도 거의 대부분은 중국 성현들의 도설을 모아서 편집한 책입니다. 「천명도설」도 정지운의 작품을 수정 보완한 정도입니다. 하지만 퇴계는 퇴계학이라는 자기만의 학문 세계를 구축하였고, 퇴계학파의 선구자가 되었습니다. 마치 공자가 유학을 장시하고 주사가 도학의 창시자가 된 것과 유사합니다. 마찬가지로 퇴계의 '술'은 단순한 해설이나 계승이라기보다는 '작'을 포함한 '술'이었습니다. 바로 이 점이 같은 '술'이라고 해도 다른 학자들의 '술'과 다른 점입니다. 공자나 퇴계의 '술'은 "작답지 않은 작" 즉 不作之作(부작지작)이라고 할 수 있습니다. 노자적으로 표현하면 大作不作(대작부작), 즉 "위대한 창작은 창작처럼 보이지 않는다"는 것입니다.

태극에서 사람으로

「태극도」가 태극에서 시작하여 음양오행이 생겨나는 원리를 그린 그림이라면, 「천명도」는 인간과 만물에서 시작해서 천명으로 거슬러 올라가는 형태입니다.

 과객의 도발적인 발언에 퇴계는 어떤 반응을 보였을까요? 조선의 선비답게 먼저 젊잖게 사과를 합니다. 하지만 역시 퇴계답게 물러서지 않고 차분하게 반론을 펼쳐 나갑니다. 이에 대해 과객은 다시 재반론을 하는데, 이렇게 총 열한 차례에 걸쳐서 과객과 퇴계의 문답이 오갑니다. 두 사람의 논점의 핵심은, 과객이 보기에는 「천명도」가 「태극도」와 '다르다'는 것이고, 퇴계의 입장에서는 「천명도」는 「태극도」를 '조술(祖述)했다'는 것입니다. 하지만 결국 퇴계의 반론에 과객도 수긍을 하고 "「천명도」가 「태극도」를 조술(祖述)한 바가 있다는 말은 그럴 듯하다"고 한발 물러서는데, 이번에는 순서나 구조가 다르다고 딴지를 겁니다. 가령 "「태극도」에서는 왼쪽이 양이 되고 오른쪽이 음이 되는데, 「천명도」에서는 반대로 되어 있는 것은 오류가 아닌가?"라는 식입니다.

 이에 대해 퇴계는 그림의 주체가 달라져서 그렇게 되었다고 설명합니다. 가령 「태극도」는 천명에서 시작하여 음양오행이 생겨나는 원리를 밝힌 반면에(사실은 '천명'이 아니라 '태극'이다), 「천명도」는 인간과 만물에서 시작해서 천명으로 거슬러 올라가는 방식을 취했기 때문에 좌우가 반대로 되어 있다고 설명합니다. 즉 「태극도」가 만물의 근원인 태극을 중심으로 서술한 철학도라면, 「천명도」는 우주의 주인인 인간을 중심으로 서술한 철학도라는 것입니다. 다시 말하면 「태극도」에서는 우주의 중심을 '태극'으로, 주자학적으로 말하면 '천리'로 보고 있는 반면에, 「천명도」에서는 우주의 중심을 사람으로 보고 있습니다. 이 점도 중국사상과 한국사상의 중요한 차이라고 생각합니다.

과객의 최후 반격

결국 궁지에 몰린 과객은, 인간이 대개 그렇듯이, 추만과 퇴계에 대한 인격 비방으로 돌아섭니다.

"그대는 이 도식이 자사(子思)*와 주자(周子=주돈이)의 도에 부합된다고 하는데, 정말로 정선생과 그대가 자사와 주자(周子)의 도에 터득함이 있다는 것입니까? 내가 들으니, '도(道)'가 있는 사람은 속에 쌓인 것이 밖으로 드러나서 덕스러운 모양이 얼굴에 나타나고 등에 넘쳐난다. 그래서 집에서도 반드시 영달하고 나라에서도 반드시 영달하게 된다.'고 하는데, 지금 정선생의 곤궁함과 불우함을 사람들이 다 외면하고, 그대의 용렬함과 무능함을 세상이 모두 비웃고 있습니다. 아무리 자신을 알기가 어렵다고는 하지만 어째

---

* "하늘이 명령한 것을 본성이라고 한다"고 하는 "천명지위성(天命之謂性)"으로 시작하는 『중용』의 저자로, 공자의 손자라고 알려져 있다.

서 조금이라도 스스로를 돌아보고 자신을 헤아려 보지 않고, 서로 함께 분수에 넘고 망령된 짓을 한단 말입니까!"

여기에서 맨 마지막에 나오는 '분수를 넘다'에 해당하는 한자 원문은 僭(참)인데, 요즘 식으로 말하면 '건방지다'는 뜻입니다. 과객은 두 사람에 대해 '건방지다', '주제를 알라'면서 훈계하고 있습니다. 아울러 정지운에 대해서는 출세하지 못했다는 이유로, 퇴계에 대해서는 무능하다고 비웃고 있습니다. 정지운은 실제로 매우 가난한 학자였다고 합니다. 그런 역경 속에서 「천명도」와 같은 엄청난 작품을 만들었다니 대단하다고 하지 않을 수 없습니다. 역시 창조는 중심이 아닌 주변에서 나오는 모양입니다.

「천명도설」을 둘러싼 논쟁에서 퇴계는 우리가 알고 있는 모범적이고 순종적인 '학생'이 아니라 창조적이고 주체적인 '작가'로 등장하고 있습니다.

퇴계의 최후 반론

퇴계는 궁지에 몰린 과객의 날선 비난에 대해 다음과 같이 준엄하게 꾸짖는 것으로 논쟁을 마무리합니다.

"아, 나는 처음에 손님을 통달한 사람이라 생각해서 묻는 대로 어리석은 소견을 공손히 대답하였는데, 이제 내 기대를 크게 실망시키는군요. 진실로 그대의 말대로라면 공자가 있어야 주공(周公)의 도를 얘기할 수 있고, 자사와 맹자가 있어야 안자와 증자의 학문을 배울 수 있다는 말입니까? '성인은 하늘을 희망하고, 현인은 성인을 희망하고, 선비는 현인을 희망한다.'는 말은 모두 없애야 한다는 말입니까? 한나라 이래로 주역을 논한 사람들이 많은데, 그 사람들은 모두 복희·문왕·주공·공자와 같은 성인입니까? 송나라 이후로 지금에 이르기까지 천인성명(天人性命)의 학설을 말한 사람이 많은데 그 사람들은 모두 주자(周子)·소자(邵子=소강절)·정자(程子)·주자(朱子)와 같은 현인이라는 말입니까?

무릇 선비가 도의를 논하는 것은, 농부가 뽕나무와 삼나무에 대해 말하고 목수가 먹줄과 먹통을 논하는 것처럼, 늘 있는 일입니다. 그런데 그대는 농부를 나무라면서 '네가 분수에 맞지 않게 신농씨*가 되려 한다.'고 하고, 목수를 나무라면서 '네가 망령되게 공수자**가 되려 한다.'고 하고 있습니다. 신농씨와 공수자는 실로 쉽사리 따라갈 수 없습니다. 그러나 이들을 버린다면 또 어디서 배워서 농부나 장인이 되겠습니까? 그대의 말이 시행된다면, 나는 먹줄도 먹통도 없어지고 뽕나무밭과 삼나무가 황폐해질까 걱정됩니다. (…) 지금 그대의 말은 우리들이 듣고서 참고한다는 면에서는 도움을 준 것이 매우 크지만, 그대가 남을 책망하는 방식에서는 너무 험악하고 편협하지 않습니까? 그대는 어찌 차마 함부로 이런 짓을 합니까!"

손님이 이에 망연자실하다가 석연하게 깨달은 바가 있어 머뭇머뭇하다가 떠났다. 마침내 문을 닫고 문답한 말을 기록하여 스스로 경계하고, 또한 지운에게도 보여 주는 바이다.

---

* 신농씨(神農氏): 중국의 전설적인 황제로 의약과 농법을 창안했다고 전해진다.
** 공수자(公輸子): 신묘한 손재주를 지녔다고 전해지는 고대 중국의 기술자.

이 정도면 천하의 퇴계 선생도 단단히 화가 나신 것 같습니다. 남이 열심히 해 놓은 작업에 대해 이렇다 저렇다 비방만 늘어놓으면 힘이 빠지기 마련이죠. 사실 우리도 외국인의 작업에 대해서는 후한 점수를 주면서 정작 같은 한국인의 작품에 대해서는 평가가 박한 것이 사실입니다. 아마 관심이 없다고 하는 편이 맞을지 모릅니다. 그것은 아마도 대국 옆에 붙어 있는 소국이기 때문일지 모릅니다. 항상 대국을 지향하고 바라보다 보니까 소국의 것들은 하찮게 보이는 것이지요. 그러나 대국이건 소국이건 자기 인식은 중요합니다. 자기를 이해하지 못하는 사람은 항상 제자리를 맴돌기 때문입니다. 퇴계와 과객의 대화는 이런 점에서 우리에게 귀중한 교훈을 주고 있다고 생각합니다.

한국이 일본의 식민지가 되던 해에 천도교에서 나온 "내 마음과 내 기운을 하늘같이 한다"는 말은 가장 암울한 시기에 가장 높은 하늘에 도달하고자 했던 한국인의 심정을 극적으로 말해주고 있습니다.

퇴계 다시 보기

이렇게 해서 「천명도설후서」는 끝이 납니다. 이 장문의 문답은 그 자체로 조선유학사의 중요한 논쟁이고, 퇴계의 학문 방법론을 보여주는 단서입니다. 무엇보다도 퇴계에 의해서 주자학이 어떻게 한국적으로 변용되었는지를 알 수 있는 귀중한 실마리를 제공하고 있습니다. 특히 중국의 주자학과는 달리 조선의 주자학이 무엇을 더 중시했는지를 이 그림을 통해서 알 수 있습니다,

가령 퇴계학자인 이원진 박사는 「천명도」가 둥그런 원의 형태를 취하고 있는 것은 한국인의 낙천성을 보여주고 있다고 하였습니다. '원'은 완전무결함의 상징인데, 우주를 원으로 도상화했다는 것은 이 세계를 완벽하고 완전한 세계로 인식하였다는 증거로

볼 수 있으니까요. 뿐만 아니라 「천명도설」을 둘러싼 논쟁에서는 퇴계가 우리가 알고 있는 모범적이고 순종적인 학생이 아니라 창조적이고 주체적인 '작가'로 등장하고 있습니다.

아울러 퇴계의 마지막 반론에는 성인에 대한 퇴계의 입장이 분명하게 드러나고 있습니다. 퇴계는 진정으로 성인이 '되기를' 바라고 있습니다. 반면에 과객에게 있어 성인은 영원히 도달할 수 없는 신적인 존재입니다. 그래서 과객은 퇴계의 작업을 비웃으며 비난까지 한 반면에, 퇴계는 정말로 성인이 되고 싶어서, 그리고 될 수 있다고 생각해서, 「천명도」의 작업을 한 것입니다. 오구라 기조 교수의 표현을 빌리면, 이런 태도가 바로 한국인의 '상승지향성'입니다. 그것은 지금보다 나은 인간, 나은 사회를 향한 무한한 동경입니다. '하늘'은 이러한 동경을 상징하는 말입니다. 하늘을 향한 한국인의 상승지향성은 한국 사회를 끊임없이 움직이게 하는 원동력으로 작용하고 있습니다. 이 동경과 지향성이 좌절되었을 때에는 한(恨)이 되지만, 이 한(恨)은 하늘을 지향하는 상승지향성으로 인해 곧바로 풀어지게[解] 됩니다.

한국이 일본의 식민지가 되던 해(1910)에 천도교에서 나온 "내 마음을 하늘같이 하고 내 기운을 하늘같이 한다(天我心, 天我氣)"라는 말은 가장 암울한 시기에 가장 높은 하늘에 도달하고자 하는 한국인의 심정을 극적으로 말해주고 있습니다. 한국인들은 어떤 극한 상황에서도 '하늘'이라는 이상을 잊지 않았기 때문에 오늘날까지 이렇게 살아남을 수 있었다고 생각합니다.

한국의 철학자들

포 함 과 창 조 의 새 길 을 열 다

홍대용

미지의 세계와의 만남

서양에서 전래된 천문학과 천주학은 다같이 '천'을 탐구한다는 점에서 '천학'에 속합니다. 특히 천주학(=천주교)은 서양에서 온 가르침이라는 의미에서 '서교'라고도 했습니다.

미지(未知)와의 조우

16세기에 퇴계 이황과 율곡 이이가 조선 성리학의 토대를 만들고, 17세기에 그것이 심화되었다면, 18세기에는 이 흐름에 새로운 변화가 생깁니다. 그것은 중국을 통한 서학과의 만남으로 촉발되었습니다. 중국에 전래된 서양의 천문학(자연학)과 천주학(가톨릭)이 조선 유학자들에게 일대 충격을 준 것입니다. 천문학과 천주학은 다 같이 '천'(하늘)을 탐구하는 학문이라는 점에서 범주상으로는 천학(天學)에 속한다고 할 수 있습니다. 다만, 이 시기에 '천학'이라고 하면 천주학, 즉 천주교를 가리켰습니다. 예를 들어 실학자로 알려진 안정복은 1785년에 「천학고(天學考)」와 「천학문답(天學問答)」이라는 글을 썼는데, 여기에서 천학은 천주교를 가리킵니다. 한편 천문학과 천주학은 그 유래가 서양이라는 점에서 통틀어서 서학(西學)이라고도 합니다. 천주교는 "서쪽에서 온 가르침"이라는 의미에서 서교(西敎)라고도 했습니다.

서학 또는 천학은 중국의 유·불·도 삼교에만 젖어 있던 조선 성리학자들에게는 미지와의 조우에 다름 아니었습니다. 조선이 중국 이외의 세계에 처음으로 눈을 뜨기 시작한 것입니다. 그런 의미에서 그것은 개벽(開闢)의 조짐이자 개안(開眼)의 시작이라고 할 수 있습니다. 이 조짐이 19세기에 서세(西勢)의 등장과 함께 최한기의 기학(1857)과 최제우의 동학(1860)을 낳게 됩니다.

새로운 학풍의 등장

18세기에 본격화되는 변화의 중심에 있었던 인물이 담헌 홍대용(湛軒 洪大容)입니다. 홍대용은 흔히 '북학파 실학자'로 알려져 있습니다. '실학'이란 조선 후기에 주자학에서 벗어나고자 한 개혁적 성향의 유학을 말합니다. 대표적인 인물로는 반계 유형원(磻溪 柳馨遠, 1670~1769)과 다산 정약용(茶山 丁若鏞, 1762~1836)이 유명합니다. 이들의 공통점은 하나같이 토지개혁론을 주장했다는 점입니다. 예나 지금이나 땅이 문제였던 것 같습니다.

하지만 실학자들은 대부분 재야지식인이어서 현실적으로 개혁을 진행할 힘이 없었다고 합니다. 아울러 이들이 하나의 학파를 형성한 것도 아니라는 지적이 오래전부터 제기되고 있어서* 요즘에는 실학 담론이 시들해지고 있는 상황입니다. 그래서 여기에서는 종래의 학설에 따라 실학이라는 표현은 사용하면서도 최근의 비판적인 흐름을 반영하여** 학파라기보다는 유학(儒學) 내부에 형성된 학풍이나 사조의 차원에서 실학이라는 말을 사용하도록 하겠습니다. 그 학풍 또는 사조의 특징은 철학적으로는 탈주

---

* 최초의 문제제기는 김봉옥, 『녹기학설』, 동나무, 1999에서 '실학허구론'의 형태로 제기되었다.

** 〈조선후기 실학은 20세기 한국 학계가 만든 간판상품〉, 『연합뉴스』, 2018년 3월 10일자.

자학적이고 정치적으로는 제도 개혁적이라는 데 있습니다.

오랑캐를 배우자

종래의 학설에 의하면 실학파에는 크게 두 가지 부류가 있는
데, 하나는 중상학파이고 다른 하나는 중농학파입니다. 중상학파
는 상업을[商] 중시한[重] 그룹을 말하고, 중농학파는 농업을[農] 중
시한[重] 그룹을 말합니다. 이 중에서 홍대용이 속한 북학파(北學
派)는 중상학파에 해당합니다. 이들을 '북학파'라고 하는 이유는
북쪽 나라, 즉 "청나라의 학문을 배우자"는 입장을 취했기 때문
입니다. 청나라를 '북'이라고 표기한 것은 만주족이 세운 나라이
기 때문입니다. 조선이 건국될 당시(1392)의 중국은 명나라였습니
다. 그러다가 조선중기(1644)에 만주족이 세운 청나라가 중원(중
국의 중심)을 차지하게 됩니다. 이때부터 조선의 갈등이 시작됩니
다. '비록 멸망했지만 임진왜란 때 도와준 명나라를 계속해서 섬
길 것인가, 아니면 오랑캐이긴 하지만 지금 중국을 다스리고 있
는 청나라를 섬길 것인가?'를 두고 고민하게 된 것입니다.

이에 대해 북학파는 청나라의 선진문물을 배워야 한다는 입
장을 취하였습니다. 당시로서는 상당히 급진적인 주장입니다.
유학은 문명과 야만의 이분법적 세계관에서 출발하는데, 북학
파의 주장은 문명을 버리고 야만을 배우자는 말에 다름 아니니
까요. 이러한 주장을 한 북학파의 대표적인 인물은 담헌 홍대용
(1731~1783)과 연암 박지원(1737~1805)과 초정 박제가(1750~1805)입
니다. 이들은 모두 북경을 다녀온 경험이 있고, 그것을 견문록이

북학파는 청나라의 선
진 문물을 배우자는 입
장을 취했습니다. 유학
자들이 야만시 했던 청
나라를 문명으로 간주
한 것입니다.

나 철학서의 형태로 남겼다는 공통점이 있습니다. 홍대용은 한글로 북경여행기 『을병연행록』(1776)을 저술했고, 박제가는 "북[淸]을 배우자"고 하는 『북학의』(1778)를 썼으며, 박지원은 한문 기행문 『열하일기』(1780)를 썼습니다.

이 중에서 홍대용은 북학파의 선구자로 알려져 있습니다. 나이도 제일 많았지만 사상적으로 가장 급진적이었기 때문입니다. 그래서 홍대용을 북학파로 보는 통설에 대한 이견도 있습니다. 홍대용 연구자인 박희병 교수는 홍대용은 전형적인 북학파와는 그릇의 크기가 다른 사상가로, 유학적 세계관을 벗어난 평등주의자이자 서구적 근대를 뛰어넘는 생태주의자라고까지 평가하였습니다. 이것은 마치 1990년에 김용옥 교수가 『독기학설』에서 최한기는 일반적인 실학자와는 차원이 다른 철학자라고 평가했던 것을 연상시킵니다.

홍대용의 사상적 전환

홍대용의 생애에 커다란 전기가 찾아온 것은 그의 나이 35세 때인 1775년입니다. 작은아버지를 따라 두 달 동안 북경에 다녀오게 된 것입니다. 이때의 경험을 세 권의 책으로 남겼는데, 두 권은 기행문이고 한 권은 철학우화입니다.

기행문은 한문으로 쓴 『담헌연기(湛軒燕記)』*와 한글로 쓴 『을

---

* 『담헌연기』의 한문 원문과 한글 번역은 한국고전종합DB 싸이트에 실려 있는 『담헌서』 외집 7권 「연기」에서 열람할 수 있다.

병연행록(乙丙燕行錄)』*입니다. 한문기행문인 『담헌연기』에서 '담헌'은 홍대용의 호이고, '연(燕)'은 북경을 가리킵니다. 당시에는 북경(北京)을 연경(燕京)이라고 했습니다. 한글기행문인 『을병연행록』에서 '을'은 을유년(1775)의 약자이고, '병'은 병술년(1776)의 약자입니다. 그래서 '을병'은 을유년과 병술년을 합친 말입니다. 홍대용은 을유년인 1775년 11월에 중국으로 떠나서 병술년인 1776년 4월 말에 귀국하였습니다. '연행록'은 '북경(연경) 여행기록'이라는 뜻입니다.

『을병연행록』은 2,600여 쪽에 이르는 방대한 분량으로, 당시로서는 가장 긴 여행기였다고 합니다. 게다가 이 기행문은 한글로 썼습니다. 이 점이 같은 북학파라고 해도 홍대용이 박지원이나 박제가와 다른 점입니다. 박지원, 박제가는 한글로 책을 쓰지는 않았습니다. 박제가는 심지어 중국어공용론을 주장했다고까지 합니다.**

서학 중에서도 홍대용의 마음을 사로잡은 것은 천문학이었습니다. 혼천의라는 천문관측기구를 만들 정도로 자연 과학적 사고가 뛰어난 그로서는 당연한 일입니다.

서양 선교사와의 만남

홍대용의 북경 여행은 그의 사상에 커다란 변화를 가져다주었습니다. 중국의 성학(聖學)과는 다른 사상 형태인 서학(西學)을 접했기 때문입니다. 서학 중에서도 그의 마음을 사로잡은 것은 천

---

* 『을병연행록』은 활자본으로 나와 있다. 김태준·박성순, 『산해관 잠긴 문을 한 손으로 밀치도다 – 홍대용의 북경여행기 〈을병연행록〉』, 돌베개, 2001.
** 배병삼, 〈[고전 다시읽기] 사치해야 나라가 산다!〉, 『한겨레신문』, 2006년 10월 12일; 이기환, 〈[이기환의 흔적의 역사] 박제가의 '중국어공용론'〉, 『경향신문』, 2014년 6월 3일.

주학(천주교)보다는 천문학이었습니다. 북경에 가기 전에 천문관
측기기인 '혼천의'를 만들 정도로 자연과학적 사고가 뛰어난 그
로서는 당연한 일입니다. 서학의 충격을 철학적 관점에서 서술한
『의산문답』도 대부분이 천문학 이야기입니다.

　『을병연행록』과 『담헌연기』에는 홍대용이 북경에 있는 '남당
(南堂)'*이라는 천주교 성당을 방문하여 두 명의 독일계 선교사
와 대화하는 장면이 나옵니다. 한 명은 유송령(劉松齡, August von
Hallerstein)이고 다른 한 명은 포우관(鮑友管, Anton Gogeisl)입니다.**
『담헌연기』에는 두 사람과의 대화가 「유포문답(劉鮑問答)」이라는
제목으로, 『을병연행록』에는 「천주당에서 서양 신부를 만나다」
라는 제목으로 각각 소개되어 있습니다. 「유포문답」의 '유'는 유
송령을, '포'는 포우관을 가리키는데, 당시에 유송령은 62세, 포우
관은 64세이고, 중국에 온 지 26년째였다고 합니다.

무례한 조선인들

　「유포문답」을 보면 홍대용이 남당에 있는 두 선교사를 만나기
위해 얼마나 공을 들여야 했는지를 알 수 있습니다. 그 이유는 이
전에 다녀갔던 조선 사신들이 좋지 않은 선례를 남겼기 때문입니
다. 먼저 조선 사신들의 무례한 태도와 선교사들의 냉랭한 반응

---

*　'남천주교당'이라고도 하는데, 지금은 '선무문천주당'으로 불린다고 한다. 서동철, 〈[서동철
　기자의 문화유산이야기 16] 실학자가 묘사한 파이프오르간〉, 『서울신문』, 2015년 9월 18일.
**　인터넷판 『한국민족문화대백과사전』, '홍대용' 항목 참조.

을 홍대용은 다음과 같이 전하고 있습니다.

강희제 시대(1661년) 이래로 조선의 사신들이 북경에 갔을 때 천주
교 성당에 가서 보여달라고 하면 서양인들은 즉시 환대하여 맞이
하고, 성당 안의 신기한 신상(神像)과 기이한 기구(器具)들을 보여
주고 서양의 진기한 물품들도 선물로 주었다. 그러자 조선의 사
신들은 그 선물을 탐낼뿐더러, 그 이상한 구경을 좋아하여 해마다
찾아가는 것을 상례(常例)로 삼고 있었다. 생각건대 조선의 풍속
은 교만하고 오만한데다 과장하고 속이기까지 하여서 그들을 대
할 때 예로써 하지 않는 경우가 많고, 때로는 그들의 선물을 받고
서도 보답하지 않았을 것이다. 또 수행원 중에 무식한 사람들은
종종 성당 안에서 담배를 피우고 가래침을 뱉으며, 기물을 함부
로 만져 더럽히기도 하였다. 근래에 서양인들이 이것을 더욱 싫어
하여 보여 달라고 하면 반드시 거절하고, 보여준다고 해도 정으로
대하지 않는다.

실제로 홍대용(1766) 이전에도 정두원(1631)과 이이명(1720)이 사
신으로 중국에 가서 가톨릭 신부들을 만났습니다. 정두원(鄭斗源)
은 1631년에 신부 로드리게스(Rodriguez, J., 중국명 陸若漢)를 만나
과학기구와 서적을 얻어 귀국하였고, 이이명(李頤命)은 1720년에
신부 쾨글러(Kögler, F.)와 수아레스(Suarez, J.)를 방문하고 역상(曆

홍대용은 선교사들을
통해 천문학을 배우고
천문기기를 구매하기
를 원했습니다. 그들이
특히 산학, 즉 수학에
뛰어났다고 하니 금상
첨화가 아닐 수 없습니
다.

象)과 서교(西敎)에 관해 논할 기회를 가졌습니다.* 다만 위에서 홍
대용이 "강희제 시대 이래로"(1666~)라고 한 점을 보면, 홍대용이
말하는 사신들의 폐단은 정두원(1631) 이후에 해당합니다.

홍대용의 관심

어쨌든 이러한 사정을 잘 아는 홍대용이기에, 남당에 있는 선
교사들에게 만나자고 했을 때 그들이 선뜻 응하지 않더라도 결코
포기하지 않았습니다. 그럴수록 오히려 정성을 더해서 그들에게
다가갔습니다. 무엇보다도 그는 목적의식이 분명했습니다. 당시
에 홍대용이 선교사를 만나고 싶어 하는 이유를 「유포문답」은 다
음과 같이 전하고 있습니다.

> 유송령과 포우관은 남당(南堂)에 거처하는데 산학(算學)이 특히 뛰
> 어나고, 궁실과 기용(器用)은 네 개의 성당 중에서 으뜸이어서, 우
> 리나라 사람들이 항상 왕래하는 곳이다. 첨지 이덕성(李德星)은 일
> 관(日官)인지라 역법(曆法)을 대략 알았다. 이번 걸음에 조정의 명
> 령으로 두 사람(유송령 포우관)에게 오성(五星)의 운행에 대해 묻고,
> 역법의 심오한 이치도 질문하며, 천문을 관찰하는 모든 기기들을
> 구매하려 하는데, 그와 함께 일을 같이 하기로 약속하였다.

---

* 인터넷판 『한국민족문화대백과사전』 '천주교' 항목 참조.
  http://encykorea.aks.ac.kr/Contents/Item/E0008156

이에 의하면 홍대용은 선교사들을 통해 천문학을 배우고 천문 기기를 구매하기를 원하고 있습니다. 그들이 특히 산학, 즉 수학에 뛰어났다고 하니 금상첨화가 아닐 수 없습니다. 홍대용이 자연과학에 얼마나 관심이 많았는지를 단적으로 보여주는 대목입니다.

선교사와의 만남

마침내 홍대용은 사람을 시켜 두 선교사에게 만나고 싶다는 뜻을 전달하는데, 아니나 다를까 그들의 반응이 신통치 않습니다. 바쁘다고 20일 뒤에나 만나자는 것입니다. 이에 홍대용은 정성과 예의를 다해서 정중히 다시 한 번 부탁합니다.

> (1776년) 음력 1월 7일, 마두(馬頭)인 세팔(世八)이를 시켜, 두 선교사에게 "만나보고 싶다"는 의견을 먼저 전했더니, "공사(公事)가 잇달아 있으니 20일 후에나 만나자"는 답장이 돌아왔다. 아마 만나기 싫어서 일부러 날짜를 늦추는 것이리라. 나는 (같이 간 일관(日官)) 이덕성에게 "우리나라 사람이 저 두 사람에게 환심을 사지 못한 지 이미 여러 해가 되었다. 진실로 성의와 예의를 우선시 하지 않는다면 저들의 마음을 움직이기 힘들다."고 말하고, 8일에 장지 2속(束), 부채 3개, 먹 3갑, 청심원(淸心元) 세 알을 가지고 연명(聯名)으로 편지를 써서 세팔이 편에 보냈다.

지성이면 감천이라고, 마음을 굳게 닫고 있던 선교사들도 홍대용의 정성에 마음이 움직였는지 바로 다음날 만나자는 답장이 돌아왔습니다. 이렇게 해서 홍대용과 선교사들의 만남은 시작되었습니다. 그것은 좀 더 직접적으로 말하면 서양 과학과의 만남이라고 해도 과언이 아닙니다. 홍대용이 두 사람을 만나자마자 통역관을 통해 건넨 첫 마디는 "배움을 청한다"(願學)였습니다. 그가 얼마나 배움을 좋아하는 호학자(好學者)였는지를 단적으로 보여주는 대목입니다. 그 열정 덕분에 홍대용은 남천주교당에서 난생 처음 파이프오르간과 자명종 등을 구경하게 됩니다.

다시 만남을 청하다

신기한 서양 문물들을 접하고 타고난 호기심 본능이 발동했는지, 홍대용은 일주일 뒤에 다시 한 번 남천주교당을 찾아갑니다. 그러나 이 날은 선교사들의 사정이 여의치 않아서 만나지 못하는데, 이에 굴하지 않고 일주일 뒤에 다시 찾아갑니다. 이때에도 여러 번 거절을 당하는데, 당시의 상황을 「유포문답」에서는 다음과 같이 전하고 있습니다.

> 19일에 다시 갔더니 문지기가 말하기를 "대인들이 밤새도록 천문을 관찰하고 아침에야 겨우 취침하여, 아직 일어나지 않았습니다."라고 하면서 외당(外堂)으로 안내하여 기다리게 하고, 문지기가 청심환을 요구하기에 나와 덕성이 각각 한 알씩 주었다. 문지기가 "노야(老爺)께서는 이미 성당 안을 두루 보셨는데, 다시 와서 보려고 하시는 것은 무슨 의도입니까?"라고 묻기에 내가 "대인들

과 함께 천도(天道)를 한번 논하고 싶어서 예물을 가지고 왔으니 이 뜻을 전해주면 고맙겠네."라고 하였더니, 문지기가 고개를 끄덕이고 가더니 조금 있다 와서 "대인들께서는 아직 일어나지 않았습니다. 예물이 만약 오면 먼저 그 숫자를 보고하도록 되어 있습니다."라고 하였다. 내가 종이와 붓을 빌려서 "세면포(細綿布) 2필(疋), 장지 2속(束), 부채 6개, 시전(詩箋) 2속, 청심환 3환(丸)"이라고 써 주었더니, 문지기가 다시 돌아와서 전하는 말이 "지난번에 왔을 때 받은 예물도 아직 답례하지 못해서 다시 받을 수 없고, 또 일이 있어서 만날 수도 없다고 하십니다."고 하였다.

첫 번째 만남이 성당 안의 서양문물을 보고 배우는 견학(見學)의 수준이었다고 한다면, 이번에는 서양의 천주교와 천문학에 대해 묻고 배우는 문학(問學)의 차원입니다.

여기에서 홍대용은 자신이 다시 천주교당을 찾아온 목적을 "천도를 논하고 싶다"라고 밝히고 있습니다. '천도(天道)'는 서양의 천문학(天文學)을 한자식으로 표현한 말입니다. 더욱 구체적이고 분명하게 자신의 관심을 표명한 것입니다. 게다가 선교사들이 밤새 천문을 관찰했다고 하는 것을 보면 이들은 선교사이면서 동시에 천문학자였던 모양입니다. 천문학에 관심이 많은 홍대용으로서는 더할 나위 없는 기회였을 것입니다. 그러나 홍대용의 이러한 열정에도 불구하고 선교사들은 이번에도 만나주려 하지 않습니다. 지나치게 적극적인 홍대용의 태도가 오히려 부담스러웠을지도 모릅니다. 하지만 그렇다고 해서 물러설 홍대용도 아닙니다. 마지막 인사를 하고 비장하게 떠나겠다는 최후의 메시지를 보냅니다.

덕성이 너무 낙망하여 어찌 할 줄을 몰라 하기에 내가 "저들이 아무리 해외 사람으로 습속은 다르다고 하지만 예의는 대략 알 것이니, 편지를 써서 한 번 물어 보자."라며 조그마한 종이에 다음과 같이 썼다. "두 번이나 찾아와서 가르침을 받고자 하였으나 만나 주지를 않으시니, 무슨 잘못을 저질렀는지 알지 못하여 부끄럽고 송구함을 금할 수 없습니다. 이에 삼가 작별을 고하오며 다시는 감히 귀문(貴門)을 더럽히지 않겠으니 양해와 용서를 바랍니다." 문지기에게 주어 전달케 하고, 이어서 말하기를 "우리들은 오직 대인의 재주와 학식을 우러를 뿐, 다른 뜻은 없는데 대인께서 사람을 접대함이 너무 박하니, 참으로 얼굴이 뜨겁습니다. 이제 물러가면 다시는 오지 않겠습니다."라고 하였다. 문지기가 "조금만 기다려 주십시오."라고 하고 가더니, 다시 나와서 "대인께서 만나보겠답니다."고 하였다.

홍대용의 간절함과 진지함이 다시 한 번 빛을 발하는 장면입니다. 사람을 대하는 기본적인 태도에는 동서양의 차이가 없으리라는 유교적 신념과, 그냥은 물러서지 않겠다는 결사항전의 태세에 선교사들의 마음이 움직인 것입니다.

천학문답(天學問答)

선교사들의 마음을 열게 한 홍대용은 이제 본격적으로 그들과의 학문적 교류를 시작합니다. 첫 번째 만남이 싱딩 인의 서양문물을 보고 배우는 견학(見學)의 수준이었다고 한다면, 이번에는 서양의 천주교와 천문학에 대해 묻고 배우는 문학(問學)의 차원입니다.

홍대용: "천문과 산수를 배우고 싶은 마음에서 자주 찾아왔으나 거절을 당할까 봐 매우 황송하였습니다. 여러분의 양해와 용서를 바랄 뿐입니다. 무릇 사람이 어려서 배우고 장성해서 행함에는 임금과 어버이를 존귀한 존재로 삼는 것인데, 듣자하니 '서양 사람들은 그 존귀한 이들을 버리고 따로 존귀하게 여기는 존재가 있다.' 하는데, 그것은 어떠한 학문입니까?"

선교사: "우리나라의 학문은 이치가 매우 기이하고 심오합니다. 선생께서는 어떤 것을 알고자 하십니까?"

홍대용: "유교에서는 오륜(五倫)을 숭상하고, 불교에서는 공적(空寂)을 숭상하며, 도교에서는 청정(淸淨)을 숭상합니다. 당신 나라에서는 어떤 것을 숭상하는지 듣고자 합니다."

선교사: "우리나라의 학문은 사람들에게 천주를 사랑하고, 다른 사람을 자기처럼 사랑하라고 가르칩니다."

홍대용: "사랑이란 무엇을 말합니까? 특히 그런 사람이 있습니까?"

선교사: "공자의 이른바 '교사(郊社)의 예는 상제(上帝)를 섬기는 것이다'가 그것입니다. 도교에서 말한 옥황상제(玉皇上帝)는 아닙니다. 『시경(詩經)』의 주석에서도 '상제는 하늘의 주재자'라고 말하지 않았습니까?"

홍대용의 천주교에 대한 질문은 여기에서 멈춥니다. 대신 그는 천문학으로 대화의 주제를 바꿉니다. 이 점이 천주교의 천주 개념을 수용한 흔적이 보이는 다산 정약용과의 차이입니다.

여기에서 홍대용은 조선에서 말로만 전해 듣던 천주교에 대해서 본격적으로 질문을 던지기 시작합니다. 문답의 핵심은 역시 상제(上帝), 즉 천주(天主)입니다. 천주는 가톨릭의 하느님의 한자식 번역어이고, 상제는 원래 중국 고전에 나오는 개념입니다. 선교사는 고대 유학의 경전인 『시경』에 나오는 '상제'가 바로 가톨릭에서 말하는 '천주'라고 설명하고 있습니다. 이러한 설명 방식은 일찍이 예수회 선교사 마테오 리치(1552~1610)가 중국에 왔을 때 사용했던 적이 있습니다. 즉 유교에 나오는 개념을 천주교 식으로 해석함으로써 천주교와 유교가 근본적으로 다르지 않다고 설득시키는 것입니다. 한편 외래 개념을 중국 개념으로 설명하는 방식은 불교가 중국화되는 과정에서 이미 시도된 적이 있습니다. 불교의 '오계(五戒)'나 '삼보(三寶)'* 개념을 맹자의 '오륜(五倫)'이나 노자의 '삼보(三寶)'** 개념으로 설명한 것이 그러한 예입니다. 이것을 '격의불교'라고 하는데, 천주교도 천주 개념을 중국에 처음 소개할 때 이런 격의(格義)의 방식을 취한 것입니다.

과학 견학

홍대용의 천주교에 대한 질문은 여기에서 멈춥니다. 더 이상 관심을 보이지 않습니다. 대신 그는 천문학으로 대화의 주제를

---

* '불교 신자가 귀의해야 하는 세 가지 보배'라는 뜻으로 불(佛)·법(法)·승(僧)을 말한다.
** 『노자』제67장에 "나에게는 삼보가 있다. 장애(慈)와 검약(儉)과 감히 천하에 앞서지 않는 것(不敢爲天下先)이다."라고 나온다.

바꿉니다. 이 점이 같은 실학자라고 해도 이후의 다산 정약용과 다른 점입니다. 정약용은 '천주유학'이라고 불러도 될 정도로 천주교의 천주 개념을 수용한 흔적이 보이기 때문입니다. 반면에 홍대용은 집요하게 서양의 천문학에 대해 질문을 합니다. 예를 들면 다음과 같습니다.

홍대용: "여러분께서는 오성(五星)의 경위(經緯)를 측후(測候)하는 것과 추보(推步)하는 법을 겸하여 숭상한다고 들었습니다. 이 법의 유래를 묻고 싶습니다."

선교사: "오성의 경위와 현재의 보법(步法)은 역상(曆象)을 참고하여 이루어진 것이고, 모두 새로 발명한 것은 아닙니다."

이때 수도(宿度)에 대한 여러 가지 법도를 대략 논하였으나 모두 적지 않는다.

상당히 전문적인 질문과 대답들이 오가고 있습니다. 홍대용은 여기에 멈추지 않고 성당 안에 있는 관상대와 천문기구까지 보여달라고 요청합니다.

홍대용: "이곳에는 좋은 기기가 있을 터인데 한 번 보여주기 바랍니다."

선교사: "관상대(觀象臺)의 의기(儀器)는 상당히 볼 만한 것이 있지만 여기에는 다만 파손된 것이 있을 뿐입니다."

내가 보여주기를 군이 청하자, 시자(侍子)를 시켜 의기(儀器)를 하나를 가져왔다. (…) 포우관이 관상대도(觀象臺圖) 인본(印本) 1장(張)을 보여주는데, 대(臺) 위에 10여 개의 의기가 진열되는 등 제작이 아주 기교하였다.

홍대용: "관상대를 한 번 보고 싶은데 어떻게 하면 좋겠습니까?"

선교사: "관상대는 금지구역에 속하였기 때문에 관계없는 사람은 함부로 들어갈 수 없습니다. 친왕(親王) 대인들일지라도 자유롭게 들어가지 못한답니다."

망원경(望遠鏡)을 보자고 청하니, 유송령이 시자들을 돌아보더니 조금 있다가 나가자고 청하였다. 서쪽 처마 밑 종루(鐘樓)의 북쪽에 이르니, 시자(侍子)가 이미 망원경을 설치하였는데, 해를 향해 짧은 등상(橙)을 세우고 앉아서 보게 되어 있었다.

이에 의하면 성당 안에 관상대, 즉 천문관측소가 세워져 있고, 선교사들이 거기에서 천문을 관측했음을 알 수 있습니다. 흥미로운 것은 이곳이 '출입금지구역'이라는 점입니다. 지금으로 말하면 NASA와 같은 첨단비밀연구소 같은 곳이라고 할 수 있습니다. 그래서 관상대에는 가 보지 못하지만, 대신 망원경을 볼 수 있는 기회가 주어집니다. 홍대용으로서는 난생 처음 보는 기구였을 것입니다.

이렇게 해서 북경의 천주교 성당 방문은 끝이 납니다. 이때 접한 서양의 천문학에 관한 지식과 경험은 홍대용의 세계관을 근본적으로 뒤흔들어 놓았습니다. 그 변화는 귀국한 후에 집필한 『의산문답』에 그대로 반영되어 있습니다.

철학 대화를 저술하다

홍대용이 북경을 다녀온 후에 저술한 책으로는 『을병연행록』
과 『담헌연기』 이외에 『의산문답』이 있습니다. 『의산문답』은 "의
산에서 묻고 답하다"는 뜻으로, 의산(醫山)은 의무려산(醫巫閭山)
을 말합니다. 의무려산은 청나라와 조선의 접경 지역에 있는 산
으로, 지금의 랴오닝성(遼寧省) 진저우시(錦州市)에 있습니다. 『을
병연행록』에 의하면 홍대용은 북경 여행을 마치고 조선으로 돌
아오는 길에 실제로 이 산에 오른 적이 있습니다. 그때의 경험을
살려서, 이 산을 무대 삼아 가상적인 철학 대화를 나눈 것이 『의
산문답』입니다.

『의산문답』은 두 사람이 주고받는 대화로 이루어져 있는데, 그
들의 이름은 허자(虛子)와 실옹(實翁)입니다. 허자가 묻고 실옹이
대답하는 형식인데, '허'는 헛된 것을, '실'은 참된 것을 상징합니
다. 여기에서 '허자'는 북경에 가기 전까지 자신이 공부한 것들이
전부 헛된 것이었음을 암시하는 이름입니다. 반면에 '실옹'은 북
경에 다녀 온 뒤에 새로 태어난 자신을 대변하고 있습니다. 그래
서 『의산문답』은 과거의 나와 현재의 나의 대화라고 해도 과언이
아닙니다. 그리고 '과거의 나'는 당시의 조선 유학자들 전부를 대
표한다고 볼 수 있습니다.

실제로 『의산문답』의 허자는 60일 동안 북경에 머물다가 귀국
하는 조선 연행사로 등장합니다. 그런 점에서 이 책은 홍대용의
자서전적 성격을 띠고 있습니다. 허자는 연행을 마치고 조선으로
돌아오는 길에 양국의 접경지역인 의무려산에서 '실옹'이라는 노

『의산문답』은 허자와
실옹의 대화로 구성되
어 있는데, 허자는 북
경에 가기 전까지 자신
이 공부한 것들이 전부
헛된 것이었음을 암시
합니다. 반면에 실옹은
북경에 다녀온 뒤에 새
로 태어난 자신을 대변
하고 있습니다.

인을 만나는데, 『의산문답』은 이 실옹이라는 노인과 허자와의 대
화로 이루어져 있습니다.

허자와 실옹의 만남

『의산문답』의 첫머리는 세상이 자기를 알아주지 않는다는 허
자의 한탄으로 시작됩니다.

> 허자는 30년 동안 은거하고 독서하면서 천지의 변화를 궁구하고
> 성명의 오묘를 연구하여, 오행의 뿌리에 도달하고 삼교(三敎)의 속
> 내에 통달하고, 사람의 도리를 밝히고 사물의 이치에 회통했다.
> 심오한 이치를 캐내어 세상일을 환히 꿰뚫은 뒤에 세상에 나와서
> 사람들에게 말했는데, 듣고서 웃지 않는 이가 없었다. (…) 그리고
> 는 서쪽의 북경으로 가서 관료들과 담론하며 여관에서 60일을 머
> 물렀지만 끝내 알아주는 이를 만나지 못했다. (…) 마침내 세상을
> 등질 결심을 하고 수십 리를 가자 돌문이 있었다. (…) 문을 들어서
> 자 한 거인이 섶나무 둥지에 홀로 앉아 있었는데, 그 모습이 괴이
> 했다. 그곳에는 나무를 쪼개어 '실옹의 거처'[實翁之居]라고 쓰여 있
> 었다.* (『의산문답』 17-19쪽)

여기에서 허자는 유교·불교·도교의 삼교에 두루 통달한 조선

---

* 이 글에서 인용하는 『의산문답』의 번역문은 김태준·김효민 역, 『의산문답』, 지식을만드
  는지식, 2011을 참고하였다.

의 학자로 소개됩니다. 당시 조선에서 불교와 도교가 이단시된 것을 생각하면 상당히 폭이 넓은 지식인이었다고 할 수 있습니다. 그런데 그런 허자조차도 조선과 중국의 양쪽에서 무시당하는 인물일 뿐입니다. 세상이 그의 진면목을 몰라준다기보다 그가 '30년' 동안이나 은거하다가 시대에 뒤떨어진 구닥다리 지식인이 되고 말았다는 이미지가 강합니다. 뭔가 학문의 패러다임이 근본적으로 변화되었음을 암시하고 있습니다. 실제로 실옹은, 마치 소크라테스가 문답법을 통해 상대방의 무지를 자각하게 했듯이, 허자에게 질문을 던지는 형식으로 그의 세계관이 잘못되었음을 깨닫게 합니다.

"사람의 눈으로 사물을 보면 사람은 귀하고 사물은 천하지만, 사물의 눈으로 사물을 보면 사물이 귀하고 사람은 천해 보인다. 하지만 하늘에서 바라보면 사람과 사물은 균등하다."

사람과 사물의 균등

실옹은 먼저 사람과 사물과의 차이에 대해서 허자에게 묻습니다. 여기에서 사물은 동물과 식물을 말합니다.

> 실옹: "사람과 금수와 초목의 세 부류의 생물들 사이에는 귀함과 천함의 차이가 있는가?"
>
> 허자: "천지의 생물들 중에서 사람이 제일 귀합니다. 금수와 초목은 슬기와 깨달음이 없고 예(禮)와 의(義)가 없기 때문에 사람이 금수보다 귀하고, 초목은 금수보다 천합니다."
>
> 실옹: "(고개를 쳐들고 웃으면서) 그대는 과연 사람이로다. 오륜과 오사(五事)는 사람의 예의이다. 떼를 지어 다니며 서로 먹이는 것은 금수의 예의이고, 무리 지어 자라면서도 평안하고 느긋한 것은 초

목의 예의이다. 사람의 눈으로 사물을 보면 사람은 귀하고 사물은 천하지만, 사물의 눈으로 사람을 보면 사물이 귀하고 사람은 천하게 보인다. 하지만 하늘에서 바라보면 사람과 사물은 균등하다."

여기에서 허자는 전형적인 유학적 인간관을 말하고 있고, 실옹은 장자(莊子)와 같은 인간관을 말하고 있습니다. 유학에서는 인간이 만물의 으뜸이라고 보는데, 그 이유는 도덕적 본성을 갖고 있기 때문이라는 것입니다. 마치 서양에서 인간은 이성적 동물이라며 만물의 영장이라고 보았던 것과 유사합니다. 반면에 실옹[=연행 이후의 홍대용]의 관점은 모든 것은 상대적이라고 하면서 동물에게는 동물 나름대로의 도덕이 있기 때문에 "사람과 사물은 균등하다(人與物均)"는 '인물균'의 입장을 취합니다. 그리고 이것을 "하늘에서 바라본 관점(自天而視之)"이라고 말하고 있습니다.

이러한 입장은 장자와 유사합니다. 장자는 「제물론」 편에서 아름다움을 예로 들면서, 제아무리 아름다운 미녀라 할지라도 동물들이 그녀를 보면 무서워서 달아나는 것은 인간과 동물의 아름다움의 기준이 다르기 때문이라고 하였습니다. 그리고 「추수」 편에서는 "도의 관점에서는 사물에는 귀천이 없는데, 사물의 관점에서 보면 자신은 귀하고 상대는 천하다(以道觀之, 物無貴賤; 以物觀之, 自貴而相賤)"라고 하였습니다. 홍대용이 '하늘의 관점'이라고 한 대목이 장자에서는 '도의 관점'으로 바뀌었을 뿐입니다.

땅은 회전한다

이어서 『의산문답』은 본격적으로 천문학 이야기로 들어갑니다. 먼저 땅의 형태에 관한 논의입니다.

> 허자: "사람과 사물 사이에 구분이 없다는 가르침은 삼가 받들겠습니다. 그렇다면 사람과 사물이 생명을 갖게 되는 근본에 대해 여쭙고 싶습니다."
>
> 실옹: "좋은 질문이다. 사람과 사물의 생명은 천지에 뿌리를 두고 있으니 먼저 천지의 모습에 대해 말하겠다. (…) 땅의 형태는 둥글고(正圓) 쉬지 않고 돌면서(旋轉) 허공에 떠 있기 때문에 만물은 그 표면에 붙어 있을 수 있다."
>
> 허자: "옛 사람이 말하기를 '하늘은 둥글고 땅은 네모나다'고 하였는데, 지금 선생님께서는 '땅의 형태는 둥글다'고 하시는 것은 왜입니까?"
>
> 실옹: "사람을 깨우치기가 대단히 어렵구나! (…) 달이 해를 가리면 일식(日蝕)이 되는데 가려진 형체가 반드시 둥근 것은 달의 형체가 둥글기 때문이고, 땅이 해를 가리면 월식(月蝕)이 되는데 가려진 형체가 또한 둥근 것은 땅의 형체가 둥글기 때문이다. 그러니 월식은 땅의 거울이다. 월식을 보고도 땅이 둥근 줄 모른다면 이것은 거울로 자기 얼굴을 비추면서 그 얼굴을 분별하지 못하는 것과 같으니, 이 또한 어리석지 않은가?" (『의산문답』 39-42쪽)

전통적인 동아시아의 천지관은 "하늘은 둥글고 땅은 네모나다"는 천원지방설(天圓地方說)이었습니다. 그런데 여기에서 실용 [홍대용]은 "땅은 네모나다" 대신에 "땅은 둥글다"고 주장합니다. "땅은 네모나다"를 한자로 표현하면 '지방(地方)'이 되고, "땅은 둥 글다"를 한자로 표현하면 '지원(地圓)'이 됩니다. 홍대용은 '지방 설'에 대해서 '지원설'을 주장하는 것입니다. 지원설(地圓說)은 요 즘으로 말하면 지구설(地球說)과 같습니다.

"땅은 둥글다"는 학설은 조선에서 홍대용이 처음 제기한 것은 아닙니다. 그보다 150년 전에 이미 성호 이익(1579~1624)이라는 실학자가 주장하였습니다. 그 이후로 서포 김만중(1637~1692)도 지구설을 말했습니다.[*] 홍대용의 특징은 지구설을 말하면서 지전 설(地轉說)도 같이 언급하고 있다는 점에 있습니다. "땅은 쉬지 않 고 돈다"(旋轉不休)는 말이 그것입니다. 지금으로 말하면 지동설 (地動說)을 주장한 셈입니다.

자연이 진리다

그렇다면 홍대용은 어떻게 지전설에 이르게 되었을까요? 이에 대한 단서는 실용의 다음과 같은 말로부터 찾을 수 있습니다.

실용: "무릇 '하늘은 둥글고 땅은 네모나다'는 것을 혹자는 (하늘과 땅의) 덕을 말한다고 한다. 하지만 자네는 옛 사람이 기록한 말을 믿는 것보다 현재 눈으로 확인할 수 있는 실제 현상[實境]에 따르는

---

[*] 박성래, 『(지구자전설과 우주무한론을 주장한) 홍대용』, 민속원, 2012, 68쪽.

것이 낫네. 정말로 땅이 네모나다면 네 귀퉁이와 여섯 모서리, 여섯 면이 모두 평평하여, 그 끝은 담장을 세워놓은 것처럼 깎아지른 듯할 터인데 그대는 그렇게 생각하는가?" (『의산문답』 42쪽)

영조는 신하들에게 당파 싸움하는 편협한 마음에서 벗어나라고 하면서 "그대들의 마음은 개벽되었는가?"라고 말하였습니다.

여기에서 홍대용은 "옛 사람이 전하는 말"과 "현재 일어나는 현상"을 대비시키면서 전자를 믿지 말고 후자에 따를 것을 권하고 있습니다. 달리 말하면 성인의 고언(古言)보다는 자연의 실경(實境)이 진리에 가깝다는 것입니다. 이러한 진리관은 오늘날로 말하면 과학적 진리관에 다름 아닙니다. 또는 실증적 방법론이라고도 할 수 있습니다. 홍대용이 지전설을 주장하는 것도 이러한 진리관과 방법론에 의해서였습니다. 과거의 책을 통해 알게 된 것이 아니라 자신이 직접 관찰하고 그것을 바탕으로 사유를 진행하여 도출해낸 것입니다. 위에서 "땅은 둥글다"는 주장을 일식과 월식과 같은 자연현상을 근거로 전개하는 것이 그러한 예입니다.

홍대용의 진리관과 방법론은 조선말에 '기학(氣學)'이라는 학문 체계를 완성한 혜강 최한기로 이어집니다. 최한기는 "성경(聖經)에서 천경(天經)으로" 학문적 패러다임을 전환할 것을 주장하였는데, 여기에서 성경(聖經)은 '성인의 말씀'을, 천경(天經)은 '자연의 현상'을 각각 가리킵니다. 최한기에 의하면, 진리의 준거는 과거로부터 전해 내려오는 성인의 말씀이 아니라 자신이 직접 관찰하고 경험한 사실이 되어야 합니다.* 이런 점에서 홍대용을 이었

* 김용옥, 『독기학설』, 통나무, 2004.

다고 할 수 있습니다.

실심과 실학

홍대용은 과학적 진리론과 실증적 방법론만 말한 것이 아닙니다. 그것과 동시에 학문하는 자의 태도와 자세를 말하고 있습니다. 이 부분은 수양론에 가깝다고 할 수 있습니다.

> 실옹: "예전에 들은 것[舊聞]에 집착하는 자와는 함께 도를 이야기할 수 없다. 이기려는 마음[勝心]에 사로잡혀 있는 자와는 함께 논쟁을 할 수 없다. 그대가 도(道)를 듣고자 한다면, 예전에 들은 것을 씻어 버리고 이기려는 마음을 떨쳐 버리며, 속을 비우고 입을 삼가라." (『의산문답』, 46쪽)

여기에서 홍대용은 '도'를 추구하는 학자라면 반드시 지켜야 할 두 가지 마음가짐을 말하고 있습니다. 하나는 예전에 들은 것, 즉 구문(舊聞)에 집착하지 않는 것이고, 다른 하나는 이기려는 마음, 즉 승심(勝心)을 버리는 것입니다. 과거에 집착하지 않고 이기려고 하지 않는 마음, 이것은 전통적인 의미에서 마음수양에 해당합니다. 그래서 홍대용은 단순히 청나라의 선진문물을 배우자고 한 실용실학자가 아니라 마음수양까지 겸해야 한다고 하는 도덕실학자였다고 할 수 있습니다. 이 도덕적 마음, 또는 참다운 마음을 그는 실심(實心)이리고 히였습니다. 그래서 일본의 오가와 하루히

사(小川晴久) 교수*는 홍대용을 '실심실학자'라고 규정한 것입니다.

한편 "과거에 들은 것에 집착하지 않는 태도"는 홍대용보다 한 세대 이전에 영조(1694~1776)가 말한 '개벽'과 유사합니다. 영조는 신하들에게 당파 싸움하는 편협한 마음에서 벗어나라고 하면서 "그대들의 마음은 개벽되었는가?"**라고 말한 적이 있습니다. 여기에서 '개벽'은 '연다'는 뜻으로, 과거와는 다른 "새로운 세계를 여는 것"을 말합니다. 홍대용은 새로운 진리를 알기 위해서는 과거의 진리에 얽매여서는 안 된다고 말합니다. 영조는 새로운 정치를 하기 위해서는 과거의 방식에 얽매여서는 안 된다고 말합니다. 둘 다 새로움을 추구하기 위해서는 "마음이 개벽되어야 한다"고 주장하는 것입니다. 이 마음개벽을 훗날 동학을 이끈 해월 최시형은 인심개벽(人心開闢)***이라고 하였고, 일제강점기에 탄생한 원불교에서는 정신개벽이라고 하였습니다. 우리의 마음이 개벽되어야 새 세상이 열린다는 것입니다.

---

* 그의 책 중 『실사구시의 눈으로 시대를 밝힌다』, 황용성 역, 강, 1999가 번역되어 있다.
** 『영조실록』 13년(1737) 9월 1일 첫 번째 기사.
*** 『해월신사법설』「기타」. 원문과 번역은 이규성, 『최시형의 철학』, 이화여자대학교출판부, 2011, 225쪽 참조.

정약용

하느님을 믿는 유학자

두 개의 다산관

조선시대의 유교 전통을 잇는 성균관대학교에 가면 '다산경제
관'이라는 이름의 건물이 있습니다. 다산(茶山)은 조선후기의 실
학자로 알려진 정약용(丁若鏞)의 호입니다. 그래서 건물 이름을
'다산경제관'이라고 한 것입니다. 그런데 흥미롭게도 서강대학교
에도 '다산관'이라는 이름의 건물이 있습니다. 다른 대학에 같은
다산관이 있는 것입니다. 그런데 서강대학교는 가톨릭 교단에서
세운 학교입니다. 그래서 건물 이름도 전부 가톨릭 성인의 이름
을 따서 지었습니다. 마테오관, 아담샬관, 가브리엘관 등이 그것
입니다. 그렇다면 서강대에 다산관이 세워진 것은 정약용이 천주
교와 관련이 깊은 인물이기 때문일 것입니다.

천주교는 조선후기에 서학(西學)이나 천학(天學)이라고 불렸습
니다. 그래서 서강대학교의 입장에서 보면 다산 정약용은 서학자
에 해당하는 셈입니다. 서강대에 '다산관'이라는 이름의 건물이
생긴 것도 이러한 인식에서입니다. 그래서 결국 다산 정약용은
성균관대에서는 유학자로, 그중에서도 특히 실학자로, 그리고 서
강대에서는 서학자로 각각 인식하고 있는 셈입니다. 그렇다면 어
느 쪽이 맞다고 해야 할까요?

유교에 일어난 파문

이런 식의 양자택일적 질문은 우리를 쉽게 함정에 빠트립니다. 실제로 학계에서도 다산의 사상적 정체성을 관점의 차이가 있습니다. 그도 그럴 것이 당시에 천주교를 접한 유학자들은 천주교를 배척하거나 천주교로 개종하거나 둘 중 하나였기 때문입니다. 대표적인 예가 정조 시대의 순교자인 윤지충(尹持忠, 1759~1791)입니다. 윤지충은 과거시험에도 합격한 정통 유학자였는데, 천주교를 믿으며 그 신념에 따라 행동했다는 이유로 순교를 당했습니다. 그의 나이 불과 30대 초반 때의 일입니다.

당시는 지금처럼 종교의 자유가 없었기 때문에 당연한 일이었다고도 할 수 있습니다. 윤지충이 처형당한 직접적인 이유는 단순히 천주교를 믿어서가 아니라 제사 지낼 때 세우는 조상의 신위(神位)를 태웠기 때문입니다. 신위는 돌아가신 부모나 조상을 상징하는 종교적 상징이어서, 신위를 태웠다는 것은 부모나 조상의 존재를 부정하고 패륜 행위를 한 것과 다를 바 없습니다. 이것은 효를 가장 중시하는 유교 윤리에서는 있을 수 없는 일입니다. 그래서 천주교 신자가 아니더라도 신위를 없애거나 제사를 거부하면 처벌을 면하기 어렵습니다. 여기에서 알 수 있는 사실은 우리는 유교를 윤리적 덕목이나 철학적 개념을 중심으로 이해하기 쉬운데, 사실 구체적인 역사의 전개 과정에서 보면 유교의 본질은 '예'라고 하는 절대가치를 숭상하는 제도적 장치라고 해도 과언이 아닙니다.

예(禮)의 가르침

흔히 성악설의 대명사로 알려진 춘추전국시대의 순자(荀子)가 유학자로 분류되는 것은 '예'를 무시하지 않았기 때문입니다. 아니 오히려 순자야말로 예의 열렬한 주창자였습니다. 그의 철학을 담은 『순자』에는 「예론(禮論)」이라고 하는, 예를 논하는 별도의 장(章)이 마련되어 있을 정도입니다. 그도 그럴 것이 그의 사상은 인간의 본성이 선하지 않다는 인간관에 바탕을 두고 있기 때문에 더더욱 예라고 하는 사회적 행위를 통한 교화를 중시할 수밖에 없었겠지요. 반대로 유교의 핵심 가치인 인(仁)을 확장시킨 겸애(兼愛)를 주장한 묵자가 유학자인 것 같으면서도 유학자로 분류되지 않는 이유는 그가 유학의 예(禮)를 정면으로 비판했기 때문입니다. 「비례(非禮)」편이 대표적인 예입니다. 조선시대의 중요한 논쟁 중의 하나가 예송(禮訟) 논쟁인 것도 유학에서의 예의 위치를 잘 말해주고 있습니다.

한국인들의 하늘에 대한 관심이 학문적으로 표현된 것을 '천학'이라고 한다면, 한국의 천학적 성향이 서양의 천학(천주교)을 자발적으로 수용하는 계기를 마련했다고 할 수 있습니다.

반대로 오늘날에는 관혼상제와 같은 유교의 핵심적인 의례는 거의 지켜지고 있지 않습니다. 유학이 힘을 못 쓰는 결정적인 이유 중의 하나가 여기에 있습니다. 하지만 한국인의 윤리 의식이나 사고방식에는 여전히 강하게 남아 있는 것 또한 사실입니다. 오구라 기조 교수의 『한국은 하나의 철학이다』는 이 점을 지적하고 있습니다.

두 개의 천학

『정조실록』에는 윤지충이 천주교에 접하게 된 경위와, 고문을 받으면서도 배교(背敎)하지 않고 순교당하는 장면이 생생하게 묘사되어 있습니다. "전라도 관찰사 정민시가 죄인 윤지충과 권상연을 조사한 일을 아뢰기를"이라는 말로 시작되는 상소문에 기록된 내용으로, 윤지충과 권상연의 진술 내용과 정민시가 심문한 소감이 상세하게 소개되어 있습니다. 먼저 윤지충이 천주교를 알게 된 경위를 들어 보면 다음과 같습니다.

계묘년(1783) 봄에 진사 시험에 합격하고 갑진년(1784) 겨울에 서울에 머무는 동안에, 마침 명례동(=명동)에 있는 중인(中人) 김범우의 집에 갔더니 책이 두 권이 있었는데, 하나는 『천주실의(天主實義)』이고 하나는 『칠극(七克)』이었습니다. 그 항목에 십계(十誡)와 칠극(七克)이 있었는데 매우 간략하고 따르기 쉬워서, 두 책을 빌려 소매에 넣고 고향집으로 돌아와 베껴 두고는 책을 돌려주었습니다. 겨우 1년쯤 익혔을 때 떠도는 비방이 매우 많았기 때문에 그 책을 일부는 태우고 일부는 물로 씻어내어 집에 두지를 않았습니다. 그리고 혼자 연구하고 학습하였기 때문에, 애당초 가르침을 받은 스승이나 함께 배운 동학(同學)이 없습니다. (『정조실록』 15년 (1791) 11월 7일 두 번째 기사)

여기에는 당시 조선의 유학자들이 천주교를 접하게 된 전형적인 패턴이 소개되어 있습니다. 그것은 선교사가 들어오기도 전에 자발적으로 책을 통해서 공부하는 방식입니다. 이런 식의 전파는 전 세계 천주교 역사에서 유례를 찾아보기 어렵다고 합니다. 조선인들의 '하늘'에 대한 남다른 관심이 천주교를 한반도에 정착시키는 원동력이 되었을 것입니다. 여기에서 "한국인들의 하늘에 대한 관심이 학문적으로 표현된 것"을 '천학'이라고 한다면, 한국의 천학적 성향이 서양의 천학(천주교)을 자발적으로 수용하는 계기를 마련했다고 할 수 있습니다.

물론 당시에 조선에서 '천학'이라는 학문이 실체적으로 있었던 것은 아닙니다. 공식적인 학문이라고 하면 중국의 유학(주자학)이 있었을 뿐입니다. 한국사상사에서 '천학'이라는 학문이 체계적으로 성립된 것은 동학(東學)이 처음입니다. 동학을 창시한 최제우(1824~1864)는 동학을 서학과 같은 천도(天道)라고 하였습니다(道卽同). 동학의 사상적 계보를 유도(儒道)도 아니고 불도(佛道)도 아닌 서양의 천도와 같다고 한 것입니다. 여기에서 천도는 천학(天學)의 다른 표현이라고 보아도 무방합니다. 당시에 서양의 천학(=천주학)이 탄압받고 있었는데, 동학이 그 천학과 같은 계열의 사상이라고 하다니, 어떤 의미에서는 최제우는 탄압을 자초했다고도 할 수 있습니다.

"차라리 사대부에게 죄를 지을지언정 천주에게 죄를 짓고 싶지는 않았습니다.…단지 천주교를 하였던 것일뿐 나라에서 금하는 일을 범한 적은 없습니다."

새로운 가르침

동학이라는 천도/천학은 동학 이전에 한국사상사에서 면면히 흐르고 있던 하늘에 대한 관심이 결집된 것이라고 할 수 있습니다. 그 관심 중의 하나가 윤지충과 같은 유학자입니다. 윤지충은 유학의 하늘[天]과는 다른 새로운 하늘[God]을 만나고서 일종의 개종(改宗)을 한 것입니다. 아니 당시의 표현으로 한다면 개학(改學)

을 했다고 해야 할 것입니다. 이학(理學=유학)에서 천학(天學=서학)으로 학문을 바꾼 것이니까요. 그런데 이 개학의 중심에 개천(改天)이 있습니다. 즉 믿고 있던 하늘을 교체한 것입니다. 이 점에 대해서 윤지충은 다음과 같이 말하고 있습니다.

> 천주(天主)를 큰 부모[大父母]로 여기는 이상 천주의 명에 따르지 않는 것은 결코 공경하고 숭상하는 뜻이 못 됩니다. 그런데 사대부 집안의 목주(木主)는 천주교(天主敎)에서 금하는 것이니, 차라리 사대부에게 죄를 지을지언정 천주에게 죄를 짓고 싶지는 않았습니다. 그래서 결국 신주를 마당에 묻었습니다. 죽은 사람 앞에 술잔을 올리고 음식을 올리는 것도 천주교에서 금하는 것입니다. 게다가 서민들이 신주를 세우지 않는 것은 나라에서 엄히 금하는 일이 없고, 곤궁한 유학자가 제사상을 차리지 않는 것도 엄하게 막는 예법이 없습니다. 그래서 신주도 세우지 않고 제사상도 차리지 않았던 것입니다. 단지 천주교를 하였던 것일 뿐이지 나라에서 금하는 일을 범한 적은 없는 것 같습니다.

여기에 '천주교'라는 표현이 나옵니다. 아직 서양의 '종교' 개념이 들어오기 전인데 '교'라는 표현을 쓰고 있는 것 자체가 위험천만해 보입니다. 당시에 조선에서 '교'라고 하면 '유교', 그중에서도 주자학만을 가리켰습니다. 그 외에는 모두 이단시되었습니다. 심지어는 같은 유교라고 해도 양명학조차 금지되었습니다. 양명학은 주자학을 비판하면서 나온 학문이었기 때문입니다. 이런 상황에서 오랑캐라고 여겨지는 서양 사상을 '교'라고 말하는 것은 상상조차 하기 어려운 일입니다. 유학의 가르침이 아닌 이단의 가르침을 따르는 셈이 되니까요.

또 하나 주목할 만한 것은 "천주교를 믿는다"고 하지 않고 "천주교를 한다"(爲天主敎)고 표현하고 있는 점입니다. 여기에서 '위(爲)'는 '실천한다'고 번역할 수도 있습니다. 어쨌든 "천주교를 믿는다"(信天主敎)고 하지 않은 점이 주목할 만합니다. '신앙'을 중심으로 하는 그리스도교적인 종교 개념이 들어오기 전의 일이기 때문입니다. 윤지충이 "천주교를 한다"고 표현한 것은 그의 관념이 아직은 동아시아의 '교학' 전통 위에 서 있기 때문입니다. 동아시아의 '학' 전통에서는 믿는 것보다 '하는' 것이 더 중요했습니다. 도덕을 실천하고 수양을 하고 교육을 하고 등, 몸으로 하는 것이 '학'의 본질입니다. 이것을 가르치는 입장에서 표현한 것이 '교'일 뿐입니다. 주자가 편찬한 성리학 입문서에 『근사록』이라는 책이 있는데, 여기에 「위학(爲學)」 편이 있습니다. '위학'은 '학문을 한다'는 뜻입니다. 동학에서도 이런 전통을 따라서 "동학을 믿는다"고 하지 않고 "동학을 한다"고 하였습니다.*

유학의 가르침에서 부모는 나를 낳아주신 생물학적 부모를 가리킵니다. 천주교에서는 만물을 창조한 천주(하느님)의 존재를 믿습니다. 그리고 그 천주를 만물의 부모라고 말합니다. 유교사회에서 '인간보다 더 큰' 부모를 믿기 시작한 것입니다.

천주가 부모다

그런데 윤지충의 말을 들어 보면, 처벌을 받는 직접적인 이유는 천주교를 믿어서도 아니고 제사를 거부해서도 아닙니다. 단지 신

---

* 박맹수, 『동경대전』, 지식을만드는지식, 2012, 98-99쪽.

주를 묻었다는 이유에서입니다. 설령 제사는 지냈다고 하더라도 조상을 상징하는 신주를 땅에 묻은 것은 조상 자체를 부정하는 행위이기 때문입니다. 그러나 천주교의 가르침을 따르는 윤지충의 입장에서 보면 신주(神主=木主)는 우상숭배에 다름 아닙니다. 여기에서 우리는 두 가지 '교'가 충돌하는 것을 볼 수 있습니다. 유학의 가르침과 천주의 가르침이 그것입니다. 윤지충은 유학의 가르침을 신봉하다가 천주의 가르침으로 전향하게 되었고, 그래서 신주를 땅에 묻은 것입니다.

그런데 더 자세히 살펴보면 이 사건의 본질은 가르침의 내용의 차이에 있다기보다는 가르침의 주체의 전환에 있음을 알 수 있습니다. 가르침의 주체를 한문으로 표현하면 '교주(敎主)'라고 합니다. 위진남북조 시대에 불교가 도교를 공격한 이유 중의 하나는 교주가 없다는 것이었습니다. 즉 가르침의 주체가 없기 때문에 '교'라고 할 수 없다는 것입니다. 이에 대해 도교 측에서는 춘추전국시대의 노자는 알고 보면 태상노군(太上老君)과 같은 성인이 현현한 것이고, 춘추전국시대 뿐만 아니라 역대로 노자와 같은 스승의 모습으로 속세에 내려와서 가르침을 베풀었기 때문에 교주가 있다고 반론합니다. 이것을 '노자역대국사설(老子歷代國師說)' 이라고 합니다.

이처럼 가르침의 주체 유무에 따라서 교(敎)냐 아니냐가 갈라지게 되고, 가르침의 주체가 있다고 해도 그 주체가 달라지면 가르침의 내용도 달라지게 됩니다. 그것이 천주교의 경우에는 '큰 부모'의 등장입니다. 유학의 가르침에서 부모는 나를 낳아주신

생물학적 부모를 가리킵니다. '군사부(君師父) 일체'라고 해서 스승이나 임금을 부모처럼 섬기기도 합니다. 그러나 천주교에서는 만물을 창조한 천주(하느님)의 존재를 믿습니다. 그리고 그 천주를 만물의 부모라고 말합니다. 그래서 윤지충은 천주야말로 진정한 큰 부모라고 말하고 있는 것입니다. 이것은 일종의 '천주(天主)부모설'이라고 할 수 있습니다. 윤지충은 천주교에서 말하는 천주부모사상에 충실했기 때문에 순교당한 것입니다.

최시형은 '천지(天地)부모론'을 제창했습니다. 우리를 둘러싼 지구 전체가 부모라는 것입니다. 그래서 이 천지를 부모처럼 섬기고 효를 다해야 한다고 하였습니다. 이것은 유학과도 다르고 서학(천주교)과도 다른 제3의 부모론입니다.

하늘에서 하느님으로

윤지충이 순교 당하는 상황을 전라도 관찰사 정민시는 다음과 같이 보고하고 있습니다.

> 형문을 당할 때 하나하나 따지는 과정에서 피를 흘리고 살점이 터지면서도 찡그리거나 신음하는 기색을 얼굴이나 말로 드러내지 않았고, 말끝마다 '천주의 가르침'(天主之敎)이라고 하였습니다. 그리고 심지어는 임금의 명을 어기고 부모의 명을 어길 수는 있어도, 천주의 가르침은 비록 사형의 벌을 받는다 하더라도 결코 바꿀 수 없다고 하였으니, 확실히 칼날을 받고 죽는 것을 영광으로 여기는 뜻이 있었습니다. (『정조실록』 15년(1791) 11월 7일 두 번째 기사)

이 보고에 의하면 윤지충은 가혹한 고문에도 굴하지 않고 평화롭게 죽어 갔습니다. 아마도 천주교에서 말하는 천주라는 존재를 진정으로 섬겼기 때문일 것입니다. 그리고 그 존재가 유학의 천

(天)이나 천리(天理)보다 윤지충의 영성을 더 충족시켜 줬기 때문일 것입니다. 그래서 윤지충은 유학의 천리를 서학의 천주로 대체한 것입니다.

조선의 유학자나 서민들이 선교사가 들어오기도 전에 천주교를 믿고 있었던 것도 이러한 이유에서입니다. 유학적 천(天)이나 천리(天理)로는 충족되지 않는 부분을 천주교의 천주가 채워줬기 때문입니다. 이때의 영성이란 '초월성'을 말합니다. 천주가 천(天)보다 더 초월적인 존재이기 때문입니다. 뿐만 아니라 천주는 천리가 갖추지 못한 인격성까지 갖추고 있습니다. 그래서 인격적으로 교감도 할 수 있습니다. 당시의 한국인들은 이 두 가지 성격을 겸비한 천주적 영성에 끌렸을 것입니다.

최시형의 천지부모론

참고로 천주교가 '천주부모론'을 제창했다고 하면, 동학의 제2대 리더인 해월 최시형은 '천지(天地)부모론'을 제창했습니다. 우리를 둘러싼 지구 전체가 부모라는 것입니다. 그래서 이 천지를 부모처럼 섬기고 효를 다해야 한다고 하였습니다. 이것은 유학과도 다르고 서학(천주교)과도 다른 제3의 부모론입니다. 생물학적 부모 이상의 부모를 생각한다는 점에서는 서학에 가깝지만, 그 부모가 만물을 창조한 인격적 천주가 아니라는 점에서는 서학과 다릅니다.

동학의 천관(天觀)은 이러한 위치에 있습니다. 쉽게 말해 유학과 서학의 '사이'에 있다고 할 수 있습니다. 반은 유학과 비슷하면서 반은 서학과 유사합니다. 동학의 '하늘님'은 인격적이라는 점에서는 서학의 천주와 상통하지만, 그 하늘님이 천지 안에 있다는 점에서는 유학의 천(天)과 유사합니다. 이런 성격을 띠고 있기에 어떤 의미에서는 양자와 상통할 수 있고 양자와 대화할 수 있습니다.

중국 유학에서는 천(天)이 상제에서 리로 합리화되어 갔는데, 퇴계 유학에서는 상제와 리가 일치되고 있습니다. 이에 대해 김형효 교수는 퇴계는 '리'를 '님'으로 인격화시켰다고 하면서, 퇴계 유학은 '상제유학'이라고 하였습니다.

유학자 출신인 전봉준은 체포되어 심문받는 과정에서 "동학은 수심경천(守心敬天)의 학(學)이므로 대단히 좋아한다"고 말했습니다. 여기에서 '경천'은 유학에서 빼놓을 수 없는 윤리입니다. 다만 동학에 와서 더 강화되었을 뿐입니다. 도학(道學)보다는 천학(天學)을 선호하는 한국인의 성향이 동학으로 드러난 것입니다. 전봉준은 유학자였지만 여기에 끌렸고, 그래서 동학도라고 당당히 말한 것입니다.

상제를 말하는 조선 유학

서두가 길어졌는데 지금부터 본론으로 들어가겠습니다. 윤지충이 유학에서 서학으로 전향했다고 한다면, 동시대의 유학자였던 다산은 어떤 입장이었을까요? 다산은 서학을 적극적으로 배척했다는 행적도, 그렇다고 해서 윤지충과 같이 목숨을 걸고 신봉했다는 흔적도 없습니다. 한때 서학에 발을 디뎠다가 나중에 발을 뺐다는 정도로만 알려져 있습니다. 바로 이러한 행적이 다산의 사상적 정체성에 대한 판단을 어렵게 하는 부분입니다.

이 경우에 하나의 단서가 될 만한 것이 그의 상제 개념입니다. 다산은 성리학자들이 말하는 천리도 아니고 윤지충이 말하는 천주도 아닌 상제(上帝)라는 용어를 주로 사용합니다. 물론 상제는 다산만 말했던 것은 아닙니다. 주자의 문헌에도 나오고 퇴계도 말한 적이 있습니다. 무엇보다도 『조선왕조실록』에 "상제를 대하 듯이 하라"(對越上帝)는 표현이 자주 등장합니다.

이것은 주자학의 전통에서 보면 약간 이질적이라고 할 수 있습니다. 왜냐하면 상제는 우리 식으로 말하면 '하느님'에 해당하는 말인데, 주자학은 인격성이 배제된 천리를 가장 상위에 두는 신념 체계이기 때문입니다. 그래서 상제가 들어올 여지가 많지 않습니다. 심지어는 공자가 말하는 천(天)도 주자학에서는 큰 힘을 발휘하지 못합니다. 이 점은 '합리(合理)'라는 말이 주자학의 용어라는 사실로부터도 알 수 있습니다. 주자학에서는 리와 부합되는 것이 최고의 경지입니다. 그렇다고 해서 전통적인 천(天)이나 상제 개념이 아예 폐기된 것도 아닙니다. 남아 있기는 하지만 리에 비하면 존재감이 크지 않다는 뜻입니다. 주자학은 무엇보다도 리와 기로 우주만물을 설명하려는 신념체계이기 때문입니다.

'님'이 된 리

원래 상제는 은나라의 최고신을 지칭하는 말이었습니다. 만물을 주재하는 인격신 같은 존재가 상제입니다. 그것이 주나라로 오면 천(天)으로 대체되고, 그것이 다시 제자백가로 오면 우주의 운행을 의미하는 도(道)로 이해되어 천도(天道)로 개념화되고, 이 것이 다시 주자학으로 가면 천리(天理)로 더욱 추상화됩니다.

그런데 이런 주자학을 받아들인 조선에서는 일부 유학자들 사이에서 상제라는 말이 선호됩니다. 대표적인 이가 퇴계 이황 (1501~1570)입니다. 퇴계는 언젠가 제자들과의 문답에서, '리'를 '상제'로 치환시키면서, 만물에 리가 들어 있듯이 상제는 언제 어디에나 있다고 하는 수수께끼 같은 말을 한 적이 있습니다.

"사사물물이 모두 하늘과 관계된다"는 퇴계의 말은 훗날 동학에서 "事事天(사사천), 物物天(물물천)"이라고 한 대목을 연상시키는 말입니다.

대저 하늘은 곧 리이다. 진실로 리가 없는 사물이 없고 리가 그렇지 않은 때가 없다는 것을 안다면 상제가 잠시도 떠날 수 없음을 알 것이다. (蓋天卽理也. 苟知理之無物不有, 無時不然, 則知上帝之不可須臾離也.『이자수어』「궁격」)*

중국 유학사에서는 상제가 천으로, 천이 도로, 도가 리로 점점 추상화되어 갔는데, 퇴계는 거꾸로 리를 상제와 등치시켜 버린 것입니다. 이것은 우리 식으로 말하면 리를 하느님으로 본 것에 다름 아닙니다. 이런 점에 주목하여 김형효 교수는 퇴계는 '리'를 '님'으로 인격화시켰다고 하면서, 퇴계 유학은 '상제유학'이라고 하였습니다.** 탁견이라고 하지 않을 수 없습니다. 서양식으로 말하면 신학적 성격이 강한 일종의 '신학-유학'이라는 것입니다.

하늘은 어디에나 있다

흥미로운 것은 퇴계의 뒤를 이어 지봉 이수광(1563~1628)도 퇴계

---

* 이광호 옮김, 『이자수어』, 예문서원, 2010, 143쪽.
** 김형효, 「퇴계의 사상과 자연신학적 해석」, 『원효에서 다산까지』, 청계, 2000.

와 비슷한 말을 하고 있다는 점입니다.

> 하늘과 인간은 하나의 이치를 공유하고 있어서 양자 사이에 간극
> 이 없습니다. 리가 있는 곳은 곧 하늘이 있는 곳입니다. (…) 사사
> 물물이 하늘과 관계되지 않은 것이 없습니다. (天之與人, 一理無間.
> 理之所在, 天之所在也. (…) 事事物物, 無一不係於天.「조진무실차자」(條陳
> 懋實箚子))

"사사물물이 모두 하늘과 관계된다"는 말은 훗날 동학에서 "事
事天(사사천) 物物天(물물천)"이라고 한 대목을 연상시키는 말입
니다. 반면에 중국 유학에서는 이런 언설이 나오기 어렵습니다.
중국 성리학 전통에서는 어디까지나 "事事理(사사리) 物物(물물
리)"이기 때문입니다. 또한 "하늘과 인간은 간극이 없다"고 하는
천인무간(天人無間)도 동학의 인내천(人乃天)과 근본적으로 다르
지 않습니다. 이렇게 보면 동학적 사유는 이미 조선 유학에 그 단
초가 배태되어 있었다고 해도 과언이 아닙니다.

〈유학의 변천사〉

사상	유학 이전	고대유학	(불교)	근세유학	한국유학	서학 전래	천주 유학
시대	은주	춘추전국	위진남북조/수당	송나라	조선초기	명나라	조선후기
시기		-7C~-3C	4C~-10C	11·12C	15·16C	16·17C	18·19C
인물	문왕, 무왕	공자, 맹자	지도림	주자	권근, 퇴계	마테오리치	다산
개념	上帝/天	天/道	空理	倫理	天)理	天主(God)	上帝
특징	天命	道學	心學	理學	天學	天(主)學	上帝學

지각을 하는 상제

그렇다면 다산의 경우는 어떨까요? 다산의 상제는 퇴계나 이수광의 상제에서 한 걸음 더 나아가서 서학의 천주에 다가간 느낌입니다. 예를 들면 다음과 같습니다.

다산에게 오면 하늘의 초월성이 강화됩니다. 그리고 다산은 이것을 수양의 대상으로 삼고 있습니다. 하늘(上帝)은 지각능력이 있기 때문에 두려워하지 않을 수 없다는 것입니다.

하늘의 주재자는 상제(上帝)이다.(…) 무릇 천하에 영(靈)이 없는 존재는 주재자가 될 수 없다. (…) 텅 비고 내용이 없는 태극 일리(一理)로 천지만물을 주재하는 근본으로 삼는다면, 천지간에 되는 일이 있겠는가! *(『맹자요의』 「진심(상)」 "盡其心者 知其性章")

리(理)는 본래 지각이 없고 위능(威能)도 없는데, 무슨 경계하여 삼갈 것이 있고, 무슨 두려워하여 경계할 것이 있겠는가!"(理本無知, 亦無威能. 何所戒而愼之, 何所恐而戒之乎!『중용자잠』)

이 구절은 주자와는 다른 다산의 천관(天觀)을 단적으로 보여주는 대목입니다. 주자학에서는 천리가 만물을 지배합니다. 만물은 천리라는 이치에 의해서 존재합니다. 그런데 다산이 보기에 천리는 지각능력[靈]이 없는 추상적인 원리에 지나지 않습니다. 그래서 만물을 주재할 수도 없고, 수양의 대상이 될 수도 없습니다. 인간이 두려워하지도 않기 때문입니다. 이러한 발상은 이성이나 합리성을 기준으로 하는 유학이나 철학의 입장에서 보면 주자학보

---

* 이호형 역주, 『역주 다산 맹자요의』, 현대실학사, 1994, 569~570쪽.

다 퇴보되었다고 할 수 있습니다. 그러나 영성이나 초월성을 강조하는 천학(天學)의 입장에서 보면 주자학보다 진전되고 심화되고 있습니다. 왜냐하면 다산은 천리 위에 상제를 두고 있기 때문입니다. 그리고 이 상제가 천리보다 더 초월적인 존재라고 보기 때문입니다.

다산의 상제는 퇴계나 이수광이 말하는 상제와도 다릅니다. 퇴계나 이수광은 상제가 우리를 굽어보고 있다거나 상제가 세상에 편재한다고는 했지만, 구체적으로 지각능력이 있다거나 그 지각능력으로 만물을 주재한다고 말하지는 않았습니다. 퇴계에게서 상제나 하늘은 "있는 것 같은" 존재입니다. 인격적으로는 묘사하지만 그 존재성이 인간과 같이 뚜렷하지는 않습니다. 반면에 다산은 상제가 하나의 인격자로 실재하는 것처럼 말합니다. 그런 점에서 다산의 상제는 주자학의 천리와 다를 뿐만 아니라 종래의 조선 유학의 상제와도 다릅니다. 문제는 다산의 상제가 단지 지각만 하는 존재가 아니라 창조주로까지 설정되고 있다는 점입니다. 바로 이 점이 서학의 천주와 맞닿는 지점입니다.

천주 같은 상제

상제란 무엇인가? 천지와 신인의 바깥에서 천지와 신인과 만물 등을 창조하고 주재하며 길러내는 존재이다. (上帝者何? 是於天地神人

之外, 造化天地神人萬物之類, 而宰制安養之者也.)[*]

여기에서 '조화'는 "창조하고 변화시킨다"는 뜻입니다. 그런 점에서 이곳의 상제는 천주교의 천주와 유사합니다. 무엇보다도 천지와 신인의 바깥(外)에 있다고 하는 점이 그렇습니다. 중국 유학사에서 이런 표현은 찾아볼 수 없습니다. 모든 것을 천지 안에서 생각하기 때문입니다. 그러나 천주교의 천주는 천지 바깥에 있는 존재라는 점에서 다산이 말하는 상제와 상통합니다. 이처럼 다산에게 오면 하늘의 초월성이 강화됩니다. 그리고 다산은 이것을 수양의 대상으로 삼고 있습니다. 하늘(上帝)은 지각능력이 있기 때문에 두려워하지 않을 수 없다는 것입니다. "군자는 암실 속에서도 두려워 떨면서 감히 악을 행하지 않는다. 상제가 내 앞에 있다는 것을 알기 때문이다"[**]라는 말이 그것입니다. 물론 이와 유사한 표현은 일찍이 퇴계에서도 보입니다. 다만 상제의 내용이 달라졌다는 차이가 있습니다. 다산에게 오면 같은 상제라고 해도 천주와 맞먹을 정도로 위상이 높아집니다.

인간에 대한 재규정

다산은 종래의 하늘[天] 위에 천주라는 초월자를 설정할 뿐만 아니라, 인간에 대해서도 새로운 정의를 내립니다. 서로 의존하

> 다산은 종래의 하늘[天] 위에 천주라는 초월자를 설정할 뿐만 아니라, 인간에 대해서도 새로운 정의를 내립니다. 서로 의존하는 상의적(相依的) 존재로서의 인간이 그것입니다.

---

[*] 『與猶堂全書』 第二集經集 第三十六卷 ○春秋考徵 四/凶禮, 「先儒論辨之異」 a283_363a
[**] 君子處暗室之中, 戰戰栗栗, 不敢爲惡, 知其有上帝臨女也. (『중용자잠』)

는 상의적(相依的) 존재로서의 인간이 그것입니다.

　사람이 죽는 날까지 함께 사는 존재는 사람일 뿐이다.[*]

　(오륜 관계에 있는 사람들은) 모두 나와 서로 필요로 하고 서로 바탕
　이 되며, 서로 교류하고 서로 만나면서, 서로 바로잡아 주며 사는
　존재들이다.[**]

　이에 의하면 인간은 단독 존재, 홀로 존재가 아니라 상생적 존
재, 공공적 존재입니다. 이러한 인간관은 유학 일반에 통용되는
것처럼 보이지만, 실은 그렇지도 않습니다. 인간이 오륜이라는
관계 속에서 살고 있다는 명제는 유학의 대표적인 주장이지만,
인간과 인간이 서로를 필요로 하고 서로를 살리는 상생적이고 상
의적인 존재라는 규정은 명시되어 있지 않습니다. 오히려 윗사람
이 아랫사람을 계몽하고 교화하며 보살피는 인간관이 두드러집
니다.

인(仁)의 재해석
　다산은 서로 의존하는 인간관을 바탕으로 인간의 본질을 다시

---

[*]　其所與處者人而已. 다산학술문화재단 편집, 『정본 여유당전서(9)』, 『논어고금주(1)』, 사
　암, 2013, 175쪽 「위령공」 "予一以貫之"에 대한 주석. 이하 『논어고금주』로 약칭.
[**]　皆與我相須相資, 相交相接, 胥匡以生者也. 위와 같음.

규정합니다.

> 인(仁)이라는 것은 두 사람을 말한다. 사람과 사람이 서로 함께하
> 는 것이다. (…) 앞 시대의 유학자들은 (仁을) 심학으로 해석했는데,
> 아마도 (공자의) 본 뜻은 그렇지 않을 것이다. (仁者, 二人也. 人與人之
> 相與也.)*

다산유학에서 '인(仁)'
이란 사람과 사람이 관
계 맺는 행위 내지는
활동을 말합니다. 이
활동을 다산은 '행사
(行事)'라고 합니다. '행
사'란 구체적인 일[事]
을 하는 것[行]을 말합
니다.

이에 의하면 '인(仁)'이란 사람과 사람이 관계 맺는 행위 내지는
활동을 말합니다. 이것을 다산은 '행사(行事)'라고 합니다. '행사'
란 이벤트를 말하는 것이 아니라 구체적인 일[事]을 하는 것[行]을
말합니다. 간단히 말하면 '실천'이라고 할 수 있습니다. 주자학에
서 인(仁)은 태어날 때부터 완전한 상태로 주어진 선한 본성을 말
합니다. 다만 욕망으로 인해 그 본성이 작동하고 있지 않을 뿐입
니다. 그래서 욕망을 걷어내면 된다고 말합니다. 다산이 보기에
이러한 정의는 불교에서 말하는 불성과 비슷합니다. 그래서 다산
은 주자가 불교에 물들었다고 비판하였습니다. 무엇보다도 이러
한 정의를 택하게 되면 유학 본래의 실천성이 약화된다고 생각했
습니다.

* 『논어고금주(2)』, 「양화(下)」, 298쪽 "子張問仁"에 대한 주석.

행사로서의 인(仁)

그래서 다산은 인(仁)을 인간과 인간 사이의 활동에서 생겨나는 "후천적인 사랑의 감정"이라고도 정의합니다. 가만히 앉아 있는다고 해서 사랑의 감정이 나오는 것이 아니라 사회 안에서 인간과 관계 맺는 가운데 후천적으로 사랑의 감정이 생긴다는 것입니다.

> 인의예지라는 명칭은 '행사' 이후에 성립하는 것이다. 그래서 사람을 사랑한 이후에 인(仁)하다고 하지, 사람을 사랑하기 이전에는 아직 인(仁)이라는 말은 성립하지 않는다. (仁義禮智之名, 成於行事之後. 故愛人而後謂之仁, 愛人之先, 仁之名未立也. 『맹자요의』「공손추(상)」"人皆有不忍人之心章")*

다산에 의하면, 인이라는 사랑의 감정은 우리가 타인과 관계를 맺는 과정에서 발현되는 후천적인 감정입니다. 이것은 사람은 다른 사람과 어울리고 도와가며 살아갈 수밖에 없는 존재라는 다산의 인간관과 맞물려 있습니다. 인간 존재가 관계 속에서 성립하기 때문에 인간의 본질인 인(仁)도 그렇게 규정될 수밖에 없는 것이지요.

결국 다산은 하늘에 대해서는 주자의 천리를 비판하면서 그 자리에 천주와 같은 상제를 채워 놓고, 인간에 대해서는 주자의 본

---

* 이호영 역주, 『역주 다산 맹자요의』, 91쪽.

성을 비판하면서 그 자리에 행사와 같은 실천을 집어넣었다고 할 수 있습니다. 수직적으로는 초월성을 강화하고 수평적으로는 실천성론을 강화한 것입니다. 이렇게 수직과 수평의 양면을 강화함으로써 그는 유학이 본래 지향했던 이상사회를 실현하고자 하였습니다. 그런 의미에서 다산은 진정한 유학자이자 사상가였다고 할 수 있습니다.

이상을 정리해 보면 다음과 같습니다. 다산 정약용은 윤지충과 같이 새로운 하늘을 섬겼습니다. 그러나 그렇다고 해서 유학을 버린 것도 아닙니다. 다산의 글을 읽어 보면 그가 뼈 속까지 유학자임을 알 수 있습니다. 그것도 주자학을 신봉하는 유학자가 아니라 주자학 이전의 순수 유학으로 돌아가야 한다고 한 보수적인 유학자였습니다. 바로 여기에 다산의 묘미가 있습니다. 유학과 서학을 나름대로 접목시키려고 한 흔적이 보이기 때문입니다. 성균관대와 서강대에 다산관이 동시에 있는 것은 이러한 이유에서입니다. 한편으로는 유학적이면서 다른 한편으로는 서학적이기 때문입니다.

이런 다산을 단순히 "유학자냐? 서학자냐?"라고 묻는다면 다산을 한국학자로 보지 않는 것입니다. 즉 중국학자나 서양학자 둘 중 하나일 가능성만 생각했지, 둘 다일 가능성은 생각하지 못한 것입니다. 그러나 동학의 하늘 관념에서도 보았듯이, 한국적인 하늘 관념이라면 양자의 천관을 융합할 수 있는 가능성도 충분합니다. 아일랜드의 한국학자인 캐빈 콜린스, 데리다 연구자의 개념을 빌려서, 다산을 "배제를 거부한"(resist exclusion) 사상가라고

다산은 유학이라는 몸통 위에 천주라는 머리를 올려놓음으로써 '기독유학'이나 '상제유학'과 같은 새로운 유학, 새로운 천학을 탄생시켰습니다.

평가했습니다. 유학과 서학 중 어느 하나도 배제하지 않았다는 것입니다. 그래서 그의 사상을 '기독유학'(Christo-Confucianology)이라고 명명했습니다.[*]

정약용과 마테오 리치

바로 이 점이야말로 정약용이 마테오 리치(1552~1610)와 갈라지는 결정적인 지점입니다. 윤지충이 보았다고 하는 『천주실의』의 저자인 마테오 리치는 예수회 선교사의 입장에서 천주교를 전파하기 위해서 유학을 해석하였습니다. 즉 고대 유학의 '상제' 개념이 알고 보면 천주교의 '천주'를 가리킨다는 식입니다. 그는 어디까지나 천주교가 위이고 유교는 아래라고 생각했습니다.

물론 다산이 『천주실의』로부터 그런 융합의 단초를 제공받았을 수는 있습니다. 그러나 다산은 유학이라는 몸통 위에 천주라는 머리를 올려놓음으로써 '기독유학'이나 '상제유학'과 같은 새로운 유학, 새로운 천학을 탄생시켰습니다. 그런 점에서 다산은 마테오 리치와는 근본적으로 다른 사상적 작업을 하였습니다. 마테오 리치는 유교를 천주교로 해석하는 해석학적 작업을 한 사상가입니다. 반면에 다산은 유교와 천주교를 융합시켜 새로운 유교와 새로운 천학을 만드는 회통적 작업을 한 사상가입니다.

---

[*] Kevin N. Cawley, "Traces of the Same within the Other: Uncovering Tasan's Christo-Confucianology", 『다산학』 24권, 2014.

서학적 유학, 유학적 서학

제 주위에는 그리스도교인이면서 유학을 연구하는 분이 많습니다. 서강대 철학과의 정인재 명예교수, 종교학과의 김승혜 명예교수는 모두 천주교 신자이지만 유학 연구자입니다. 제 친구인 김동희 목사는 율곡 이이로 박사학위를 받았습니다. 이러한 유형의 선구자가 다산 정약용입니다. 동아시아에서 최초로 서학을 유학에 접목시켜 서학적 유학, 그리스도교적 유학을 모색했습니다.

다산에 이어서 이러한 작업을 한 사상가로는 일본의 아라이 오스이(1846~1922)를 들 수 있습니다. 그는 유학자로 출발하여 미국의 그리스도교 공동체에서 30여 년을 살다가 일본에 돌아왔습니다. 그래서 다산과는 정반대로 유학보다는 서학적 바탕이 더 깊습니다. 그런 의미에서 유학적 서학, 유학적 그리스도교라고 할수 있습니다. 다산은 비록 초보적인 형태이긴 하지만 이러한 융합을 최초로 시도한 사상가입니다. 덕분에 이제 수양을 하는 그리스도인과 기도를 하는 유학자가 가능해졌습니다. 기도만 하는 것이 아니라 마음공부도 하고, 이치만 따지는 것이 아니라 신성을 느끼게 된 것입니다. 사실 이런 조합은 주자학을 수용하기 시작한 조선 초기부터 지향되고 있었습니다. 퇴계가 대표적인 예입니다. 다만 아직 때를 만나지 못했을 뿐입니다. 유학 속에 가려져 있던 천학에 대한 욕망이 서학의 전래로 고개를 들기 시작했고, 급기야 동학에 이르러 만개한 것입니다.

그런 점에서 다산은 '한국적인' 사상가라고 할 만합니다. 서로 다른 하늘을 융합시키는 회통의 작업을 시도했기 때문입니다. 이

서로 다른 하늘을 포함하고 회통시키려는 것이 한국인 특유의 하늘 관념입니다. 다산은 유교라는 틀에 천주라는 님을 포함시키는 포함이교(包含二敎)의 작업을 시도했습니다.

런 작업은 일찍이 최치원이 소개했던 풍류도의 '포함'의 작업과도 유사합니다. 다산은 포함삼교가 아닌 포함이교(包含二敎)를 시도한 셈이니까요. 아니 엄밀히 말하면 포함이천(包含二天)이라고 하는 편이 옳을 것 같습니다. 유학의 천과 서학의 천주를 다 포함하려 했으니까요. 다산의 이러한 작업은 오늘날에도 어디에선가 시도되고 있다고 생각합니다. 서로 다른 하늘을 포함하고 회통시키려는 것이 한국인 특유의 하늘 관념이기 때문입니다.

한국의 철학자들

포함과 창조의 새 길을 열다

제 12 강

동학

새로운 하늘의 탄생

1860년에 중국은 영불 연합군에 의해 북경이 함락되었습니다. 일본 은 후쿠자와 유키치가 서양을 배우러 미국으 로 떠났습니다. 반면에 한국에서는 동학(東學) 이 탄생했습니다.

사상사의 전환

1860년은 한국사상사에서 가장 커다란 전환기라고 해도 과언 이 아닙니다. 한국인들이 역사상 처음으로 자신의 손으로 새로운 학문을 만들어 낸 해이기 때문입니다. 경주에서 수운 최제우(水雲 崔濟愚)가 제창한 동학(東學)이 그것입니다. 최제우의 학문은 이후 에 해월 최시형(海月 崔時亨)에 의해 두 권의 경전으로 간행되었는 데, 『동경대전』과 『용담유사』가 그것입니다. 『동경대전』은 한문 으로 되어 있고 『용담유사』는 한글로 된 가사체 문학입니다.

1860년은 한국뿐만 아니라 중국과 일본에서도 중요한 해입니 다. 중국은 제2차 아편전쟁으로 북경이 함락된 뒤에 굴욕적인 외 교조약(베이징 조약)을 맺었고, 일본은 개화의 상징인 후쿠자와 유 키치(福沢諭吉, 1835~1901)가 서양을 견학하러 미국으로 떠났습니 다. 한쪽에서는 서양에 무릎을 꿇고 있었고, 다른 한쪽에서는 서 양을 배우기 시작한 것입니다. 반면에 한국은 새로운 철학을 창 조했습니다. 그것도 지방에 있는 무명의 재야지식인에 의해서였 습니다.

그로부터 반세기 뒤에 일본은 한국을 식민지화했고 중국에서 는 신해혁명이 일어나서 중화민국이 수립됩니다. 그래서 이 시기는 크게 두 부분으로 나눌 수 있습니다. 1860년에서 1910년까지와 1910년에서 1945년까지입니다. 겉으로 드러난 한국 역사로 보면 가장 어둡고 힘든 시기입니다. 그러나 한국사상사의 관점에서는, 최근에 오구라 기조 교수가 『조선사상전사』(2018)에서 말하고 있듯이, 가장 창조적인 시기였습니다. 원래 인간의 사유란 가장 어렵고 혼란스런 시기에 빛을 발하는 법이기 때문입니다. 반대로 너무 여유 있거나 풍요로우면 사상이 발전하기 어렵습니다. 이 시기에 한국사상사에서 유독 생명과 평화에 관한 담론이 많이 나온 것도 이러한 이유에서입니다. 가장 생명이 억압받고 평화가 위협받은 시기였기 때문입니다.

전통의 한계

한국인들이 자기 손으로, 전적으로 새로운 사상을 만들어 본 것은 한국 역사상 처음 있는 일이었습니다. 항상 중국으로부터 수입해 왔기 때문입니다. 그러다가 서양의 등장으로 인해 그 공급처가 끊어지자 어쩔 수 없이 만들지 않을 수 없게 되었습니다. 비유적으로 말하면 항상 과외선생을 두고 공부하다가 갑자기 과외선생이 사라졌다고나 할까요? 게다가 조선 내부의 상황도 한몫하였습니다. 관리들의 횡포는 점점 심해지고 유학은 점점 힘을 상실해 가고 있었습니다. 말 그대로 내우외환의 이중과제이자 사면초가의 위기상황입니다. 당시의 사상적 공백 상황을 최제우는 다음과 같이 한마디로 말하고 있습니다

유도불도(儒道佛道) 누천년에 운이 역시 다했던가. (『용담유사』「교훈가」)*

원래 나라의 역할은 '안민(安民)'에 있는데, 나라가 나라답지 못해서 안민을 못 하니까, 동학이 나서서 백성들과 더불어 나라를 대신해서 안민을 (스스로) 하겠다는 것입니다.

고려왕조 5백년의 불교와 조선왕조 5백년의 유교가 운이 다했다는 이 한마디는 당시 조선 민중들이 처해 있는 사상적 곤경을 단적으로 말해주고 있습니다. 이제 중국에서 유래한 전통사상은 더 이상 조선 민중들에게 인생의 지침 역할을 못 하게 된 것입니다.

서세의 위협

그렇다고 해서 윤지충처럼 서학으로 전향할 수도 없는 노릇이었습니다. 서학을 앞세운 서양이 너무 침략적으로 보였기 때문입니다. 최제우는 당시 조선 민중들에게 비친 서세의 모습을 다음과 같이 전하고 있습니다.

경신년에 이르러 전해 듣건대, 서양 사람들은 천주의 뜻은 부귀를 취하지 않는다고 말하면서, 천하를 공격하여 그 교당을 세우고 그 도를 행한다고 한다.** (『동경대전』「포덕문」)

'경신년'은 1860년이니까 제2차 아편전쟁이 마무리되는 해입니

---

* 김용휘, 『최제우의 철학』, 이화여자대학교출판부, 2012, 179쪽.
** 위의 책, 118-119쪽. 번역은 약간의 수정을 가했다.

다. 당시 수세에 몰린 중국의 상황이 한반도에도 그대로 전해진 것이지요. 그래서 민중들로서는 서양에 대한 경계심을 늦추지 않을 수 없었습니다. 덩달아 그들이 가져 온 서학(천주교)도 의심의 대상이 되었습니다. 이것은 마치 오늘날의 한국사회가 처한 사상적 곤경과 유사합니다. 전통 유교를 부활시킬 수도 없고 서양의 근대를 고집할 수도 없는 진퇴양난의 상황이기 때문입니다.

보국안민의 계책

이러한 상황에서 최제우가 찾은 것은 "보국안민의 계책"이었습니다. 보국안민(輔國安民)이란 "나라를[國] 도와서[輔] 백성을[民] 편안하게[安] 한다"는 뜻입니다. 안민(安民)은 원래부터 있었던 말이지만, 동학에서 이 말을 쓰면서 그 의미가 전연 새로워졌습니다. 즉 원래 나라의 역할은 안민(安民)에 있는데, 나라가 나라답지 못해서 안민을 못 하니까, 동학이 나서서 백성들과 더불어 안민을 하겠다는 것입니다. 마치 지난 촛불집회 때의 상황을 연상케 합니다. 국가가 위기에 처했다고 느끼자 대중들이 움직이기 시작한 것입니다. 당시의 절박함을 최제우는 다음과 같이 전하고 있습니다.

우리나라는 악질(惡疾)이 세상에 가득 차서 백성들이 언제나 편안할 날이 없으니 이 또한 상해(傷害)의 운수이다. 서양은 싸우면 이기고 공격하면 취해서 이루지 못하는 일이 없으니, 천하가 멸망하면 순망지탄이 없지 않을 것이다. 보국안민(輔國安民)의 계책이 장차 어디서 나올 것인가?* (『동경대전』「포덕문」)

輔國安民(보국안민)은 어떤 문헌에는 保國安民(보국안민)이라고
도 나오는데, 음은 같지만 글자 하나가 다릅니다. 도울 輔(보) 자
가 보호할 保(보) 자로 되어 있습니다. 하지만 동학경전에는 輔國
安民으로 되어 있습니다. 반면에 정부 측 기록이나 유학자 측 기
록에는 종종 保國安民으로 나옵니다.

보국안민은 1894년 동학농민혁명 때의 슬로건이기도 했는데,
이것은 동학이 기본적으로 보국안민을 실현하기 위해 나온 사상
임을 말해 줍니다. 그런 의미에서 동학은 일종의 '보국종교'라고
할 수 있습니다. 이 점은 동학을 계승하는 천도교나 동학 이후에
나온 증산교, 대종교, 원불교도 모두 마찬가지입니다. 하나같이
국가적 위기상황에서 나온 보국종교들이었습니다.

동학은 일종의 '보국종교'였다고 할 수 있습니다. 이 점은 동학을 계승한 천도교나 동학 이후에 나온 증산교, 대종교, 원불교도 모두 마찬가지입니다.

계시의 하늘님

그런데 동학의 독특한 점은 보국안민의 계책을 최제우가 스스
로 생각해 낸 것이 아니라 하늘님**으로부터 계시의 형태로 내려
받았다는 점입니다. 그런 점에서 중국의 주류 사상과는 계통이
다릅니다. 유교나 불교는 모두 성인들이 문화를 계승하거나 스스
로 깨달아서 나온 사상이기 때문입니다. 도교의 경우에도 천서

---

* 앞의 책, 120쪽.
** 원문에는 '흐 늘 님'으로 나오는데 여기에서는 편의상 '하늘님'으로 쓴다.

(天書)와 같이 "하늘에서 내려온 책"이라는 개념이 있지만, 그 역시 중국의 주류 사상인 이상 '성인의 가르침'[聖敎]이라는 사상 형태를 따르고 있습니다. 그래서 천서는 천상계에 있는 성인(聖人)이라는 특별한 '인간'이 내려준 책을 말하지, 결코 인간과 다른 신적인 존재가 내려준 계시는 아닙니다.

반면에 최제우에게 새로운 도를 내려준 하늘님은 중국적인 성인으로 묘사되지 않습니다. 도교의 태상노군처럼 무수한 세월 동안 수양을 해서 성인이 되었다는 서술도 없습니다. 그렇다고 해서 다산의 상제처럼 우주의 바깥에서 우주를 창조한 조물주로 설명되지도 않습니다. 그냥 한국의 전통적 하늘님 같은 느낌입니다. 한자 표현은 상제(上帝)나 천주(天主)라고 하지만, 실제 내용은 고대 유학의 상제나 천주교의 천주와도 약간 다릅니다.

개벽의 메시지

최제우가 하늘님으로부터 계시를 받는 장면은 『동경대전』과 『용담유사』의 여러 곳에 나옵니다. 내용은 거의 비슷하지만 약간씩 차이가 있습니다. 그중에서도 특히 『용담유사』 「용담가」가 눈여겨 볼 만합니다.

훈늘님 하신 말씀 "개벽 후 오만 년에 네가 또한 첨이로다 나도 또한 개벽 이후 노이무공 하다가서 너를 만나 성공하니 나도 성공

너도 득의 너희 집안 운수로다."*

여기에서 동학의 대명사라고 할 수 있는 '개벽'이라는 말이 등
장합니다. 사실 '동학의 대명사'라고 했지만, 모두가 그렇게 생각
하는 것은 아닙니다. 즉 '개벽'을 동학의 대명사로 생각하는 것이
아니라 '혁명'을 동학의 대명사로 생각하는 것입니다. 그래서 '동
학' 하면 저항과 투쟁의 이미지가 앞서게 됩니다. 그것이 "반(反)
봉건 반(反)외세"라는 동학에 대한 수식어입니다. 하지만 동학은
반(反)만 있었던 것은 아닙니다. 합(合)도 있었고 술(述)도 있었고
작(作)도 있었습니다. 동학이야말로 "포함삼교 술이창작(包含三敎
述而創作)"의 대표적인 예입니다.

위의 인용문에 의하면 '개벽'은 최제우가 한 '말'이 아닙니다. 하
늘님이 하신 '말씀'입니다. 그런 점에서 동학의 용어로 말하면, 인
어(人語)가 아닌 천어(天語)에 해당합니다. 그리고 '개벽'의 의미는
우리가 잘 아는 천지개벽(天地開闢), 즉 "하늘과 땅이 처음 열렸다"
고 하는 우주의 시초를 말합니다. 그리고 "개벽 후 오만 년에"라
고 한 것을 보면, 당시는 천지가 개벽된 지 오만 년이 지났음을 알
수 있습니다.

종래에 동학에 대한 이
미지는 혁명과 투쟁과
저항이 대부분이었습
니다. 하지만 동학은
반(反)만 있었던 것은
아닙니다. 합(合)도 있
고 술(述)도 있고 작(作)
도 있었습니다.

* 앞의 책, 203쪽.

불완전한 하늘님

그런데 흥미로운 것은 그 오만 년 동안 하늘님은 노력은 하였으되 아무런 소득이 없었다는 점입니다. "노이무공"이라는 고백이 그것을 말해주고 있습니다. 노이무공(勞而無功)이란 "노력[勞]은 했는데 공(功)은 없었다[無]"는 뜻입니다. 이에 의하면 최제우에게 나타난 하늘님은 결코 완전무결하고 전지전능한 존재가 아닙니다. 그렇다고 해서 『논어』에 나오는 말이 없는 무언(無言)의 하늘도 아닙니다. 사람처럼 말은 해도 창조주처럼 완전하지는 않습니다. 게다가 인간의 도움을 필요로 합니다. 최제우를 만나서 마침내 공을 이루었다고 말하고 있기 때문입니다. 그렇다면 그 '공'이란 과연 무엇일까요?

중국 도교에서는 '도'가 만물을 생성하기도 하고 중생을 구제하기도 합니다. 즉 두 가지 기능을 겸하고 있습니다. 노자나 장자에서는 만물을 생성하는 것은 '도'의 작용이지만, 중생을 구제하는 것은 그 '도'를 체득한 성인의 일로 설정되고 있습니다. 그런데 도교에 오면 양자가 일원화되어 '도=성인'이 됩니다. 가령 노자가 역대로 수양을 쌓아서 '도'의 능력까지 겸비한 인물로 묘사되고 있습니다. 태상노군이라는 존재가 그것입니다. 태상노군은 '도'를 인격화한 개념인데, 중생에게 설법도 하면서 만물을 생성하기도 합니다.

반면에 최제우의 하늘님은 만물을 생성하기는 하되 구제하지는 못하는 것으로 설정되고 있습니다. 그런 점에서는 유교에서 말하는 천(天)과 비슷합니다. 다만 유교의 천(天)은 말을 하거나 계시를 내리지는 않습니다. 이 점으로 추측해 보면 하늘님이 말하는 공(功)은 중생구제의 일을 말하는 것 같습니다. 즉 자신은 우주의 운행자이기는 하지만 중생의 구제자는 되지는 못했다는 것입니다. 그런데 최제우의 등장으로 인해 그 부분이 채워졌다는 것입니다. 그것을 최제우는 '다시개벽'이라는 말로 표현하고 있습니다.

'혁명'은 왕조교체를 의미합니다. 반면에 개벽은 문명의 대전환을 의미합니다. 새로운 문명의 시작이 '다시개벽'의 의미입니다.

최제우의 다시개벽

> 십이제국 괴질운수 다시개벽 아닐런가 태평성세 다시정해 국태민안 할 것이니…. (『용담유사』 「몽중노소문답가」)*

여기에서 '다시개벽'이라는 말은 하늘님이 아니라 최제우가 하는 말로 나옵니다. 앞에서 하늘님이 말한 "개벽 후 오만년"을 최제우가 '다시개벽'이라는 말로 개념화하고 있는 것입니다. 그렇다면 '다시개벽'이라는 사건은 최제우로 인해 야기된 개벽이라고 할 수 있습니다. 천지가 '처음 개벽'된 지 오만 년 만에 하늘님과 최제우의 성공적인 만남으로 인해 새로운 개벽이 시작되었다고 보고 있기 때문입니다.

더 중요한 사실은 아직 최제우에게서는 선천(先天)과 후천(後天)이라는 개념조차 나오지 않았다는 사실입니다. 일반적으로 '다

---

* 앞의 책, 210쪽.

시개벽'을 후천개벽으로, '(처음)개벽'을 선천개벽이라고 알고 있는데, 정작 최제우 자신은 이런 식의 개념을 사용한 적이 없습니다. 더군다나 우주의 질서가 선천에서 후천으로 바뀌고 있다는 의미에서의 후천개벽이라는 인식도 분명하지 않습니다. 단지 최제우의 등장으로 세상이 다시 질서를 잡고 있다는 의미에서 '다시개벽'이라는 말이 사용되고, 그것도 하늘님이 아닌 최제우가 한 말로 나올 뿐입니다.

혁명에서 개벽으로

'개벽'이라는 말의 문명사적 혁명성은 여기에 있습니다. 그것은 종래의 오만 년 동안 유지되어 온 인간사회를 근본적으로 뒤바꾸는 것을 의미하기 때문입니다. 그런 의미에서 '혁명'이라는 말로도 턱없이 부족합니다. 혁명(革命)이란 "천명을 바꾼다"는 뜻으로, 단지 왕조교체만을 의미하기 때문입니다. 고려에서 조선으로 왕조가 바뀌었다[易姓革命]고 해서 인간사회의 질서가 근본적으로 바뀌는 것은 아닙니다. 단지 소수의 지배층과 통치 이데올로기가 바뀌었을 뿐입니다. 물론 그에 따라 가족제도나 법률제도와 같은 사회의 질서가 바뀌기는 하지만, 그렇다고 해서 문명의 모습 자체가 근본적으로 달라지는 것은 아닙니다.

반면에 '다시개벽'은 오만 년 이전과 이후를 나눈다는 의미에서 '문명의 대전환'이라는 의미가 담겨 있습니다. 그런 의미에서는 그것은 새로운 문명의 시작을 의미합니다. 그렇다면 그 기준은 과연 무엇일까요? 오만 년 이전과 이후를 나눌 만큼의 엄청난 변화에는 어떤 것이 있을까요?

관계의 대전환

노비해방은 인간관계의 근본적인 전환을 의미합니다. 동학은 여기에서 한걸음 더 나아가서 인간과 만물, 인간과 자연의 관계도 전환시켰습니다.

그 단서는 최제우의 행적에서 찾을 수 있습니다. 최제우는 동학을 창도(創道)하자마자 제일 먼저 자신이 거느리고 있던 두 명의 여자 노비를 해방시켰다고 합니다. 단지 해방시키는 정도가 아니라 한 명은 수양딸로, 다른 한 명은 며느리로 삼았다고 합니다. 조선 역사상 자발적으로 노비를 해방시킨 최초의 사례입니다. 아마 인류 역사상에서도 드문 일이 아닐까 싶습니다. 대개는 법 개정이나 전쟁을 통해서 노비가 해방되곤 하니까요.

노비해방은 인간관계의 근본적인 전환을 의미합니다. 그것은 수직관계에서 수평관계로의 전환입니다. 동학은 단지 노비와의 관계만을 전환시킨 것이 아닙니다. 인간과 인간, 인간과 자연, 인간과 신의 관계도 재조정하였습니다.* 그 키워드가 '하늘'입니다. 이른바 '시천주'로 시작되는 동학의 주문이 그것입니다. 시천주(侍天主)란 "하늘님을 모시고 있다"는 뜻입니다. 이 말 또한 최제우의 말이 아니라 하늘님으로부터 받은 계시에 해당합니다. 정식으로는 "시천주(侍天主), 조화정(造化定), 영세불망(永世不忘), 만사지(萬事知)"라고 하는데, 주문이라 그런지 번역은 가능하지만 의

---

* 동학의 사상사적 의미를 '관계의 전환'으로 보는 점에 대해서는 김용우, 「몽양 여운형의 좌우합작론과 자생적 근대」, 원불교사상연구원 주최 제2회 시민강좌 발표문, 2019년 5월 27일을 참조하였다.

미는 쉽게 다가오지 않습니다.

시천주는 "하늘님을 모시고 있다"는 뜻이고 조화정은 "조화가 정해진다" 또는 "조화를 정한다"는 말입니다. 영세불망은 "영원히 잊지 않는다," 만사지는 "만사를 안다"는 말입니다. 참고로 '만사지'는 "만사를 아는 것은 밥 한 그릇의 이치를 아는 데 있다"고 할 때의 '만사지'입니다. 원문은 "만사지(萬事知) 식일완(食一碗)"인데, 이 말은 최제우의 말이 아니라 그 뒤를 이은 해월 최시형의 말입니다. 한살림의 창시자 무위당 장일순을 통해서 널리 알려진 말인데, 최시형이 말하는 의미와 장일순이 말하는 의미도 약간 다릅니다. 즉 장일순의 해석이 가해져서 알려지고 있는 문장입니다. 이 차이를 알려면 두 사람이 저 말을 사용하는 문맥을 세밀히 대조해 봐야 합니다.

주문의 해석

시천주로 시작되는 13글자 주문 이외에도 "지기금지(至氣今至) 원위대강(願爲大降)"이라는 8글자의 주문도 있습니다. "지극한 기운이 지금 크게 강림하시기를 간절히 바랍니다"는 뜻입니다. 13글자 주문을 본주문(本呪文)이라고 하고, 8글자 주문을 강령주문(降靈呪文)이라고 합니다. 이 두 개의 주문을 합쳐서 21자 주문이라고 하는데, 동학의 대표적인 주문으로 알려져 있습니다. 하지만 신의 계시로 받은 것이니만큼 그 의미를 알기가 쉽지는 않습니다. 그래서 최제우가 나름대로 풀이를 해 주고 있습니다.

대표적으로 시천주의 '시(侍)'라는 글자에 대해서 "내유신령(內

有神靈) 외유기화(外有氣化) 일세지인(一世之人) 각지불이(各知不移)"라는 12글자로 풀이하고 있습니다(『동경대전』「논학문」). 그런데 문제는 이 해석도 이해하기가 쉽지 않다는 점입니다. 직역하면 "안으로는 신령이 있고 밖으로는 기화가 있다. 온 세상 사람들이 각각 알아서 옮기지 않는다"가 됩니다. 그런데 마지막의 '각지불이(各知不移)'만 해도 우리말 식으로 순차적으로 번역하면 "각각[各] 알아서[知] 옮기지[移] 않는다[不]"이지만, 한문 어순으로 번역하면 "각각[各] 옮기지[移] 않는 것을[不] 안다[知]"가 됩니다. 한문에서는 동사가 앞에 나오고 목적어가 뒤에 오기 때문입니다. 그러나 한국인들이 한문을 쓸 때에는 우리말 어순에 따라 쓰는 경우도 종종 있습니다. 또한 각지불이에서 '이(移)', 즉 '옮긴다'가무슨 의미인지도 불분명하고, 무엇을 안다[知]는 것인지도 알기어렵습니다.

그래서 이 최제우의 해석을 다시 해석하는 작업이 필요합니다. 대표적인 것이 윤노빈과 김지하의 해석입니다. 1974년에 나온 윤노빈의 『신생철학』과 1985년에 나온 김지하의 「인간의 사회적 성화」에서는 동학 주문에 나오는 '시(侍)' 자의 의미와 그것에 대한 최제우의 해석에 대해서 '다시 해석'을 시도하고 있습니다. 그 '다시 해석'의 키워드는 '생명'입니다. 즉 생명철학의 관점에서 동학의 본주문과 그에 대한 최제우의 해석을 재해석하고 있는 것입니다. 특히 김지하의 「인간의 사회적 성화」*는 50쪽에 달하는 논문

동학에서의 관계의 혁명을 보여주는 단적인 말이 시(侍), 즉 모심입니다. 동학은 간단히 말하면 교화의 관계에서 모심의 관계로의 대전환이라고 할 수 있습니다.

---

* 김지하, 『남조선 뱃노래』, 자음과모음, 2012 수록.

인데, 모두 동학 주문에 대한 해석이라고 해도 과언이 아닙니다.

성인(聖人)에서 천인(天人)으로

최제우의 풀이를 보아도 시천주의 의미가 결코 간단할 것 같지는 않습니다. 하지만 가장 단순하게 생각하면 말 그대로 "인간은 하늘님을 모시고 있다"는 뜻입니다. 전통적인 중국의 인간관에서는 "인간은 성인이 될 수 있는 가능성을 가지고 있다"고 하였습니다. 그것을 불교에서는 불성(佛性)으로, 도교에서는 도성(道性)으로, 유교에서는 인성(仁性)으로 불렀습니다. 이 가능성을 잘 발현하면 누구나 이상적인 인간인 성인이 될 수 있다는 것입니다.

반면에 동학은 사람은 이미 그 자체로 하늘님이라고 말하고 있습니다. 성인도 아닌 하늘님이라는 것입니다. 성인이 영성적 존재라면 하늘님은 신성적 존재를 말합니다. 성인이 우주의 원리와 하나 된 초월적 존재라면, 하늘님은 신성한 우주 그 자체에 다름 아닙니다. 그것은 단지 그렇게 될 가능성이 있는 존재가 아니라, 그 자체로 살아 있는 또 하나의 우주인 셈입니다. 그것도 모든 인간이 그렇다는 것입니다. 노비건 어린애건 흑인이건 백인이건 할 것 없이 모두가 그렇다는 것입니다. 이러한 인간관에 따라 최시형은 사람을 천인(天人)이라고 했습니다. 천인이란 '하늘사람'이라는 뜻입니다. 그리스도교적으로 말하면 신인(神人)이라고도 할 수 있습니다.

바로 여기에 전통적인 인간관계의 혁명이 있습니다. 천인관으로 보면 군자와 소인, 문명과 야만, 남자와 여자, 어른과 아이, 친

척과 남남 등의 전통적인 구분이 사라지기 때문입니다. 아울러 이런 구분을 사회적으로 표현한 예(禮)라는 관습과 제도도 무의미해집니다. 그래서 동학공동체에 들어오면 상하관계, 친소관계를 규정하는 차등의 예가 아니라, 서로가 존엄하고 평등한 관계임을 표시하는 맞절을 합니다. 하지만 윤지충이 제사의 예를 거부해서 처형을 당했듯이 동학 역시 유교적 예를 형해화한 대가로 탄압을 받게 됩니다.

이 시기의 한국사상사는 크게 교화에서 개벽으로, 개벽에서 개화로 진행되었다고 할 수 있습니다. 1860년까지는 교화가 주류였다면, 1860년부터는 개벽이 대세가 됩니다. 해방 이후에는 개화가 득세를 합니다.

아니 거부하거나 형해화한 정도가 아니라 전복시킨 점이 더 쾌씸하게 다가왔을 것입니다. 제사를 지내기는 지내되 자기를 신처럼 섬기는 제사를 지내라고 했으니까요. 최시형의 향아설위(向我設位)가 그것입니다. 윤지충이 신위 자체를 폐기했다면, 최시형은 신위의 방향을 나에게로 돌려놓은 것입니다. 윤지충이 신위를 폐기한 것은 창조주가 진정한 부모이기 때문이었습니다. 그리고 우상을 섬기지 말라는 것이 참 부모의 가르침이었기 때문이었습니다. 최시형이 신위의 방향을 돌린 것은 "내가 곧 하늘님"이기 때문이었습니다. 윤지충 식으로 말하면 내가 곧 신이기 때문입니다. 그런 점에서 동학은 서학보다 더 혁명적이라고 할 수 있습니다. 새로운 유일신으로 대체하는 것이 아니라 모두를 신으로 만들었기 때문입니다. 양질 면에서 '좀 더'가 아니라 새로운 차원을 연 것입니다. 그래서 동학을 개벽이라고 하는 것입니다.

교화와 개화

동학에서의 관계의 혁명을 보여주는 단적인 말이 시(侍), 즉 모

심입니다. 동학은 간단히 말하면 교화의 관계에서 모심의 관계로
의 대 전환이라고 할 수 있습니다. 유교는 교화가 인간 관계의 핵
심을 이루고 있습니다. 군자가 소인을, 군주가 백성을, 양반이 상
민을, 선생이 학생을 교화하는 것이 이상적인 관계입니다. 그러
기 위해서 군주와 양반은 수양을 해야 합니다. 자기수양을 해서
거기서 나오는 덕(힘)에 의해서 아랫사람이 자발적으로 따르도록
하는 것이 '교화'입니다. 공자의 애제자인 자로(子路)는 처음에는
대단히 거친 사람이었다고 합니다. 그런데 공자를 만난 뒤로는
그의 덕에 감화되어 유학이라는 배움의 길을 걷게 됩니다. 이것
이 '교화'입니다.

이른바 개화파란 교화의 관계를 개화의 관계로 전환시키고자
한 지식인들을 말합니다. 그러나 개화는 또 다른 이름의 교화에
불과했습니다. 서양 문물을 많이 알고 있는 이들이 그렇지 않은
사람들을 계몽시키는 것이 개화였기 때문입니다. 국가 차원에서
는 서양과 일본이 그런 역할을 자처했습니다. 그래서 교화나 개
화라는 말에는 암암리에 중심과 기준과 방향이 설정되게 마련입
니다. 그런 의미에서 개화는 서양 판 교화이고, 교화는 중국 판 개
화라고 할 수 있습니다. 양자의 공통점은 화이관(華夷觀)을 고수
한다는 점입니다. 화이관이란 문명[華]과 야만[夷]의 차이를 명시
하는 세계관을 말합니다.

개벽과 개화
반대로 동학에서는 교화라는 말 대신에 모심이라는 말을 씁니

다. 개화라는 말 대신에 개벽이라는 말을 씁니다. 교화가 구심력적이라면 모심은 원심력적이라고 할 수 있습니다. 교화가 자기에게로 끌려오게 하는 힘을 말하는 반면에 모심은 상대방을 향한 존중을 의미하기 때문입니다. 반대로 개화가 타자를 향해 있다면 개벽은 자기를 향해 있습니다. 개화는 미개하고 야만스런 사람을 계몽하는 것을 말하기 때문입니다. 반면에 개벽은, '자기 개벽'*이라는 말이 있듯이, 기본적으로 자기로부터의 혁명에서 시작됩니다. 내가 변해서 세상을 바꾸는 것이 개벽입니다. 내 안의 하늘을 자각해서 다른 사람을 하늘처럼 대하는 것이 개벽입니다.

변찬린은 개벽의 두 차원을 말하고 있습니다. 같음과 다름입니다. 개벽이 되면 모두가 하나라는 진리를 깨달으면서 동시에 모두가 다르다는 사실도 직시하게 됩니다.

그래서 이 시기의 한국사상사는 크게 교화에서 개벽으로, 개벽에서 개화로 진행되었다고 할 수 있습니다. 1860년까지는 교화가 주류였다면, 1860년부터는 개벽이 대세가 됩니다. 1945년 이후에는 개화파가 득세를 하게 됩니다. 그런 점에서 해방 이후의 한국 사상사는 1860년 이전으로 복귀했다고 할 수 있습니다.

변찬린의 개천사상

개화의 현대사에도 개벽을 지향한 사상가가 없었던 것은 아닙니다. 변찬린(1934~1985)이라는 사상가가 대표적인 예입니다. 그는 비록 '개벽'이라는 말은 쓰지 않았지만, 개명(開明)과 개천(開天)이라는 말로 개벽의 핵심을 말하였습니다.

---

* 1920년의 『개벽』 창간호에 권덕규가 「자아를 개벽하라」는 글을 썼다.

종교에서 말하는 하늘은 '마음의 열림'과 '자각의 차원'을 의미한다. 인간의 마음이 개명(開明)되는 정도에 따라 그 개천(開天)하는 하늘도 각각 다르다. (…) 모든 종교는 마음의 개명에 비례하여 하늘을 개천하였다. 인간의 마음을 닦는 정도에 따라 개천되는 하늘이 다르며, 하늘의 열림에 따라 응감되는 신들도 다른 것이다. 불교와 유교와 도교와 기독교가 개천한 하늘이 같은 하늘인 듯하면서 그 차원이 차이가 있음을 깊이 깨달아야 한다. 다신(多神)이 존재하는 하늘과 유일신이 존재하는 하늘이 같은 차원일 수 없다. 우리는 이날까지 하늘이라면 다 같은 하늘로 동일시하는 하늘관에서 탈피하여 하늘의 실상을 깨달아야 한다.[*]

여기에서 마음의 열림이 개명(開明)이고 자각의 차원이 개천(開天)입니다. 마음이 얼마나 열리느냐에 따라 보이는 하늘이 다르다는 것입니다. 전통적으로 표현하면, 마음 수양에 따라 도달하는 경지가 달라진다고 할 수 있습니다. 모든 종교는 어떤 경지를 추구한다는 점에서는 같지만, 그 경지가 내용적으로 동일한 것은 아니라는 뜻입니다. 맨 처음에 나오는 "종교에서 말하는 하늘"이라는 말은 "모든 종교는 하늘을 말하고 있다"는 말에 다름 아닙니다. 그러나 맨 마지막에 나오는 "하늘의 실상을 깨달아야 한다"는 말은 그와 동시에 나오는 다른 남의 하늘을 있는 그대로 보려는 노

---

[*] 변찬린, 『성경의 원리』, 332쪽; 이호재, 『한국종교사상가 한밝 변찬린』, 문사철, 2017, 246쪽에서 재인용.

력도 필요하다는 뜻입니다.

개벽의 인식론

위의 글에서 변찬린은 개벽의 두 차원을 말하고 있습니다. 같음과 다름입니다. 개벽이 되면 모두가 하나라는 진리를 깨달으면서 동시에 모두가 다르다는 사실도 직시하게 됩니다. 동학·천도교적으로 말하면, 모두가 '한울'*이면서 각자가 '하늘'임을 알게 됩니다. 여기서 '한울'은 보편성을, '하늘'은 개별성을 가리키는 말로 구분해서 써 보았습니다. 모두가 보편적인 한울이라는 사실을 깨달아야 개별적인 하늘이 틀린 것이 아니라는 인식에 도달하게 됩니다. 각자가 다른 하늘이라는 사실을 직시해야 모두가 같은 한울이라는 진리가 폭력으로 작용하지 않게 됩니다.

이러한 인식이 개벽적 인식이고 개벽인식론입니다. 개벽의 시점에 도달했을 때 나와 다른 하늘을 모시게 되고 나와 다른 하늘이 살아나게 됩니다. 『개벽』 창간호에는 '자기를 개벽하라'는 글도 있는가 하면 '세계를 보라'는 논설도 있습니다. 세계라는 공통의 무대와 자기라는 차이의 지평을 동시에 보라는 뜻입니다.

누가 하늘을 보았다 하는가

흔히 학계에서 말하는 '글로벌' 담론은 자기를 망각하기 쉽습니다. 반대로 '지역주의'는 최제우가 지적한 각자위심(各自爲心)에

> 『개벽』 창간호에는 '자기를 개벽하라'는 글도 있는가 하면 '세계를 보라'는 논설도 있습니다. 세계라는 공통의 무대와 자기라는 차이의 지평을 동시에 보라는 뜻입니다.

---

* 동학을 계승한 천도교에서는 '흐 늘'을 '한울'로 개칭하였다.

빠지기 십상입니다. 오늘날 우리 사회는 이 두 가지 함정에 모두 빠져 있습니다. 한편으로는 자기를 보지 못하면서 다른 한편으로는 서로가 갈기갈기 찢겨져 있습니다. 그런데 이것이 동전의 양면 같습니다. 자기를 보지 못하니까 전체를 볼 수 없고, 전체를 보지 못하니까 자기도 안 보이는 것입니다. 자기의 관점이 없으니까 전체적인 조망이 없고, 전체적인 조망이 없으니까 자기의 자리매김이 안 되는 것입니다.

박노해의 「너의 하늘을 보아」는 '각자의 하늘'에 주목할 것을 권하고 있습니다. 자기만의 세계, 자기만의 관점을 발견하라는 말이니까요. 윤동주의 "죽는 날까지 하늘을 우러러"(「서시」)는 '모두의 한울'을 말하는 것 같습니다. 나 자신을 비춰볼 수 있는 거울 같은, 그러면서도 드넓은 하늘을 말하니까요. 반면에 신동엽의 「누가 하늘을 보았다 하는가」는 '모두의 하늘'을 말하는 것 같지만, 다른 한편으로는 '각자의 하늘'로도 해석될 수 있습니다.

천도(賤道)에서 천도(天道)로

최제우의 다시개벽은 다시 하늘을 보자는 제안입니다. 구름을 걷어내고 맑은 하늘을 되찾고자 하는 노력입니다. 내 안에도 있고 저 위에도 있는 구름 한 점 없는 하늘을 '동시에' 보려는 인식입니다. 그것을 그는 천도(天道)라고 했습니다. 천도는 "하늘을 되찾는 운동"이라고 번역할 수 있습니다. 원효 식으로 말하면 같음과 다름을 넘나드는 통찰이고, 노자 식으로 말하면 있음과 없음이 교차하는 현묘입니다. 인류의 현자들은 항상 이 본래의 하늘에서 새로운 하늘을 찾아냈습니다. 다산의 천학에서는 동서의 하늘의 융합되었고, 최한기의 기학에서는 인문과 과학이 어우러졌습니다.

그렇다면 지금 우리는 어떤 하늘을 열어야 하는가? 그러기 위해서는 먼저 우리의 하늘을 직시해야 하고, 그와 동시에 전체의 한울을 조망해야 합니다. 한국사상사를 개벽의 관점에서 다시 보아야 하는 이유는 여기에 있습니다. 우리가 개척해 온 하늘을 있는 그대로 직시하기 위해서입니다. 이 구름을 제거하는 작업이 선행되지 않고서는 우리는 언제나 색안경을 끼고서 자신의 하늘을 바라볼 수밖에 없습니다.

최시형

새끼를 꼬는 하늘님

포덕과 좌도

동학을 창시한 수운 최제우는 포덕한 지 불과 4년 만에 '좌도난
정(左道亂正)' 죄로 처형을 당하게 됩니다. 그의 나이 불과 40세 때
의 일입니다. 여기에서 '좌도(左道)'는 '사이비 도', '이단(異端)의 도'
를 말하고, '난정(亂正)'은 "정도[正]를 어지럽혔다[亂]"는 뜻입니다.
구체적으로는 좌도는 동학을 말하고, 정도는 유학을 가리킵니다.
그래서 좌도난정은 "동학으로 유학을 어지럽혔다"는 말입니다.
지금으로 말하면 일종의 국가보안법을 어긴 사상범으로 처형당
한 셈입니다. 그러나 동학의 입장에서 보면 "동학으로 유학을 바
로잡았다"고 해야 옳을 것입니다. 그래서 1894년에 동학농민혁명
을 일으킨 농민들은 '창의'라는 슬로건을 내걸었습니다. 창의(倡
義)란 "정의를 외친다"는 뜻입니다. 동학의 입장에서는 보국안민
의 정의군(正義軍)인데, 정부나 유학자나 일본의 입장에서는 반란
군인 셈입니다.

한편 동학에서 말하는 포덕(布德)은 "덕(德)을 편다[布]"는 뜻으
로, 지금으로 말하면 선교에 해당합니다. 다만 선교가 그리스도
교의 번역어라면 포덕은 동아시아의 전통 개념입니다. 하지만 동
학의 포덕은 유교에서 말하는 '교화'와도 뉘앙스가 다릅니다. 교

최제우는 "유학을 어지
럽혔다"는 죄로 처형당
합니다. 동학의 입장에
서는 보국안민의 정의
군(正義軍)인데, 정부
나 유학자나 일본의 입
장에서는 반란군인 셈
입니다.

화가 '군주나 사대부가 자신들의 덕으로 백성들을 감화시켜 자발
적으로 따르게 한다.' 또는 '계몽시킨다'는 의미라면, 포덕은 '백성
들 스스로 덕을 닦아서 새로운 인간으로 거듭나게 한다'는 의미
입니다.

양명학과 동학

여기에는 '덕' 개념의 차이도 관련되어 있습니다. 조선 주자학
에서는 농민이나 천민에게 덕을 닦으라고는 하지 않습니다. 하지
만 동학에서는 덕을 닦는 데에 이런 차이를 두지 않습니다. 누구
나 자기 안의 하늘님을 모시는 천덕(天德)을 닦으라고 말합니다.
그런 의미에서는 백성들이 교화의 대상에서 수양의 주체로 전환
되었다고 할 수 있습니다. 다른 말로는 수양인의 확대라고도 할
수 있고, '학'의 담당자의 확장이라고도 할 수 있습니다.

중국에서는 이런 역할을 양명학이 담당했습니다. 양명학에서
는 동도이업(同道異業)이라고 해서, 직업이 다르더라도 성인의 도
를 닦는다는 점에서는 같다는 사상이 있었습니다. 그래서 상인이
나 농민에게도 군자가 되는 길이 열려 있었습니다. 그러나 양명
학이 이단시되었던 조선에서는 동학이 양명학의 역할을 대신했
다고 할 수 있습니다. 하지만 양명학도 어디까지나 유학의 범위
안에 있었다고 한다면, 동학은 유학과는 다른 '학'을 만들었다는
점에서는 차이가 있습니다.

수운에서 해월로

수운 사후에 동학을 이끈 이는 해월 최시형입니다. 수운은 죽기 전에 감옥에서 해월에게 "나는 순순히 천명을 따를 테니 너는 높이 날고 멀리 달려라!(高飛遠走)"라는 마지막 메시지를 전했다고 합니다. 실제로 해월은 수운의 유언대로 35년 동안 전국 방방곡곡을 도망 다니면서 동학 이론을 한 차원 고양시키고 동학사상을 멀리까지 전파했습니다. 그리고 1898년에 수운처럼 순도의 길에 올랐습니다. 이렇게 보면 19세기 후반의 조선사상사는 가히 동학의 역사였다고 해도 과언이 아니고, 그 중심에는 해월 최시형이 있었습니다.

그런데 흥미로운 것은 해월은 수운과 달리 이른바 지식인 출신이 아니었다는 사실입니다. 남의 집 머슴살이를 하거나 제지소에서 일하던 노동자였고, 결국은 화전민으로 살았습니다. 어려서 서당에 다닌 적이 있다는 말은 전해지지만, 유학적 소양이 높았던 것 같지는 않습니다. 바로 여기에 해월 사상의 매력이 있습니다. 유학적 세례를 덜 받았기 때문에 역설적으로 독창적이면서 토착적인 사상을 전개할 수 있었습니다. 이후에 동학을 이은 천도교로 가면 이번에는 개화의 영향을 받게 됩니다. 서구 사상의 세례에서 자유로울 수 없었기 때문입니다. 그래서 해월은 동학과 천도교 역사에서 아주 독특한 위치를 차지하고 있습니다. 유학과 서학의 영향을 가장 적게 받은 사상가이기 때문입니다. 바로 이점이 해월을 해월이게 만든 요소라고 생각합니다.

동학의 일기(一氣)

해월 최시형의 사상을 집대성한 책이 『해월신사법설』입니다. 신사(神師)는 천도교에서 해월을 높여 부르는 존칭입니다. 창시자인 수운은 대신사(大神師)라고 부릅니다. 『해월신사법설』의 제1장은 「천지이기(天地理氣)」인데, 제목과는 달리 주자학의 이기론을 말하는 것이 아니라 "천지는 하나의 물 덩어리이다"*라는 말로 시작됩니다. 이어서 "물이란 만물의 시조이다"(水者萬物之祖也)는 말이 나오는데, 왜 이렇게 갑자기 물에 대한 예찬으로 시작되는지 잘 이해가 되지 않습니다. 동학 의례에서 '청수(淸水)'가 중요하다고 하는데, 이것과 관련이 있는지 모르겠습니다.

반면에 「천지이기」 편의 맨 마지막은 물(水)이 아니라 기(氣) 이야기로 끝이 납니다: "기(氣)라는 것은 천지, 귀신, 조화, 현묘의 총칭으로 모두가 하나의 기이다."** 여기서 하나의 기, 즉 일기(一氣) 개념은 최제우의 『동경대전』에 이미 나옵니다. 그런데 최제우가 말하는 일기는 최제우에게 강령한 하늘님을 가리키는 것 같습니다. 동학의 강령 주문에 나오는 지기(至氣)를 '혼원한 일기(渾元之一氣)'라고 설명하고 있기 때문입니다. 이것을 보면 최제우는 '기'를 "인간에게 강령하는 신령한 기운"의 차원에서 말하고 있음을 알 수 있습니다.

이 점은 최제우가 강령 주문의 금지(수至)를 '기접(氣接)'으로,

---

* 이규성, 『최제우의 철학』, 이화여자대학교출판부, 2011, 127쪽.
** 위의 책, 130쪽.

대강(大降)을 '기화(氣化)'로 설명하는 점으로부터도 확인할 수 있습니다. 금지는 "지금 이른다"는 말인데, 이것을 "기운이 접한다"는 기접으로 설명하고, 대강은 "크게 내려온다"는 뜻인데, 이것을 "기운이 변한다"는 기화로 설명하고 있는 것입니다. 최제우에게서 '기'는 우주론적이기보다는 신비 체험의 영역과 관련이 있습니다. 반면에 최시형이 말하는 일기는 우주 전체를 가리킵니다. 이점은 "천지는 하나의 기운 덩어리이다"*라고 하거나 "우주 사이에 가득 찬 것은 모두 혼원한 하나의 기운이다"**라고 말하는 것으로부터도 알 수 있습니다.

천지가 부모다

최제우와 최시형이 말하는 일기(一氣)는 비록 지칭하는 내용에서는 차이가 있을지라도, 하나같이 우주의 궁극적 실재를 가리킨다는 점에서는 동일합니다. 이것은 주자학에서 우주의 궁극적 실재를 일리(一理)로 보는 것과 좋은 대조를 이루고 있습니다. 주자학에서는 리가 먼저 있고, 그 리의 법칙을 따르는 것이 기라고 보고 있습니다. 반면에 동학에서는 리에 대한 언급은 거의 없고, 기가 우주의 궁극적 실재라고 말하고 있습니다.

뿐만 아니라 주자학에서는 기에는 질적인 차이가 있어서 인간과 동물의 차이가 있고, 인간 사이에서도 맑은 기를 가진 사람과

---

* 『해월신사법설』 「천지인·귀신·음양」, 앞의 책, 140쪽.
** 『해월신사법설』 「성경신」, 같은 책, 164쪽.

탁한 기를 가진 사람이 있다고 말하는데, 동학에서는 그런 구분 자체가 없습니다. 즉 주자학에서는 만물은 리를 갖고 있다는 점에서는 평등하지만 기가 다르기 때문에 차이가 생긴다고 보는 반면에, 동학은 만물은 질적으로 동일한 하나의 기운이라는 점에서 존재론적 차이가 없다고 보고 있습니다. 그래서 동학에서는 인간중심주의나 종족중심주의가 처음부터 들어설 자리가 없습니다.

이러한 점은 최시형의 천지부모(天地父母)론에서 더욱 두드러지게 나타납니다. 최시형은 한편으로는 천지가 하나의 기운이라고 하면서, 다른 한편으로는 천지가 만물의 부모라고도 하였습니다. 이 이야기는 「천지이기」 편에 이어지는 「천지부모」 편에서 집중적으로 다루어집니다. 그래서 동일한 천지에 대해서 한편으로는 일기(一氣)로 설명하고, 다른 한편으로는 부모라고 말합니다. 여기에서 천지가 만물을 둘러싸고 있는 하나의 공간 개념이자 환경 개념이라고 한다면, 일기는 그 안에 있는 근원적 생명력을 가리킵니다. 달리 말하면 천지가 엄마의 자궁과 같은 곳이라면, 일기는 엄마의 탯줄을 통해 공급되고 있는 양분과 같은 것입니다. 이것을 최시형은 '포태'의 비유를 들어 말합니다. 포태는 아이를 잉태하는 임신 또는 태아를 감싸는 자궁 내의 얇은 막을 말합니다.

해월의 천지포태설

천지가 부모이고 부모가 천지이다. 천지와 부모는 일체이다. 부모의 포태가 곧 천지의 포태이다. 요즘 사람들은 단지 부모의 포태의 이치만 알지 천지의 포태의 이치는 알지 못한다.*

여기에서 해월은 천지를 하나의 거대한 자궁이나 엄마 뱃속에 비유하고 있습니다. 만물은 천지라는 자궁에서 자라고 있는 태아와 같다는 것입니다. 이렇게 되면 자연히 인간이 효도를 해야 할 존재는 천지라는 부모가 되고, 인간이 우애를 다져야 할 존재는 천지의 자식으로서의 만물이 됩니다. 여기에서 동학은 유학의 혈연주의를 넘어서고 있습니다. 이제 족보를 만들거나 촌수를 따지는 것은 큰 의미가 없게 됩니다.

그렇다고 해서 묵자처럼 "남의 부모를 자기 부모처럼 사랑하라!"는 당위적 윤리를 말하고 있지도 않습니다. 존재론적으로 볼 때 만물은 하나의 형제나 다름없다는 것입니다. 우주의 근원적 생명력, 즉 일기(一氣) 덕분에 만물은 살아가고 있고, 그런 의미에서 만물은 일기의 덕을 공유하고 있습니다. 동학을 이은 천도교에서 교도들을 '동덕(同德)'이라고 부르거나 '세계주의'를 표방하는 것은 이러한 맥락에서입니다. 개벽종교는 기본적으로 "세계는 한 가족"이라는 세계주의의 입장을 취하고 있습니다. 우주적인 차원에서는 세계를 '한울'이라고도 말합니다. '한울'은 '하나의 울타리'라는 뜻입니다.

* 『해월신사법설』「천지부모」, 앞의 책, 131쪽.

도덕에 의한 다시개벽

홍미로운 것은 최시형이 천지부모설을 자신의 설이라고 하지 않고 스승인 최제우의 독창이라고 말하는 점입니다. 최제우가 개벽 후 오만 년 만에 처음으로 창시한 새로운 도덕이 천지부모 사상이라는 것입니다.

> 천지를 섬기는 것을 부모를 섬기는 것처럼 하여, 집을 나가고 들어올 때 반드시 (천지에게) 알리는 것을 부모에게 문안 인사를 드리는 것처럼 하라는 것은 개벽 후 오만 년에 선생이 처음으로 창시한 것이다.*

이 말에는 여러 가지 함축이 담겨 있습니다. 먼저 최제우의 '다시개벽'이 '도덕개벽'임을 시사하고 있습니다. 최시형에 의하면, '처음개벽'이 하늘과 땅이 처음 열리는 천지개벽이라면, 최제우의 다시개벽은 천지를 부모처럼 섬기는 새로운 도덕의 시작을 의미합니다. 그런 의미에서 다시 개벽은 도덕개벽이자 인문개벽이라고 할 수 있습니다. 뿐만 아니라 최제우에서는 천지부모 사상이 명시적으로 드러난 것은 아닙니다. 수운이 동학 주문(呪文)의 '시(侍)' 자를 해석하면서 하늘님을 모시기를 부모 섬기듯이 한다**[與父母同事]고는 했지만, 천지를 부모로 모시라고 말한 것은 아

---

* 『해월신사법설』「천지부모」, 앞의 책, 132쪽.
** 『동경대전』「논학문」. 김용휘, 『최제우의 철학』, 128쪽.

님니다. 따라서 천지부모 사상은 최시형의 독창이라고 보아야
합니다.

더 나아가서 최시형은 자신의 모든 사상을 천지부모 사상에서
시작하고 있습니다. 인간뿐만 아니라 "만물이 하느님을 모시고
있다"*[萬物莫非侍天主]는 만물시천주 사상도, 만물을 하느님처럼
공경해야 한다는 경물 사상도 최제우에게서는 뚜렷하지 않습니
다. 모두 최시형의 천지부모 사상에 의해 도출되는 부수적인 명
제들입니다. 이처럼 최시형은 도덕의 영역을 인간에서 만물로 확
장하고 있는데, 그 사상적 근원은 천지부모 사상입니다.

최제우가 "인간은 하늘
님을 모시고 있다"고
설파했다면, 최시형은
"만물은 하늘님을 모시
고 있다"며 도덕의 영
역을 인간에서 만물로
확장시켰습니다.

사람의 말이 하늘의 말이다

최시형이 처음부터 이런 사상을 가지고 있었던 것은 아닐 것입
니다. 수운으로부터 가르침을 받은 영향도 있겠지만, 나름대로
구도의 과정을 거치다가 마침내 '천지는 하나의 기운이고 만물은
모두 하늘이다'라는 통찰에 이르렀을 겁니다. 그것을 뒷받침해
주는 에피소드가 최시형의 천어(天語) 체험입니다. 천어는 '하늘
의 말'이라는 뜻으로, 하늘로부터 계시를 받는 것을 말합니다. 최
제우의 동학은 하늘님과의 문답으로 시작합니다. 어느 날 신령한
기운을 느끼다가 하늘로부터 소리가 들려왔는데 이것을 천어(天
語)라고 합니다. 이후로 동학교도들 사이에서는 천어를 듣는 것
이 하나의 통과의례처럼 되었습니다.

---

* 『해월신사법설』「대인접물」. 이규성, 『최시형의 철학』, 154쪽.

그런데 최시형에게는 좀처럼 하늘의 소리가 들리지 않았던 모양입니다. 그래서 주문 수련은 물론이고 고행에 가까운 수행까지 온갖 수행을 다 해 보았지만 효과가 없었습니다. 그러다가 하루는 한겨울에 갑자기 차가운 계곡물에 들어가서 수련을 하던 중에 갑자기 하늘에서 소리가 들렸습니다: "한겨울에 찬물에 들어가는 것은 몸에 해로우니라!" 마침내 천어를 들은 해월은 너무나 기쁜 나머지 덩실덩실 춤을 추었을 것 같습니다. 그런데 나중에 알고 보니 이 말은 해월이 수련하던 경상북도 산골 검곡과는 수백 리나 떨어진 전라도의 은적암이란 곳에서 스승인 수운이 자신이 지은 글을 읽은 것이었습니다. 이 사실을 알게 된 해월은 대오각성을 하게 됩니다. 이른바 "사람의 말이 곧 하늘의 말이다[天語]"는 깨달음입니다.

> 내 항상 말할 때에 천어(天語)를 이야기 하였으나 천어가 어찌 따로 있으리요? 인어(人語)가 곧 천어이며 새소리도 시천주의 소리이니라.*

만물 속의 신성

최시형 사상의 가장 큰 특징은 여기에 있습니다. 구체적인 사물 속에서 하늘을 발견한 것입니다. "지저귀는 새소리가 하늘의 소리이다"라거나 "베틀 짜는 아낙네도 하늘님이다"라는 등의 설

---

* 『해월신사법설』「천어」. 앞의 책, 194쪽.

법은 모두 이런 깨달음을 반영하고 있습니다. 그리고 이 깨달음을 명제화한 것이 "사람이 하늘이고 하늘이 사람이다"는 "人是天(인시천) 天是人(천시인)"과 만물은 하늘님을 모시고 있지 않은 것이 없다는 "萬物莫非侍天主(만물막비시천주)"입니다.

서양의 근대는 영성과 이성 또는 신성과 이성을 구분하는 정교분리에서 출발합니다. 반면에 동학은 영성을 강화하여 신성으로 나아가고, 그 신성을 만물 안에서 찾는 데에서 출발합니다. 즉 서양처럼 신성을 인간과 분리시키는 것이 아니라 오히려 인간 속에서 신성을 찾는 방식으로 새로운 시대를 연 것입니다. 이것은 한국뿐만 아니라 인도에서도 찾을 수 있습니다. 간디의 비폭력평화운동을 상징하는 슬로건인 '사티아그라하'는 "진리를 붙잡는다"는 뜻인데, 여기에서 진리로 번역되는 '사티아'는 '진리'라는 뜻 이외에도 참, 선, 신 등의 의미가 있다고 합니다.* 그런 의미에서는 우리말의 '하늘'과 상응합니다. 그리고 '사티아그라하'는 시천주(侍天主)와 의미가 상통합니다. 간디 또한 사티아, 즉 신성한 진리를 실천함으로써 새로운 시대를 열고자 한 것입니다.

신성한 나의 발견

만물 속에 신성이 깃들어 있다면 당연히 '나'라는 존재에도 신성이 깃들어 있습니다. 이것을 해월 최시형은 "내가 하늘이다"(我

인간이 육식을 하는 행위도 최시형이 보기에는 하늘의 이치에 따르는 자연스런 행위입니다. 이것을 '以天食天(이천식천)', 즉 "하늘이 하늘을 먹는다"고 합니다.

---

* 기타지마 기신, 「남아프리카의 비폭력 평화운동과 근대 일본·한국의 과제─사티아그라하(Satyagraha) 사상과 운동을 중심으로」, 『한국종교』 45집, 2019 참조.

是天)라는 말로 표현하였습니다.* "내가 하늘이다"는 내가 하늘처럼 존엄하고 신성한 존재라는 뜻입니다. 서양 근대가 "인간은 이성적 존재"라는 인간관에서 출발하였고, 이성의 보편성에서 인간의 평등성의 근거를 확보했다면, 동학은 "인간은 신성한 존재"라는 인간관에서 출발하였고, 신성의 존엄성에서 인간의 존엄성의 근거를 확보한 것입니다.

최시형은 여기에서 한 걸음 더 나아가서 만물에서까지도 신성을 발견하고 있습니다. 사물은 뉴턴적 세계관에서와 같이 활기 없는(inert) 물질(matter)이나 물체(body)가 아니라 그 자체로 살아 있는(vibrant) 영기(靈氣)입니다. 대지도 살아 있고 돌멩이도 살아 있습니다. 그래서 최시형은 사물들까지 하늘님처럼 모시는 것이야말로 도덕의 극치라고 하였습니다.

> 사람은 사람을 공경함으로써 도덕의 극치가 되지 못하고, 나아가 사물을 공경함에까지 이르러야 천지기화의 덕에 합일될 수 있나니라.**

인간의 도덕은 만물을 하늘님처럼 모시는 데에서 비로소 완성된다는 뜻입니다. 일찍이 이런 도덕 개념은 동아시아의 주류 사상에서는 주창된 적이 없었습니다. 서양 근대에서는 더더욱 찾을

---

* 『해월신사법설』「수도법」. 이규성, 『최시형의 철학』, 181쪽.
** 『해월신사법설』「삼경」. 앞의 책, 194쪽.

수 없습니다. 흔히 동학사상에 서양의 탈근대적 요소도 들어 있다고 말하는 것은 이러한 이유에서입니다.

하늘이 나이다

인간이 없으면 문명은 창조되지 못하고, 하늘이 없으면 인간은 존재할 수 없습니다. 이 상호의존관계를 표현한 말이 천인상여(天人相與)입니다.

최시형은 "내가 하늘이다"에 이어서 "하늘이 나다"라고 말합니다. 마치 "사람이 하늘이다"에 이어서 "하늘이 사람이다"라고 덧붙이는 것과 마찬가지입니다. 여기서 '하늘'은 내 안의 신성을 말하고, 신성의 구체적인 내용은 우주적 생명력입니다. 나는 나의 의지[心]대로 움직이는 것이 아니라 우주적 생명력[氣]에 따라 움직인다는 뜻입니다. 이것을 다른 곳에서는 "나의 모든 동작은 천지가 시키는 것이다"(人之一動一靜, 豈非天地之所使乎!)*고 말하고 있습니다.

가령 내가 뭔가를 먹는 행위는 생명을 유지하려는 하늘의 본능에 의해서입니다. 이것을 최시형은 '기화(氣化)'라고 말합니다. 내가 말하고 행동하는 것은 내 안의 생명력인 하늘의 표현입니다. 이것을 최시형은 '조화(造化)'라고 말합니다. "하늘은 사람에 의지하여 그 조화를 드러낸다. 사람의 호흡과 동정과 굴신과 의식(衣食)은 모두 하늘님의 조화의 힘이다"**라는 말이 그것입니다. 이러한 인간관은 나의 자유의지에 따라 내가 움직인다고 보는 서구 근대적 주체 개념과는 전혀 다른 인간관입니다.

---

* 『해월신사법설』「도결」, 앞의 책, 139쪽.
** 『해월신사법설』「천지부모」, 같은 책, 134쪽.

하늘과 인간의 상호협력

그래서 최시형은 하늘과 인간의 상호협력을 말하고 있습니다. 한자로는 '天人相與(천인상여)'라고 합니다. 가령 아무리 내가 하고 싶은 것이라고 해도 내 생명에 반하는 일은, 정상적인 경우에는 하지 않습니다. 반대로 내가 아무리 하기 싫은 일이라고 해도 내 생명을 유지하기 위해서는 반드시 해야 할 경우가 있습니다. 이처럼 우리의 행동은 나의 생명 유지라는 반경 안에서 허용되고 있습니다. 우리의 행위는 이 반경을 벗어날 수 없습니다. 그것이 '하늘'입니다.

그래서 인간이 육식을 하는 행위도 최시형이 보기에는 하늘의 이치에 따르는 자연스런 행위입니다. 이것을 '以天食天(이천식천)', 즉 "하늘이 하늘을 먹는다"고 합니다.* 반면에 내 안의 생명력이나 다른 존재의 생명력을 해치는 행위를 "하늘을 해친다"고 합니다. 예를 들어 "어린 아이를 때리는 것은 하늘을 때리는 것이다"**라는 말이 그러한 예입니다. "하늘이 하늘을 먹는 것"은 천인상여의 일환이지만, "하늘을 때리는 것"은 '천'이 빠지고 '인'만 남은 경우입니다.

밥 한 그릇의 이치

"밥 한 그릇의 이치를 알면 만사를 안다"(萬事知, 食一碗)는 말은

---

* 『해월신사법설』「이천식천」. 앞의 책, 196-197쪽.
** 『해월신사법설』「대인접물」. 같은 책, 150쪽.

1980년대에 한살림운동을 주도한 무위당 장일순(1928~1994)에 의해 널리 알려진 말입니다. 이 말은 본래 최시형이 한 말입니다. 그런데 장일순의 해석과 최시형의 원래 의미와는 약간의 차이가 있습니다. 흔히 장일순은 "밥 한 그릇 안에 온 우주가 다 들어 있다"는 의미로 이 말을 인용하고 있습니다. 그런데 최시형은 천인상여의 맥락에서 이 말을 하였습니다.

가장 힘이 센 사자도 힘이 약한 사슴을 먹음으로써 살아갈 수 있기 때문입니다. 이러한 진화론은 상생적 진화론 또는 협동적 진화론이라고 할 수 있을 것입니다.

> 하늘은 사람에 의지하고 사람은 먹거리에 의지한다. 만사를 아는 것은 밥 한 그릇을 (아는 것이다), 사람은 먹거리에 의지하여 그 생성의 바탕으로 삼고, 하늘은 사람에 의지하여 그 조화를 드러낸다.[*]

이에 의하면 최시형은 사람과 하늘의 상호 의존 관계를 설명하는 맥락에서 "만사를 아는 것은 밥 한 그릇을 (아는 것이다)"라고 말합니다. 즉 "사람은 먹거리에 의존한다"는 말은 사람은 밥 한 그릇에 담긴 생명력을 섭취함으로써 자신의 생명을 유지한다는 말입니다. 반대로 "하늘은 사람에 의지한다"는 말은 사람의 노동력이 있어야 쌀이 밥이 되는 것과 같습니다." 여기서 '쌀이 밥으로 된다'는 것은 곧 하늘의 뜻이 세상에 드러나는 것을 의미합니다. 다시 말하면 사람의 활동이 가미되어야 비로소 하늘의 조화가 드러난다는 것입니다. 이것은 인간이 하는 모든 문명적 활동이 하

[*] 『해월신사법설』「천지부모」, 같은 책, 134쪽.

늘의 조화의 드러남이라는 말에 다름 아닙니다. 그래서 인간이 없으면 문명은 창조되지 못하고, 하늘이 없으면 인간이라는 생명체는 존재할 수 없게 됩니다. 이 상호의존관계를 표현한 말이 천인상여(天人相與)입니다. 최시형은 밥 한 그릇에 천인상여의 관계가 담겨 있다는 뜻에서 "만사를 아는 것은 밥 한 그릇(의 이치를 안다)"고 말했습니다. 이처럼 최시형이 보기에는 모든 일은 인간과 하늘의 상호협력에 의해서 이루어지고 있습니다.

탈아와 입구 사이

최시형의 천인상여적 인간관은 한편으로는 인간이 하늘에 의존해 있다는 말도 되지만, 다른 한편으로는 인간의 모든 행위는 하늘의 행위로 정당화될 수 있는 가능성을 열어 주었습니다. 인간의 손짓과 몸짓이 신성의 표현으로 인정되기 때문입니다. 그래서 오히려 문명의 창조자로서의 인간의 역할이 적극적으로 긍정됩니다. 작자(作者)로서의 성인이라는 제한에서 자유로워졌기 때문입니다.

이렇게 보면 동학의 인간관은 한편으로는 성인의 권위로부터 자유로워졌지만, 다른 한편으로는 하늘이라는 그물 안으로 들어오게 됩니다. 바로 이 점이 교화와 개화 사이에 있는 개벽의 위치를 잘 보여주고 있습니다. 동학은 성인의 권위로부터 탈피했다는 점에서는 교화의 패러다임을 벗어났지만, 완전히 독립된 개인이 아니라는 점에서는 개화의 패러다임으로 들어간 것도 아닙니다. 후쿠자와 유키치 식으로 말하면 전통 중국을 벗어난 탈아적(脫亞

的) 요소는 있지만, 그렇다고 해서 서양으로 들어가는 입구(入歐)를 시도한 것도 아닙니다. 그래서 개벽은 '새길'이라고밖에는 달리 표현할 길이 없습니다. 『개벽』 창간호에서는 "조선적 개벽"이라고 하였습니다(「개벽군에게 고함」). 그런데 바로 이런 점이 개벽이 교화와 개화 양쪽으로부터 동시에 부정당한 이유입니다. 새로운 길을 개척하는 쪽은 기존의 길을 가는 쪽으로부터 비정상 취급을 받기 마련이기 때문입니다. 이것은 개벽하는 사람들의 운명이라고 해야 할 것입니다.

> 해월은 쉬지 않고 새끼를 꼬는 이유를 "하늘님이 쉬지 않기 때문"이라고 하였습니다. 하늘님을 진짜 부모처럼 섬긴 사람이 아니라면 쉽게 하기 어려운 말입니다.

개벽적 개화의 추진

최시형의 뒤를 이은 손병희는 또 다른 새로운 길을 걸어갔습니다. 그것은 개벽과 개화를 병행하는 것입니다. 그 일환으로 1905년에 동학을 '천도교'로 개칭합니다. 동아시아적인 '도'에서 서양식 '종교'의 체제로 전환하기 위해서입니다. 그렇다고 해서 천도교가 개벽을 버린 것은 아닙니다. 굳이 말한다면 '개벽적 개화'를 추진했다고 할 수 있습니다. 예를 들면 당시 유행하던 서양의 약육강식적 진화론에 대해서 다음과 같은 천도교적 진화론을 제시한 것이 그러한 예입니다.

> 세계는 강약우열의 자가 서로 협동의 생활을 경영하나니 사회는 무수무수의 관계상에 서로 신뢰하고 서로 보조하는 고로 강자도 약자도 빚질 바 있으며 우수한 자도 열등한 자에 의지할 바 있다.
> (『개벽』 창간호, 「세계를 알라」, 1920)

"우수한 자도 열등한 자에 의지할 바가 있다"는 말은 "하늘도 인간에 의존한다"는 최시형의 천인상여적 세계관을 연상시킵니다. 또는 "하늘이 하늘을 먹는" 기화의 작용으로도 설명이 가능합니다. 가장 힘이 센 사자도 힘이 약한 사슴을 먹음으로써 살아갈 수 있기 때문입니다. 이러한 진화론은 상생적 진화론 또는 협동적 진화론이라고 할 수 있습니다. 비슷한 시기에 원불교에서도 이와 유사한 진화론을 주창하였습니다.

> 강자는⋯ 약자를 강자로 진화시키는 것이 영원한 강자가 되는 길이요, 약자는⋯ 강자의 자리에 이르기까지 진보하여 가는 것이 ⋯ 강자가 되는 길이니라.(『정전』「최초법어」"강자·약자 진화(進化)상 요법")

도덕적 진화론

바로 이런 식의 진화론이야말로 개화파의 서양 수용과 개벽파의 서양 수용의 차이를 잘 보여주고 있습니다. 당시의 일본은 물론이고, 중국의 대표적인 지식인인 양계초(1873~1929)조차도 사회주의 진화론을 수용하고 약육강식의 세계관을 정당화하였습니다. 예를 들면 다음과 같습니다.

> 세계에는 강권이 있을 뿐 그 밖에 다른 힘은 없다. (「신민설」)

> 강자가 언제나 약자를 제어하는 일은 참으로 진화의 최대 공리이다. 그리하여 자유권을 얻으려고 한다면 스스로 강자가 되는 길

외에 다른 방법은 없다. 자기 한 사람을 자유롭게 하려 한다면 자신을 강하게 해야 하며, 한 나라를 자유롭게 하려 한다면 먼저 그 나라를 강하게 해야만 한다.* (「강권에 대해 논함」)

이러한 입장은 아마도 대국의 지식인이었으니까 가능했을 겁니다. 조선과 같은 약소국의 지식인이었다면 쉽게 받아들이기 어려웠을 것입니다. 근현대 한국에서 유독 생명과 평화 사상이 발달한 것은 이러한 이유에서입니다. 항상 생명과 평화가 위협받는 상황에 처해 있었기 때문에 역으로 생명 존중과 평화 애호의 사상이 발달할 수밖에 없었던 것입니다. 오구라 기조 교수의 표현을 빌리면 '도덕지향성'이 발달할 수밖에 없었던 것입니다.

해월은 농부의 손짓과 몸짓 속에서 신성을 발견하였습니다. 기화의 작용이자 생명력의 발현이기 때문에 신성하다는 것입니다. 창조는 노동이 진정으로 긍정될 때 비로소 가능해집니다.

천하에서 세계로

개벽파가 서양을 접함으로써 발견한 개념이 '세계'입니다. 그런데 개벽파의 세계는 서양 중심의 세계가 아닙니다. 그렇다고 해서 전통적인 '천하' 개념처럼 중국 중심도 아닙니다. '한울'이라는 개념이 말해 주듯이 "세계가 한 집안"인 평등하고 동등한 세계입니다. 예를 들어 1947년에 나온 천도교 청우당의 「당지」에서는 다음과 같이 말하고 있습니다.

---

* 이혜경, 「천하에서 국가로」에서 재인용. 2019년 6월 13일 숭실대학교 학술대회 〈근대 전환공간의 인문학: 인문학의 실크로드〉 자료집 74쪽.

이에 따른 세계주의의 필요가 생기게 된다. 세계를 한 집안으로 하고, 각 민족이 공동으로 공존공영의 생활을 도모한다는 것은 실로 나도 살고 너도 사는 보편타당한 진리가 되는 것이다.*

여기에서도 강한 민족이든 약한 민족이든 모든 민족이 함께 번영하는 강자약자의 병진론을 말하면서, 그것을 뒷받침하는 논리로 "세계는 한 집안"이라는 세계관을 강하게 드러냅니다. "세계가 한 집안"이라는 사상은 이후에 원불교에서도 "인류는 한 가족 세상은 한 일터"(1971)라는 대산 김대거의 게송에 잘 드러나고 있습니다.

새끼를 꼬는 성인

간디가 물레를 돌리는 것으로 유명하다면 해월은 새끼를 꼬는 것으로 유명합니다. 해월은 쉬지 않고 새끼를 꼬는 이유를 "하늘님이 쉬지 않기 때문"이라고 하였습니다. 하늘님을 진짜 부모처럼 섬긴 사람이 아니라면 쉽게 하기 어려운 말입니다. 시인 김지하는 이것을 '일하는 한울님'이라고 하였습니다.** 그의 친구 윤노빈은 '하느님'은 '하는 님'이라고 하였습니다.*** 이른바 활동하는 하느님 개념입니다. 최한기 식으로 말하면 '활동운화(活動運化)'하는

---

* 김병제, 이돈화 지음, 『천도교의 정치이념』, 모시는사람들, 2015, 107쪽.
** 김지하, 「일하는 한울님」, 『밥』, 분도출판사, 1984.
*** 윤노빈, 『신생철학』, 학민사, 2003(초판은 1974).

하느님이라고 할 수 있고, 맹자 식으로 말하면 힘을 쓰는 하느님이라고 할 수 있습니다. 맹자는 "마음을 쓰는 자는 남을 다스리고 힘을 쓰는 자는 남에게 다스려진다"고 하였는데, 최시형의 경우에는 오히려 힘을 쓰는 쪽이 하느님에 가까운 것입니다.

요즘 식으로 말하면 '노동하는 하느님'이라고 할 수 있습니다. 하느님은 인간의 노동을 통해서 자신의 신성을 드러냅니다. 최시형은 인간이 땅을 경작하고 밥을 짓는 행위를 통해서 하느님의 조화가 드러난다고 하였습니다. 주지하다시피 조선시대에 노동은 천시되고 있었습니다. 조선시대뿐만 아니라 유학이 본래 그러한 입장을 취하고 있습니다. 독서나 서예와 같은 정신노동만이 숭고한 노동으로 인정받았습니다. 그렇다고 해서 그 정신노동이 '작(作)'을 하는 것도 아니었습니다.

반면에 해월은 농부의 손짓과 몸짓 속에서 신성을 발견하였습니다. 저 땀 흘려 일하는 농부의 모습이 바로 하느님이라는 것입니다. 장자식으로 말하면 포정과 같은 백정의 손놀림에서 '도'를 발견한 것과 유사합니다. 그렇다고 해서 노동을 경제적 성장이나 효율성의 측면에서 찬양한 것도 아닙니다. 기화의 작용이자 생명력의 발현이기 때문에 신성하다는 것입니다. 창조는 노동이 긍정될 때 비로소 가능해집니다. 마지못해 하는 노동에서는 창조가 나오기 어렵습니다.

생각하는 하느님

최시형의 천인상여의 또 다른 의미는 여기에 있습니다. 인간의 노동을 신성의 표현으로 보는 관점을 열어주고 있는 것입니다. 만약에 이러한 노동관을 가진 자본주의라면 천민(賤民)자본주의가 아니라 천민(天民)자본주의라고 해야 하지 않을까요? 노동자가 천민(賤民)이 아닌 천민(天民)으로 대접받기 때문입니다. 물론 반대로 노동자가 "이천식천"이나 기화의 법칙을 무시하게 되면 그 또한 천민(賤民)이 될 것입니다.

이런 식으로 생각해 나가면 단지 농부의 노동뿐만 아니라 장인이 뭔가를 만드는 것도 하느님의 조화에 해당합니다. 댄서가 춤추고 가수가 노래하는 것도 하느님의 표현입니다. 그래서 예술적으로 뭔가를 '창조하는 하느님' 개념이 가능해집니다. 그리스도교의 하나님/하느님도 천지를 창조하신 하느님이었습니다. 그 창조 행위를 모방하는 인간의 창조도 신적인 행위가 되는 것입니다. 이것이 서양의 디자인(design) 개념입니다. 일종의 '생각하는' 하느님이라고 할 수 있습니다. 공자 식으로 말하면 '작'하는 하느님이고, 동학적으로 말하면 '개벽하는' 하느님입니다.

동학과 개벽이 오늘날 우리에게 주는 메시지는 이것이라고 생각합니다. 그것은 우리 역사상 창조적으로 '사유한' 최초의 사례입니다. 우리가 '생각하는 하느님'이 되어 본 본격적인 시작입니다. 20세기의 철학자 윤노빈은 당시의(1974) 한국 철학계를 "남이 낸 문제를 푸는 노예"와 다르지 않다고 했습니다. 최시형 식으로 말하면 스스로 생각하는 하느님이기를 포기했다는 것입니다. 이것은 다시개벽의 후퇴라고 하지 않을 수 없습니다.

오늘날 우리가 혁명이 아닌 개벽에 주목해야 하는 이유는 여기에 있습니다. 혁명이 권력을 교체하는 것이라면 개벽은 사고를 전환하는 것입니다. 술에서 작으로 사유의 스위치를 전환하는 것이 개벽입니다. 그것은 우리 안의 신성을 발견하는 일이자 신성을 발현시키는 일입니다.

원불교

진리는 둥글다

라이프스타일을 개벽하자

일제강점기에 동학과 마찬가지로 '개벽'을 슬로건으로 하는 또 다른 공동체운동이 일어났는데 그것이 바로 원불교입니다. 원불교는 처음에는 '불법(佛法)연구회 기성조합'이라는 이름으로 시작되었습니다. 불교를 교리의 근본으로 삼았기 때문입니다. 그러나 그 세계관은 천지(天地)라는 동아시아적 우주론에 바탕을 두고 있습니다. 그리고 그것이 지향하는 바는 "하나 된 세계를 만들자"고 하는 개벽운동입니다. 이때 '하나 된'을 도형으로 형상화한 것이 원(圓)이고, 개념화한 것이 '한울'입니다. 그런 의미에서 원불교는 개벽불교, 천지불교, 한울불교 등으로 바꿔 말할 수 있습니다.

불법연구회를 창시한 철학자는 소태산 박중빈(少太山 朴重彬)입니다. 소태산은 1916년, 그의 나이 26세에 깨달음을 얻고서 민족과 인류를 구원하기 위한 새로운 운동을 시작했습니다. 그런데 소태산이 대각(大覺)을 하고서 제일 먼저 한 일은 뜻밖에도 협동조합운동입니다. 가르침을 설파하거나 종교교단을 설립한 것이 아니라 저축조합을 만들어서 금주금연, 허례폐지, 미신타파, 근검저축 등의 생활개선운동을 시작한 것입니다. 이렇게 1년 동안 협동조합운동을 해서 모은 돈으로 이듬해에는 간척사업에 착수

합니다(1918). 갯벌을 막아서 26,000평에 이르는 농지를 만든 것입니다.

이처럼 원불교는 보통의 종교와는 시작부터 달랐는데, 바로 이점이야말로 원불교가 종래의 유·불·도 삼교(三敎)와 구분되는, 나아가서는 다른 개벽종교와도 차이나는 가장 큰 특징입니다. 새로운 종교운동을 교리의 설파나 기적의 실현이 아니라 생활개선과 경제자립에서 시작한 것입니다. 새로운 세상을 여는 개벽운동을 가장 평범한 일상에서 시작한 것입니다.

소태산의 뒤를 이어 원불교를 이끈 정산 송규(鼎山 宋奎, 1900~1962)가 원불교를 '실학'이나 '실천 실학'이라고 한 것도 이러한 점과 무관하지 않습니다(1937).* 해방 이후에 원불교학의 토대를 닦은 원광대학교의 류병덕(1930~2007) 교수는 조선후기의 실학을 '이론실학'이라고 하여 원불교의 '실천실학'과 구분했습니다(1991).** '이론실학'이란 양반 사대부들이 이론적인 개혁론만 내놓았을 뿐, 실제로 민중의 삶 속에 들어가서 그들과 함께[與民] 생활운동을 한 실학은 아니라는 뜻입니다. 반면에 소태산은 간척사업과 협동조합까지 했으니까, 조선시대의 양반들로서는 도저히 흉내조차 내기 어려운 실학을 한 셈입니다.

---

* 박정훈 편저, 『한 울안 한 이치에』, 원불교출판사, 1987(증보판), 218쪽; 『정산종사법어』 제2부 법어, 제2 「예도편」 2장.
** 류병덕, 「소태산의 실천실학 - 조선후기 실학과 대비하여」, 『(석산 한종만박사 화갑기념) 한국사상사』, 원광대학교출판국, 1991, 1226쪽 각주3).

민중들의 실학운동

그런 의미에서 조선후기의 실학을 '양반실학', 원불교의 실학을 '민중실학'이라고도 할 수 있습니다. 민중들 사이에서 자발적으로 일어난 실학운동이라는 뜻입니다. 비슷한 맥락에서 1970년대에 정부에서 추진한 새마을운동이 '위로부터의 실학운동'이었다고 한다면, 원불교는 '아래로부터의 실학운동'이었다고 할 수 있습니다. 다만 새마을운동이 경제적 자립에 치중한 실업실학 또는 실용실학이었다면, 원불교는 정신수양까지 겸비한 도덕실학, 실심실학이라는 차이가 있습니다. 실심실학은 조선후기의 유학자들이 썼던 개념으로, 지금 식으로 바꾸면 '도덕적 실학'이라고 할 수 있습니다.

그래서 원불교의 실학은 반은 조선후기와, 반은 20세기 한국과 걸쳐 있습니다. 도덕을 추구하는 실학이었다는 점에서는 조선후기의 실학론의 연장선상에 있지만, 그것이 이론적 차원에 머물지 않고 실천이 동반된 경제운동이었다는 점에서는 한국의 새마을운동과 유사합니다. 원불교의 이러한 양면적 측면이야말로 한국역사에서의 원불교의 위치를 잘 설명해 줍니다. 그것은 조선이라는 전통과 한국이라는 현대를 매개하는 일종의 가교와 같은 역할입니다. 전통의 요소도 있고 현대의 요소도 있는, 마냥 현대적이기만 하지도 않고 마냥 전통적이기만 하지도 않은, 이 묘한 성격이야말로 개벽종교의 특징입니다. 원불교는 이 묘한 성격이 '실학'이라는 측면에서 드러나고 있는 것입니다.

전통의 요소도 있고 현대의 요소도 있는, 마냥 현대적이기만 하지도 않고 마냥 전통적이기만 하지도 않은, 이 묘한 성격이야말로 개벽종교의 특징입니다.

현실이 참 경전이다

원불교의 실학 정신은 단지 생활운동뿐만 아니라 종교사상에서도 찾아볼 수 있습니다. 가령 소태산은 '경전'에 대해서 다음과 같이 말합니다.

> 그대들 가운데 누가 능히 끊임없이 읽을 수 있는 경전을 발견하였는가? 세상 사람들은 사서삼경(四書三經)이나 팔만 (대)장경이나 기타 교회의 서적들만이 경전인 줄로 알고 현실로 나타나 있는 큰 경전은 알지 못하나니 어찌 답답한 일이 아니리요. 사람이 만일 참된 정신을 가지고 본다면 이 세상 모든 것이 하나도 경전 아님이 없나니, 눈을 뜨면 곧 경전을 볼 것이요, 귀를 기울이면 곧 경전을 들을 것이요, 말을 하면 곧 경전을 읽을 것이요, 동하면 곧 경전을 활용하여 언제 어디서나 조금도 끊임없이 경전이 전개되나니라. 무릇, 경전이라 하는 것은 일과 이치의 두 가지를 밝혀 놓은 것이니 … 일과 이치가 글에 있는 것이 아니라 세상 전체가 곧 일과 이치 그것이니 … 세상은 일과 이치를 그대로 펴놓은 경전이라, … 그런다면 이것이 산 경전이 아니고 무엇이리요. 그러므로 나는 그대들에게 많고 번거한 모든 경전을 읽기 전에 먼저 이 현실로 나타나 있는 큰 경전을 잘 읽도록 부탁하노라. (『대종경』 제3 「수행품」 23장)

『대종경』은 소태산의 언행을 기록한 경전으로, 유학으로 말하면 『논어』와 같은 문헌입니다. 여기에서 소태산은 '산 경전론' 또는 '현실경전론'을 설파하고 있습니다. 이러한 경전론은 "성인의 경전은 찌꺼기나 발자국에 불과하다"는 장자의 경전론이나, "현실이라는 커다란 책"을 읽기 위해 대학을 그만두고 세상구경을 떠난 데카르트의 학문관, 또는 한국과 중국의 말소리가 다르다는 현실인식에서 한글을 창제한 세종의 실학 정신과 상통합니다. 모두 '지금 여기'라는 현실을 텍스트로 삼아서 종교와 철학과 정치를 한 인물들입니다.

세계는 하나의 기운이다

원불교는 이러한 실사구시(實事求是)의 정신, 현실 중시의 태도를 신앙의 차원으로까지 밀고 나갔습니다. '진리적 종교의 신앙'이라는 표현이 그것인데, 신앙의 대상을 진리를 깨달은 '사람'이 아니라 '진리' 그 자체로 삼는다는 뜻입니다. 원불교가 명칭 상으로는 '불교'를 표방하면서도 불상을 숭배하지 않는 것은 이러한 이유에서입니다. 불상 대신 창시자가 깨달은 진리를 신앙의 대상이자 수행의 표준으로 삼고 있는 것입니다.

그 진리를 상징하는 것이 바로 '동그라미'입니다. 원불교 교당이나 관련 건물을 보면 벽 한가운데에 은빛 또는 금빛으로 된 '동그라미'가 걸려 있는 것을 볼 수 있는데, 소태산이 깨달은 진리를 상징하고 있습니다. 원불교의 원(圓)은 이 동그라미의 한자어 표현이고, '하나의 동그라미'라는 뜻에서 '일원(一圓)'이라고도 합니다. 동그라미는 한 울타리, 비어 있음, 순환 등의 의미를 나타냅니다. 이 세상은 커다란 하나의 울타리로, 본래 너와 남의 구분이 없이 끊임없이 돌고 도는데, 이 이치를 깨달으려면 마음이 텅 비어 있어야 한다는 것입니다.

정산 송규는 이것을 동기(同氣)라고 했습니다. '동기'는 "기운을 함께 한다"는 뜻으로, 모든 존재가 하나의 기운에서 나온 형제와 같다는 뜻입니다. 정산을 이어서 원불교를 이끈 대산 김대거(大山 金大擧, 1914~1998)는 소태산의 일원(一圓)과 정산의 동기(同氣)를 한 글로 '한 울'이라고 표현했습니다. '한 울'은 '하나[ㅡ]의 커다란[大] 울타리'라는 뜻입니다. 모든 존재가 거대한 하나의 울타리 안에 있는 형제이자 동포라는 뜻입니다. 결국 표현은 조금씩 달라도 의미하는 바는 같습니다. 모든 것이 '하나'라는 것입니다. 이것은 동학을 창시한 최제우가 우주를 '일기(一氣)', 즉 '하나의 기운'이라고 한 것과도 상통합니다.

이웃의 동상을 세우자

이 '하나'의 세계관은 원불교의 교리 곳곳에 스며들어 있습니다. 대표적인 것이 원불교의 종교관입니다. 원불교에서 세운 원광대학교 한복판에는 수덕호라는 호수가 있는데, 이 호수의 둘레에는 동상이 4개 세워져 있습니다. 예수, 공자, 붓다, 소크라테스. 이른바 인류의 '사대성인'입니다. 그러나 원불교 창시자의 동상은 어디에도 없습니다. 대개 기독교에서 세운 대학에는 예수의 동상이 있고, 천주교에서 세운 학교에는 성모 마리아의 동상이 있기 마련인데, 원불교에서 세운 대학에는 창시자인 소태산의 동상이 없습니다. 자기를 세우지 않고 남을 세운 셈입니다. 공자가 『논어』에서 "자기가 서고 싶으면 먼저 남을 세우라"고 한 것과 상통합니다. 최치원의 말로 하면 '포함사교(包含四教)'의 풍류라고 할 수 있고, 장자의 개념을 빌리면 자기를 비워서 상대를 대하는 '허심응물(虛心應物)'에 해당합니다. 이것이 원불교의 '원'의 정신입니다. '원'은 텅 비어 있는 마음을 상징합니다.

원불교에서 말하는 회통주의는 각각의 종교가 궁극적으로 동일한 진리를 말하고 있다는 함축을 지니고 있습니다. 그리고 그 동일한 진리란 "모든 것은 하나이다"라는 '하나주의'입니다.

개벽의 문을 열자

마음이 비어 있어야 새로운 세계를 향해 열려 있을 수 있습니다. 개벽의 문이 열리게 되는 것입니다. 이 문이 열리면 미지의 세계와도 통할 수 있습니다. 원불교에서는 처음부터 이 문이 열려 있었다고 보고 있습니다. 다만 풍습과 문화가 달라서 문이 닫히게 되었다는 것입니다. 한 어미에서 나온 종교라는 자식들이 오래도록 떨어져 살다 보니까 본래 한 형제인 줄을 모르고 있다는 것입니다. 일종의 '이산종교'가 된 것입니다.

이런 관점에서 소태산은 "세상의 모든 종교는 하나로 통한다"고 하였고, 정산은 그것을 사자성어로 '동원도리(同源道理)'라고 하였습니다. 대산은 이런 종교관에 입각해서 '종교연합기구' 창설을 제창했습니다(1984). 국가들이 연합하는 국제연합(UN)이 아니라 종교들이 연합하는 종교연합(UR)입니다. 수레는 두 바퀴가 있어야 굴러 가듯이, 세계평화 또한 정치연합이라는 하나의 바퀴만으로는 실현되지 않고, 종교연합이라는 또 하나의 바퀴가 뒷받침되어야 비로소 달성될 수 있다는 것입니다. 이것은 "정치와 종교는 한 마음"이라고 하는 정산의 정교동심론(政敎同心論)의 구체적인 실천 방안을 제안한 것입니다.

다원주의와 회통주의

"모든 종교는 하나로 통한다"는 소태산의 종교융통론 또는 종
교회통론은 서양의 이른바 종교다원주의와는 다릅니다. 종교다
원주의는 'Pluralism'이라는 말로부터 알 수 있듯이, 각각의 종교
가 그 나름대로의 진리를 설파하고 있고, 그 진리에 따르면 구원
에 이를 수 있다는 뜻입니다. 그래서 다원주의는, 비유하자면 각
각의 종교를 구원에 이르는 저마다의 처방책으로 인정하자는 입
장입니다. 그런 의미에서 다원주의는 동아시아적으로 말하면 '다
교주의'(多教主義)라고 번역될 수 있습니다. 유·불·도 삼교가 저
마다 성인에 이르는 길을 설파하고 있다고 보는 것입니다. 이것
을 보통 삼교조화론 또는 삼교일치론이라고 부릅니다.

그러나 서양의 다원주의에는 각 종교들이 또는 각 '교'들이 서
로 통한다는 의미는 들어 있지 않습니다. 그것들이 각각 약으로
서의 효능을 지니고 있다는 것을 말하고 있을 뿐입니다. 반면에
원불교에서 말하는 회통주의는 각각의 종교가 궁극적으로 동일
한 진리를 말하고 있다는 함축을 지니고 있습니다. 그리고 그 동
일한 진리란 "모든 것은 하나이다"라는 '하나주의'입니다. 비유적
으로 말하면 각각의 종교 또는 '교'라는 처방책에 따르면 "세계가
하나이다"라는 깨달음에 이를 수 있다는 것입니다.

종교는 많을수록 좋다

원불교의 이런 종교관을 밀고 나가면 가능하면 처방책을 많이 가지면 가질수록 좋다는 결론에 도달하게 됩니다. 달리 말하면 내가 많은 종교를 가지고 있으면 있을수록 좋다는 생각에 이르게 됩니다. 반면에 다원주의는 내가 신앙하지 않는 종교도 종교로 인정하자는 입장이지, 내 안에 타종교도 받아들이자는 차원까지는 나아가지 않습니다. 원광대학교 식으로 말하면 다른 학교에 있는 다른 종교의 동상을 훼손하지 말고 그것도 하나의 동상으로 인정하자는 입장이지, 자기 학교 안에 다른 종교의 동상까지 세우자는 입장은 아닙니다. 이것이 서양의 다원주의와 원불교의 회통주의의 차이입니다.

원불교의 이러한 회통적 종교관은 실제로 초기 원불교의 지도자였던 조옥정(1876~1957)이라는 인물에게서 확인할 수 있습니다. 조송광이라고도 하는 이 분은 구한말에 유학자로 태어나서 동학농민혁명 때에는 동학군이 되어 일제와 싸우고, 이후에는 기독교를 신앙하여 오랫동안 장로를 역임하다가, 마지막에는 원불교에 귀의한 인물입니다. 한 사람 안에 여러 개의 종교적 경험이 축적되어 있는 셈입니다.

그런데 조옥정이 원불교에 귀의하자 기독교 측에서 다음과 같은 비판을 합니다: "당신은 어째서 하나의 종교에 머물지 못하고 여기 저기 왔다 갔다 하는가?" 이에 대해 조옥정은 다음과 같이 반문합니다: "손이 한 개인 것보다는 두 개가 낫고, 발이 하나인 것보다는 두 개가 낫지 않은가?" 달리 말하면 종교도 하나만 갖고

> 불교가 나를 없애서 세상과 하나 되고자 한다면, 원불교는 반대로 나를 확장해서 세상과 하나 되고자 합니다. 그것이 '대아(大我)' 개념입니다.

있는 것보다는 여러 개를 갖고 있는 것이 좋지 않으냐는 말입니다. 다다익선(多多益善)이 아니라 다교익선(多敎益善)이라고 할 수 있습니다.

여기에서 조옥정은 종교적 아이덴티티는 단수보다는 복수일수록 좋다는 종교관을 피력하고 있습니다. 신라시대로 말하면 한 명의 화랑 안에 유교와 불교와 도교라는 세 개의 '교'가 모두 들어있는 것과 마찬가지입니다. 조옥정의 이런 종교관을 형상화한 것이 원광대학교에 있는 사대성인상입니다. 이러한 종교관은 근원을 추적해 들어가면 신라시대의 풍류도에까지 거슬러 올라갈 수 있습니다.

천하가 내 집이다

원불교가 지향하는 하나의 세계관 또는 일원주의는 비유적으로 말하면 "세계를 한 집"으로 보는 입장입니다. 실제로 정산은 우주를 '한 울'이라고 하였고, 대산은 '한 집안'이라고 하였습니다. 이러한 발상은 사상적으로 보면 불교적이라기보다는 동아시아적이라고 생각됩니다. 불교는 애당초 '내 집'이라고 할 만한 것이 없다는 입장입니다. 왜냐하면 불교는 기본적으로 무아(無我) 사상에서 출발하기 때문입니다. 그래서 이론적으로 말하면 '내 것'이라고 할 만한 것이 이 세상에는 아무것도 없습니다. 심지어는 나조차도 내 것이 아닙니다. '나' 자체가 없으니까 '나의 것'도 없는 것입니다.

반면에 원불교의 일원주의는 우주가 내 집이라고 보는 입장입니다. 무아(無我)라기보다는 개아(皆我)나 대아(大我)라고 할 수 있습니다. "모두가 나이다"(皆我) 또는 "우주처럼 큰 나"(大我)라는 뜻입니다. 그래서 불교가 나를 없애서 세상과 하나 되고자 한다면, 원불교는 반대로 나를 확장해서 세상과 하나 되고자 한다고 할 수 있습니다. 방향은 정반대이지만 도달하고자 하는 바는 같습니다.

물론 원불교도 불교를 출발점으로 삼기 때문에 기본적으로 무아적 요소는 깔려 있습니다. 다만 궁극적으로 일원주의를 지향한다는 점에서는 대아적 사유에 가깝다고 할 수 있습니다. 조옥정식으로 말하면, 무교(無敎)라기보다는 대교(大敎)의 입장을 취합니다. 종교라는 개념 자체가 공(空)하다고 보고, 그것에 대한 집착을 경계하기보다는, 모든 종교를 다 자기 종교라고 여김으로써 전부 수용하는 방식을 취하고 있는 것입니다.

천하를 천하에 숨기다

원불교의 대아적 사유는 장자의 세계관과 상통합니다. 장자는 "천하를 천하에 숨긴다"(藏天下於天下, Hiding the world in the world)는 유명한 말을 남겼습니다. 자기 집만을 집으로 아는 사람은 귀중품이 생기면 도둑이 들어와서 훔쳐갈 것을 두려워합니다. 하지만 천하를 자기 집으로 여기는 사람은 귀중품이 생겨도 도둑맞을 것을 걱정하지 않습니다. 세상이 다 자기 집이기 때문에 그것이 어디에 있든 상관없다는 태도입니다. 이런 사람은 세상을 돌아다니는 것을 마치 자기 집을 돌아다니는 것처럼 생각합니다. 이것이 장자가

장자와 마찬가지로 원불교에서도 자유를 최고의 경지로 여깁니다. 원불교 경전을 읽다 보면 "마음의 자유", "심신의 자유", "영혼의 자유", "자유의 정신", "자유로운 마음", "자유자재"와 같은 표현이 곳곳에 나옵니다.

생각하는 '자유'입니다.

장자가 보기에 이런 경지에 이른 자라야 진정으로 자유롭다고 할 수 있습니다. 그래서 장자가 생각하는 자유는 세상으로부터 벗어나는 것이 아니라 세상과 하나 되는 것입니다. 세상으로부터의 단절이 아니라 세상과의 일체를 통해서 자유를 획득합니다. 마치 파도타기 선수가 파도와 하나 될 때 능수능란하게 파도를 탈 수 있듯이, 나와 세상이 하나 될 때 세상이라는 파도를 자유자재로 탈 수 있다는 것입니다. 이처럼 장자는 자유를 응물(應物), 즉 "외물에 대한 대응"과의 관계 속에서 생각합니다. 불교가 외물에 대한 집착에서 벗어날 것을 말한다면, 그리고 그것이 마음의 자유라고 말한다면, 장자는 외물에 대한 대응이 자유로운 것이 진정한 자유라고 말하고 있습니다.

원불교에서의 자유

장자와 마찬가지로 원불교에서도 자유를 최고의 경지로 여깁니다. 원불교 경전을 읽다 보면 "마음의 자유", "심신의 자유", "영혼의 자유", "자유의 정신", "자유로운 마음", "자유자재"와 같은 표현이 곳곳에 나옵니다. 소태산-정산-대산의 법문집을 검색해 보면 230여 차례에 달하는 '자유'의 용례가 보입니다. 그리고 하나같이 수양의 궁극적인 목적은 자유심(自由心)에 이르는 것이라고 합니다. 아울러 바로 이것이 성인의 경지라고 말합니다.

원불교에서 말하는 자유가 과연 어떠한 경지를 의미하는지, 그리고 그것이 장자나 불교에서 말하는 자유와 어떤 차이가 있는지는 깊게 연구해 보아야 하는 주제입니다. 다만 제가 잠깐 살펴본 바로는 장자적 자유와 불교적 자유가 혼합되어 있는 느낌입니다. 즉 나를 없애서 집착을 없애는 방법도 말하는가 하면, 나를 확장해서 세상과 하나 되는 경지도 말합니다. 전자가 불교의 무아(無我)에 해당한다면, 후자는 장자의 대아(大我)라고 할 수 있습니다. 전자가 원불교에서 '불'(佛)적인 요소라고 한다면, 후자는 '원'(圓)적인 부분이라고 할 수 있습니다.

천지를 따르는 자유

예를 들어 정산이나 대산이 말하는 '한 울'이나 '한 집안'은 나와 너의 경계를 허물어 감으로써 내가 세계와 하나 되고, 그것을 통해서 자유에 도달하는 방식입니다. 소태산은 자연의 이치, 즉 천리(天理)와 하나 됨으로써 자유를 얻는 방식도 말하고 있습니다. 이것은 대단히 동아시아적이라고 할 수 있는데, 예를 들면 다음과 같습니다.

생사라 하는 것은 마치 사시가 순환하는 것과도 같고, 주야가 반복되는 것과도 같아서, 이것이 곧 우주 만물을 운행하는 법칙이요 천지를 순환하게 하는 진리라, 불보살들은 그 거래(去來=오고 감)에 매하지(얽매이지) 아니하고 자유하시며, 범부 중생은 그 거래에 매하고(얽매이고) 부자유한 것이 다를 뿐이요, 육신의 생사는 불보살이나 범부 중생이 다 같은 것이니, 그대들은 또한 사람만 믿지 말고 그 법을 믿으며, 각자 자신이 생사 거래에 매하지 아니

하고 그에 자유할 실력을 얻기에 노력하라. (『대종경』 제15 「부촉품
(附囑品)」 14장)

여기에서 소태산은 생사의 오감[去來]에 얽매인 상태를 부자유
의 상태라고 보고, 그 부자유에서 벗어날 수 있는 마음의 힘을 기
르라고 말하고 있습니다. 불교 같으면 생(生)은 생 그 자체로 공
(空)하고, 사(死)는 사 그 자체로 공(空)하기 때문에 생이든 사이든
얽매일 필요가 없다고 말할 것입니다. 그런데 소태산은 생사가 천
지의 법칙이기 때문에 그것에 따를 때에 진정한 자유를 얻는다고
말하고 있습니다. 이것은 대단히 장자적인 발상입니다. 원불교에
이런 요소가 보이는 것은 그것이 동아시아에서 탄생한 불교이기
때문입니다.

자유평화의 문명세계

한편 정산은 자유를 원불교의 핵심가치인 개벽과 관련지어 말
하고 있습니다. 소태산이 말한 정신개벽의 궁극적인 목적은 다름
아닌 자유평화의 세계를 건설하는 데 있다는 것입니다.

(대종사께서) '물질이 개벽되니 정신을 개벽하자' 하신 제생의세(濟
生醫世)의 대이상을 이 지상에 실현하기 위하여 … 먼저 각자의 정
신개벽에 노력하여 마음 중생의 제도(濟度)와 마음 세계의 치료에
끊임없이 정진하는 동시에 … 우리가 다 같이 바라는 마음의 자유
에 의한 대자유 세계와, 마음의 평화에 의한 대평화 세계와, 마음

의 문명에 의한 대문명 세계를 건설하여, 영육이 쌍전하고 이사가 병행하는 일대 낙원에 모든 동포가 함께 즐기자. (『정산종사법어』 제2부 법어(法語) 제4「경륜편(經綸編)」 19장)

여기에서 정산은 각자 정신개벽에 힘써 자유평화의 문명세계를 건설하자고 역설하고 있습니다. 도법스님이 생명평화를 말했다면, 정산종사는 자유평화를 말하고 있습니다. 같은 불교 계열이고 같이 평화를 지향하는데, 한쪽은 생명에 의한 평화를, 다른 한쪽은 자유에 의한 평화를 말하고 있습니다. 시대적 차이에서 기인하는 것일 수도 있습니다. 원불교가 탄생한 시기는 일제강점기인 반면에, 도법스님이 활동한 시기는 과학과 자본에 의한 물질문명이 극도로 발달한 시기이기 때문입니다.

생명과 자유와 평화의 가치를 한마디로 하면 '살림'이라고 할 수 있습니다. 생명을 살리고 마음을 살리는 것이 평화로 가는 길이기 때문입니다. 원불교의 가장 큰 특징이자 장점은 마음을 살리기 위한 프로그램, 이른바 수양학이 대단히 발달해 있다는 점입니다.

그러나 오늘날 우리가 당면한 현실을 보면 생명과 자유와 평화는 어느 하나도 빼놓을 수 없는 가치입니다. 하나같이 개벽의 궁극적인 과제로 삼을 만합니다. 근대 문명은 반생명적인 과학과 전쟁으로 점철되었습니다. 한살림과 도법스님의 문제의식은 여기에서 출발합니다. 식민지와 냉전시대를 거친 우리의 마음은 여전히 자유롭지 못합니다. 권위에 짓눌려 있고 트라우마에 시달리고 있습니다. 마음이 자유롭지 못한 상태에서 진정한 평화는 기대하기 어렵습니다.

살림학 프로그램

생명과 자유와 평화의 가치를 한마디로 하면 '살림'이라고 할 수 있습니다. 생명을 살리고 마음을 살리는 것이 평화로 가는 길이기 때문입니다. 원불교의 가장 큰 특징이자 장점은 마음을 살리기 위한 프로그램, 이른바 수양학이 대단히 발달해 있다는 점입니다. 불교적 물음(의두), 유교적 격물치지(사리연구), 도교적 단전호흡(단전주법) 등을 원불교 식으로 수용하고 있습니다. 개벽종교 중에서 가장 수양학에 중점을 두고 있습니다.

이 외에도 회화나 강연 또는 일기쓰기 같은 프로그램이 있는데, 이것은 오늘날로 말하면 인문학 프로그램과 다를 바 없습니다. 다만 차이가 있다면 원불교의 프로그램은 단순히 교양교육을 목적으로 하는 것이 아니라, 마음수양이라고 하는 전통 시대 동아시아의 학문 전통을 계승한다는 점입니다. 즉 원불교의 인문학 프로그램은 일종의 수양 프로그램입니다.

원불교에서는 마음살림뿐만 아니라 생활살림도 중시합니다. 서두에서 소개했듯이, 원불교의 출발이 금주금연, 허례폐지, 미신타파, 근검저축과 같은 생활개선운동이었다는 사실이 그 증거입니다. 불교적으로 말하면 악습을 끊은 훈련이라고 할 수 있고, 유교적으로 말하면 경제자립을 추구하는 실학운동이라고 할 수 있습니다. 오늘날 중시되는 '일회용 안 쓰기 운동'이나 '지구 살리기 운동'도 넓은 의미로 보면 생활개선운동이나 생활살림운동에 해당합니다. 맹자가 "항산(恒山)이 없으면 항심(恒心)이 없다"고 했듯이, 생활살림은 마음살림의 기초가 됩니다. 다만 맹자에서는 위정자가 항산(경제력)을 제공해 준다고 한다면, 원불교에서는 민중이 스스로 항산을 확보한다는 차이가 있습니다.

수양의 대중화

그런데 전통시대에는 이러한 인문교육은 대부분 양반이나 사대부와 같은 이른바 지배층이나 지식인층에 한정되어 있었습니다. 그런데 원불교에서는 여성이나 농민과 같이 그동안 소외되었던 이들도 이 프로그램으로 교육시켰습니다. 이것이 원불교의 또 다른 개벽입니다. 즉 인문교육의 대중화입니다. 공자도 『논어』에서 "가르치는 데 구별을 하지 않는다"(有敎無類)고 하였는데, 그 대상이 어디까지 미쳤는지는 알 수 없습니다. 원불교의 경우에는 심지어 기생도 포함되어 있습니다. 그것도 창시자인 소태산이 직접 지도를 합니다.

그런 의미에서 원불교는 종교이기보다는 학교로 출발했다고 할 수 있습니다. 소태산은 일제강점기에 '개벽학당'이라고 할 수 있는 '소태산학당'을 연 것입니다. 원불교 용어 중에 '교(敎)'라는 글자가 많이 들어 있는 것도 원불교의 특성을 말해줍니다. 경전을 '교전(敎典)'이라고 하고, 성직자를 '교무(敎務)'라고 부르며, 원불교 신앙자를 '교도(敎徒)'라고 말합니다. 초기 원불교에서 재가와 출가의 구분은 지금처럼 전문 성직자인가 아닌가에 의해 결정된 것이 아니라, 단지 '소태산학당'에 기숙을 하는 기숙사생이냐 아니면 집에서 통학하는 학생이냐에 따른 구분에 불과했습니다.

자기를 표현하는 훈련

소태산학당에서는 지금까지 단 한 번도 대중 앞에서 말을 해본 적이 없는 여성들에게까지도 말을 시켰습니다. 지금으로 말

원불교에서는 여성이나 농민과 같이 그동안 소외되었던 이들도 인문학 프로그램으로 교육시켰습니다. 이것이 원불교의 또 다른 개벽 운동입니다.

하면 앞에 나가서 발표를 시킨 셈입니다. '강연'이라고 하는 프로그램이 그것입니다. 당시로서는 혁명적인 일이었습니다. 그래서 강연 순서가 돌아오면 두려워서 학당에 안 나오는 사람도 있었을 정도라고 합니다. 강연에 더해서 대화 프로그램도 있습니다. '회화'라는 과목이 그것입니다. 회화는 일종의 집단 대담 같은 것으로, 자기 생각을 객관화시키고 상대방의 생각을 경청하는 훈련입니다.

회화나 강연이 자기를 표현하는 훈련이라면 일기는 자기를 돌아보는 연습입니다. 원불교에서는 기도만으로는 죄가 사해지지 않습니다. 자기가 자기를 돌아보아서 자신의 습관을 고쳐나가야 죄가 사해집니다. 그런 점에서 동아시아의 수양 전통을 잇고 있습니다. 아마도 원불교가 그 전통의 마지막 주자일 것입니다. 원불교처럼 유불도의 수양 전통을 종합한 근현대 종교도 드물기 때문입니다.

이처럼 원불교의 인문학 프로그램은 '자기'에 초점이 맞춰져 있습니다. 자기를 표현하고, 자기를 객관화하고, 자기를 돌아보고, 자기를 비우고, 자기를 자유롭게 하고…. 그런 의미에서 원불교의 수양학은 자기를 발견하고 찾아가는 프로그램입니다. 이것이 원불교에서 말하는 정신개벽입니다. 원불교학은 이런 정신개벽으로 가는 로드맵을 제시하는 수양 프로그램입니다. 반면에 유교의 인문학 프로그램은 경전학습과 시문창작과 역사교육을 강조합니다. 성현의 말씀과 선학의 문학과 역사적 사례를 습득하는 것이 중요합니다. 그런 의미에서 유교는 전통을 중시하는 인문교육이라고 할 수 있습니다.

자기로부터의 개벽

개벽종교의 공통점은 한 사람 한 사람의 자기개벽에서 공동체의 사회개벽, 나아가서는 전체의 천지개벽을 도모한다는 점에 있습니다. 동학에서 "사람이 하늘이다"라고 했을 때의 사람은 '인간 일반'이라는 의미도 있지만, 구체적인 한 사람 한 사람을 가리키기도 합니다. 예를 들어 여인이 베틀 짜는 소리, 새가 지저귀는 소리가 다 하늘님의 소리라는 것은 한 사람 한 사물의 소리를 소중히 여긴다는 뜻입니다. 인간의 동작 하나 하나가 하늘님의 조화라고 하는 최시형의 말은 각자의 몸짓 하나 하나가 다 의미있다는 뜻입니다. 최시형의 향아설위(向我設位) 설법에는 이러한 사상이 담겨 있습니다.

원불교 역시 마찬가지입니다. "모두가 활불(活佛)"이라고 해서, 한 사람 한 사람을 부처님이라고 생각합니다. 달리 말하면 모두가 개벽의 주체라는 말이고, 모두를 개벽의 주체로 모시라는 뜻입니다. 바로 이 점이야말로 개벽종교의 가장 개벽적인 요소입니다. 성인 중심에서 만인 중심으로의 이동입니다. 모두가 하늘이고 모두가 부처라는 것은 모두가 중심이라는 뜻입니다. 뒤집어 말하면 어느 하나도 중심 아닌 것이 없다는 말입니다.

이 중심 없는 중심 또는 모두가 중심이라는 생각을 동학에서는 하늘로, 원불교에서는 일원(一圓)으로 표현했습니다. 이로써 이제 주변인에 머물렀던 이들도 당당하게 개벽의 주체로 거듭날 수 있

원불교 역시 "모두가 활불(活佛)"이라고 해서, 한 사람 한 사람을 부처님이라고 생각합니다. 달리 말하면 모두가 개벽의 주체라는 말이고, 모두를 개벽의 주체로 모시라는 뜻입니다.

게 되었습니다. 한국 근현대사에 개벽 운동이 많았던 것은 이러한 이유에서입니다. 개벽적 주체관을 확립해 주었기 때문입니다. 그 여파는 지금도 진행되고 있습니다. 다만 '개벽의 주체'라는 기억이 망각되고 있어서 화산처럼 단발적으로 솟아나고 있을 뿐입니다. 그 기억을 되살렸을 때에 비로소 우리는 21세기 '다시개벽' 역사의 새 걸음을 디딜 수 있습니다.

한국의 철학자들

포함과 창조의 새 길을 열다

제 15 강

생명평화

생명과 평화를 꿈꾸다

보은취회의 생명운동

언제부터인가 한국에서는 시민사회를 중심으로 '생명평화'라는 말이 자주 들립니다. 마지막 강의는 이 개념이 탄생하게 된 사상적 배경을 추적하고, 그것의 역사적인 전개 과정과 실천운동에 대해 살펴보고자 합니다. 제가 생각하기에 우리 역사에서 민중들의 생명평화운동이 하나의 사상 체계를 바탕으로 본격적으로 전개된 것은 역시 동학입니다. 그래서 얘기는 다시 동학으로 돌아갑니다.

최제우가 처형당하자 최시형은 그 뒤를 이어서 전국을 전전하며 숨어서 포덕 활동을 전개하는데, 그 노력은 30년 뒤에 마침내 하나의 거대한 흐름으로 결실을 맺게 됩니다. 1892년의 공주·삼례 취회와 1893년의 광화문상소, 그리고 1893년의 보은취회가 그것입니다. 여기서 '취회'는 지금으로 말하면 '집회'라는 뜻입니다. 이 세 집회는 모두 최제우의 억울함을 풀어달라는 종교자유[伸冤] 운동에서 시작하여 일본과 서양 세력을 물리치자는 정치적 운동으로 확장되어 갔습니다. 특히 1893년의 보은취회에서는 『동경대전』에서 최제우가 말한 '보국안민'의 슬로건이 등장하고, 그 규모도 수만 명에 이를 뿐만 아니라 그 기간도 20일이 넘게 지속되었다는 점에서 주목할 만합니다. 지금으로 말하면 종교단체에서 일으킨 장기간의 대규모 촛불집회라고 할 수 있습니다. 이미 120년 전에 촛불집회를 경험해 본 것입니다.

보은취회에서 처음으로 '보국안민'의 슬로건이 등장하였다는 것은 그만큼 외세의 침략이 실제로 체감되었음을 의미합니다. 민중들이 생명의 위협을 느끼기 시작한 것입니다. 그런데 이보다 더 직접적인 계기는 같은 동학교도들이 겪고 있는 생명의 위협이었던 것 같습니다. 『시천교종역사』라는 자료에 의하면, 당시에 김연국이나 손병희와 같은 동학의 지도자들이 최시형에게 찾아와서 "관리들의 압박이 심해서 각 포(包-동학의 조직)의 도인들이 장차 모두 죽게 되었으니 불쌍한 이 생명들을(哀此生命) 어떻게 유지하고 보전하겠습니까?"라고 호소한 것이 계기가 되었다고 합니다.*

여기에서 "불쌍한 이 생명들"이라는 표현은 보은취회가 일종의 '생명운동'으로 출발하였음을 시사하고 있습니다. 타인의 생명을 불쌍히 여기는 데에서 시작된 민중운동이었던 것입니다. 옛날에는 임금이나 사대부들이 백성을 자식처럼 보살펴야 하는 존재로 인식했는데, 보은취회에서는 민중들이 스스로 자신들의 생명을 지키기 위해 일어난 것입니다. 그런 점에서 민주 의식의 출발이라고 할 수 있고, 동학의 생명사상이 사회운동의 차원으로 표출된 사건이라고 할 수 있습니다.

* 박맹수, 「1893년 동학교단의 보은취회와 최시형의 역할」, 『청계사학회』 13, 1997, 363쪽.

이돈화의 동학 해석

동학의 생명사상은 이듬해에 일어난 동학농민혁명에서 "살생하지 말라"는 농민군의 규율로 구현되었고, 이후에는 천도교로 이어지게 됩니다. 예를 들어 1930년대 천도교 이론가인 이돈화(1884~1950)는 『신인철학』에서 다음과 같이 말하고 있습니다.

이돈화의 『신인철학』은 한울의 의미에 대한 설명으로 시작하고 있는데, 한울은 한편으로는 '우주 전체'를 말하면서 다른 한편으로는 '대아(大我)'를 가리키는 개념입니다.

> 적은 개자(=겨자씨) 종자 속에도 생명이 머물러 있고 원형질 속에도 생명이 … 있는 것으로 보아 우리는 먼저 우주에는 일대 생명적 활력이 있음을 알 수 있다. 이 활력을 수운주의(=동학사상)에서는 '지기(至氣)'라 하고, 지기의 힘을 '한울'이라 한다. 그러므로 대우주의 진화에는 한울의 본체적 활력, 즉 생생무궁의 생명적 활동의 진화로 만유의 시장을 전개한 것이라 보는 것이다. 이와 같은 본체적 한울은 만물의 원인이 된다. 그러나 이것이 인격적 신처럼 의지를 가지고 만물을 창조하였다는 말은 아니다.[*]

여기에서 이돈화는 작은 겨자씨에도 생명적 활력이 들어 있다고 하면서, 최제우가 『동경대전』에서 말한 지기(至氣)는 바로 이 생명적 활력을 가리킨다고 말합니다. 원래 '지기'는 『동경대전』의 강령 주문에 나오는 개념인데, 구체적으로 무엇을 가리키는지는 분명하지 않습니다. 그런데 이돈화는 그것이 다름 아닌 '생명력'

---

[*] 이돈화, 『신인철학』 제1편 「우주론」, 제2장 「양적 한울과 우주의 본체」, 2. 「과학적 진화설과 수운주의 진화설의 차이점」, 천도교중앙총부, 1968, 17~18쪽.

을 말한다고 명시하였습니다. 그리고 『용담유사』에 나오는 '하늘' 개념을 '한울'로 해석하면서, 한울은 곧 '지기의 힘'을 가리킨다고 하였습니다. 아울러 이 한울이 우주 진화의 원인이 되는데, 그리스도교에서와 같이 만물을 창조한 신은 아니라고 부연하고 있습니다.

철학화된 하늘

이돈화에 의하면 동학의 핵심 개념인 지기와 한울은 모두 생명적 활력을 가리킵니다. 이 중에서도 특히 '한울'은 이돈화의 동학 해석에서 핵심적인 역할을 합니다. 이돈화의 『신인철학』은 한울의 의미에 대한 설명으로 시작하고 있는데, 그에 따르면 한울은 한편으로는 '우주 전체'를 말하면서 다른 한편으로는 '대아(大我)'를 가리키는 개념입니다. 즉 전체로서의 한울을 말할 때는 우주를 의미하고, 부분으로서의 한울을 말할 때는 대아를 의미한다는 것입니다.

이로부터 알 수 있는 것은 『신인철학』에서의 동학 해석이 자연철학적이고 탈종교적이라는 사실입니다. 특히 하늘을 '한울'로 표현함으로써 하늘에 담겨 있는 종교적인 색채가 탈색되고 철학적으로 해석되고 있습니다. 아울러 지기도 생명적 활력이라고 명시함으로써 최제우에게 강령(降靈)한 신비적 기운이라는 의미가 희석되고 있습니다. 이것은 아마도 이돈화가 살던 시대가 서양철학의 영향을 강하게 받기 시작한 시대였기 때문일 것입니다. 그래서 동학에 대한 이해도 철학적 틀 안에서 행해지고 있는 것입니다.

생명을 자각하는 인간

이돈화의 『신인철학』의 또 하나의 특징은 생명철학의 관점에서 인간의 탁월성을 말하고 있다는 점입니다. 이는 최시형과 정반대라고 할 수 있습니다. 최시형은 "만물은 하늘님을 모시고 있다"는 존재론으로 인간과 만물의 평등을 강조했기 때문입니다. 이러한 점도 이돈화가 인간 중심의 서양 근대철학의 세례를 받았음을 시사합니다. 그는 인간의 탁월함에 대해서 다음과 같이 말하고 있습니다.

이돈화의 뒤를 이어서 동학을 생명철학적 관점에서 재해석한 사상가는 윤노빈입니다. 윤노빈은 『신생철학』이라는 저서에서 동학의 생명철학으로 서양의 존재론과 신 개념을 비판하였습니다.

인간의 위대함은 의식에서 나타나는 것이다. 의식의 작용을 잃은 인간이 동물과 하등 구별이 되지 않을 것임은 자명하다.*

사람이 가지고 있는 우주 의식은 생명의 자기 관조이다. … 생명은 영원하고 무한한 과정 속에서 만유를 창조하여 왔다. 그러나 생명은 인간 이외의 자연 상태에서는 완전히 충동적 본능의 창조요, 의식의 자유로운 창조는 아니었다. 그러다가 생명은 인간격에 이르러서야 비로소 생명 자체를 인식하게 되었다. "내가 생명이다"라는 개념을 인식하게 되었다. 자신의 전체적인 과정을 회고

---

* 이돈화, 『신인철학』 제2편 「인생관」, 제2장 「사람성 무궁」, 2. 「侍자의 정의와 의지」, 65쪽.

하게 되었다. 이것이 한울 의식이 발생한 시초이다.*

여기에서 이돈화는 인간과 동물의 차이는 '의식'에 있다고 하면서, 그 의식은 다름 아닌 '생명의식'이라고 말합니다. 즉 인간은 다른 동물과는 달리 생명을 관조하는 의식이 있고, 그로 인해 자신이 생명임을 자각할 수 있다는 것입니다. 이러한 인간관은 이성으로 인간과 동물의 차이를 설명하는 서양 근대철학이나 도덕으로 인간의 우월성을 말하는 유학과도 다른 것으로, 생명철학에 바탕을 두고 있다는 점에서는 동학적이라고 할 수 있지만, 인간과 동물의 차이를 엄격히 두고 있다는 점에서는 최시형과 다릅니다.

윤노빈의 신생철학

이돈화의 뒤를 이어서 동학을 생명철학적 관점에서 재해석한 사상가는 윤노빈(1941~)입니다. 당시 30대 초반의 철학과 교수였던 윤노빈은 『신생철학』(1974)이라는 저서에서 동학의 생명철학으로 서양의 존재론과 신 개념을 비판하였습니다. 서양의 존재론은 만물을 '있는' 것으로 보는데, 동학의 관점에서 보면 만물은 그냥 '있는' 것이 아니라 '살아 있다'는 것입니다. 왜냐하면 이돈화 식으로 말하면 자기 안에 생명적 활력을 지니고 있기 때문입니

---

* 이돈화, 『신인철학』 제2편 「인생관」, 제3강 「우주에 대한 지위」, 2. 「생명의 자기관조와 한울 관념」, 73쪽.

다. 뿐만 아니라 만물 안에 깃들어 있는 생명적 활력은 동학에서 '하늘님'으로 이해되고 있기 때문에, 만물은 그냥 '살아 있다'고 말해서는 안 되고 '살아 계신다'고 말해야 한다는 것입니다. 이러한 입장에서 윤노빈은 서양철학의 존재론에 대해서 '생존론'을 주장하였습니다. '생존'이란 '살아 계심'의 한자어 표현입니다.

> 사람은 존재하는 것이 아니다. 사람은 있는 것이 아니다. 사람은 살아 '계시는' 것이다.*

이돈화가 하늘을 '생명적 활력'이라고 규정했다면, 김지하는 개벽을 생명운동으로 규정하였습니다. 그리고 제3세계의 독립운동을 개벽운동으로 자리매김했습니다.

윤노빈의 생존론은 동학의 생명사상을 이른바 '철학'의 범주로 해석하고 있다는 점에서 이돈화의 작업을 잇고 있습니다. 그러나 이돈화가 동학사상을 서양철학의 틀로 해석하려는 경향이 강했다면, 윤노빈은 정반대로 서양철학을 동학의 관점에서 비판하고 있습니다. 즉 서양철학을 철저하게 상대화하고 있는 것입니다. 윤노빈의 철학적 작업의 의의는 바로 여기에 있습니다. 그는 철저하게 '살아 있으려고' 노력한 사상가입니다.

김지하의 개벽사상

윤노빈과 김지하는 동갑내기 친구였습니다. 원주중학교와 서울대학교를 같이 다녔고, 대학 시절에는 방학 때마다 원주에 돌아와서 헤겔을 같이 읽었다고 합니다. 김지하는 『신생철학』(개정

---

* 윤노빈, 『신생철학』, 학민사, 2010(증보판), 272쪽.

판) 서문에서 윤노빈의 자신의 동학 스승이라고 밝히고 있습니다. 윤노빈의 『신생철학』이 나온 지 정확히 10년 뒤에 김지하는 「인간의 사회적 성화」를 비롯하여 본격적으로 자신의 동학론을 쓰기 시작합니다.

> (생명의 세계관에 기초한 협동적인 생존의 확장 운동이) 전 세계적 차원에서 비교적 자각된 형태의 민중운동으로 나타나게 된 것은 서양 제국주의에 의한 전 지구적, 전 중생적인 보편적인 죽임, 즉 죽임의 보편화에 저항하여 아시아, 아프리카, 라틴 아메리카의 민중, 제3세계의 민중이 벌인 여러 가지 해방 운동에서였습니다. … 우리 민족의 경우 그것은 특히 중세 이조 봉건 체제의 억압과 서양 및 일본 제국주의 침략이라는 복합적이고 보편적인 죽임, 생명에 대한 그 극단적인 천대와 파괴에 저항하여 민중 생명을 회복하고자 하는 동학 운동, 인내천 혁명, 즉 인간의 사회적 성화(聖化)의 집단적 실천으로 나타났습니다. … 민중 주체의 생명운동은 민중 자신이 민중 자신을 스스로 해방하는 민중 생명의 진정한 자기 회복, 창조적인 주체 회복 운동입니다. … 그런 의미에서 그것은 후천개벽 운동인 것입니다.*

여기에서 김지하는 서양 제국주의에 의해 식민지화된 제3세계의 독립운동을 민중들의 생명 회복 운동으로 해석하면서, 동학도

---

* 김지하, 「인간의 사회적 성화」, 『남조선 뱃노래』, 자음과 모음, 2012, 136~7쪽.

그중의 하나라고 말합니다. 이러한 해석은 보은취회의 계기가 생명에 대한 연민에서 시작되었다는 점을 감안하면 공감할 수 있을 것입니다. 아울러 동학이 동아시아만의 사건이 아니라 전 세계적으로 일어난 생명운동의 일환이라고 보는 점도 주목할 만합니다. 동학을 세계사적인 지평에서 바라보는 관점을 제시하고 있기 때문입니다.

뿐만 아니라 제3세계의 민중운동을 동학과 같은 개벽운동의 연장선상에서 이해하는 점도 인상적입니다. 이돈화가 하늘을 '생명적 활력'이라고 규정했다면, 김지하는 개벽을 생명운동으로 규정하고 있는 것입니다. 아마도 이런 규정은 김지하가 최초가 아닐까 생각합니다. 즉 개벽운동=생명운동이라고 보기 시작한 것은 김지하부터일 것입니다. 그런 점에서 김지하가 개벽사상사에서 차지하는 위치는 남다르다고 할 수 있습니다.

원주의 생명학파

장일순(1928~1994)은 윤노빈과 김지하의 정신적 스승이었습니다. 장일순도 이들과 마찬가지로 원주에서 자랐고, 동학을 자신의 철학의 원천으로 삼았습니다. 그런 점에서 윤노빈과 김지하와 장일순을 묶어서 "원주의 생명학파"라고 할 수 있습니다. 교토에 교토학파가 있듯이, 원주에 생명학파가 있는 것입니다.

윤노빈이 철학자였고 김지하가 사상가였다면 장일순은 운동가였습니다. 직접 생명운동의 현장에 뛰어들었기 때문입니다. 여기에 이르기까지 장일순은 크게 두 번의 사상적 전환을 경험합니다. 첫 번째는 1965년으로 종교운동의 중요성에 대한 자각이고, 두 번째는 1977년으로 생명의 소중함에 대한 자각입니다.

장일순의 회심

김지하는 1965년 여름에 원주에서 장일순과 만난 적이 있는데, 그때 장일순은 다음과 같이 말했다고 합니다.

> 지금 베트남에서는 불교와 호치민 세력이 연대하고 있네. 남미에서도 가톨릭이 혁명 세력과 함께 전선에 선 데도 있어. 카밀로 토레스 신부가 그 예야. 이것은 아마도 새 시대의 새로운 조류라고 생각해. 지금 가톨릭에서는 1962년부터 지난해 1964년까지 3년간 제2차 바티칸공의회를 열고, 인간의 개인 구원과 사회적 구원을 함께 추진하는 문제를 검토했다고 하네. 아직 그 결과는 알 수 없으나 몇 년 안에 큰 변화가 있을 것 같아. 벌써 여러 해 전에 교황들의 사회와 정치와 노동문제들에 대한 칙서가 발표된 일이 이미 있으니까.
> 감옥에서 많이 생각하고 또 나와서 생각한 것인데, 이제는 정치 가지고는 아무것도 안 돼. 정당 같은 것으로는 소용없어. 종교를 우회해야 하네. 종교를 배경으로 하는 새로운 대중운동에 사활이 걸렸네. 이미 동양에서는 인도의 간디와 비노바 바베의 예가 있지. 힌두교와 인도철학을 배경으로 영국 식민주의에 저항하며 정치·경제·문화적으로 천민(賤民) 계급을 해방하는 여러 운동을 전개한 예가 있으니까

우리도 그 길을 따라가야 하지 않을까. 나는 불교도 중요시하지만 우선 가톨릭, 그것도 새로운 혁신적 가톨리시즘에 기대를 건다네. 전 교황 요한 23세께서 영면하시기 직전에 이런 말을 했다지 않나! : "답답하다. 창문을 활짝 열어라!" 지금 가톨릭은 어둡고 답답해. 그러나 이제 창문을 열기 시작하면 개인 구원과 사회 변혁의 새로운 에너지원(源)이 될 거야. 그 힘을 타고 개혁과 민주화와 통일의 길을 찾아 보세. 그 과정에 우리 나름의 새로운 사상과 노선과 세력과 근거가 나타나지 않겠나!"

「한살림선언」(1989)은 서구적 근대를 정면으로 비판하면서 그에 대한 대안을 제시하고 있다는 점에서 사상사적 의미가 적지 않습니다. 20세기 후반의 개벽파라고 해도 과언이 아닙니다.

여기에서 장일순은 정치운동의 한계를 지적하면서 인도와 같이 종교운동을 통한 대중운동으로 나아가야 한다고 말합니다. 사회변혁은 개인구원과 동시에 진행되어야 한다는 것입니다. 이러한 관점은 김지하가 「인간의 사회적 성화」에서 인도의 독립운동을 제3세계의 개벽운동으로 해석한 부분을 연상시킵니다. 장일순의 나이 38세 때의 일입니다. 이후에 지학순 주교와 함께 협동조합운동을 전개하게 된 데에는 이러한 자각도 한 몫하였을 것입니다.

생명에 대한 자각

장일순의 두 번째 회심은 1977년에 찾아 왔습니다. 당시는 산업화로 인한 폐해가 절정에 달한 시기로 장일순은 여기에서 생명의 소중함을 자각하게 됩니다.

난 사실은 77년부터 결정적으로 바꿔야 되겠다고 생각을 했네. 땅이 죽어 가고 생산을 하는 농사꾼들이 농약중독에 의해서 쓰러져 가고, 이렇게 됐을 적에는 근본적인 문제서부터 다시 봐야지. 산업사회에 있어서 이윤을 공평 분배하자고 하는 그런 차원만 가지고는 풀릴 문제가 아닌데, 그래서 나는 방향을 바꿔야 되겠구나, 인간만의 공생이 아니라 자연과도 공생을 하는 시대가 이제 바로 왔구나 하는 것 때문에 이제 방향을 바꿔야 하겠다고 생각을 했지.*

1965년이 종교와 영성에 대한 자각이었다면, 여기에서는 생명과 자연에 대한 자각이라고 할 수 있습니다. 이 자각은 그로부터 10년 뒤에 시작된 한살림운동으로 구체화됩니다. 특히 한살림운동의 취지를 담은 「한살림선언」(1989)은 서구적 근대를 정면으로 비판하면서 그에 대한 대안을 제시하고 있다는 점에서 사상사적 의미가 적지 않습니다. 산업문명을 대신하는 새로운 문명의 대안을 자신의 전통인 동학사상에서 찾고 있는 점도 의미심장합니다. 그런 의미에서 20세기 후반의 개벽파라고 해도 과언이 아닙니다. 당시 한국학계가 포스트모더니즘에 휩쓸리고 있었던 점을 생각하면 「한살림선언」은 유일하게 한국철학의 자존심을 지키고 있었다고 할 수 있습니다.

---

* 구요십, 〈투위낭과 선환의 사회운동〉, 『무위당 20주기 기념 생명운동 대화마당』. 김재익, 〈공공하는 잘일순의 생명살림〉, 『공공정책』 154호, 2018년 8월호에서 재인용.

생명평화운동의 시작

한살림운동이 한창이던 2000년 무렵에 '생명평화'라는 새로운 개념이 한국사회에 등장했습니다. 2001년 2월 16일에 지리산에서 시작된 '생명평화결사'가 그것입니다. 불교계가 중심이 되어 결성된 이 범종교연합 결사는 한국전쟁 전후에 지리산에서 희생된 좌우익 희생자들의 해원상생을 위한 100일 기도를 드리는 것으로 시작되었습니다. 한살림운동이 농업살림으로 시작되었다면, 생명평화결사는 원혼살림으로 시작된 것입니다. 100일 기도 후에는 「생명평화 민족화해 지리산 위령제」를 거행하였습니다.

이 위령제는 좌우 이념 대립으로 희생된 원혼들을 위로함과 동시에, 지역과 종교와 이념의 벽을 허물고 민족의 화합을 모색하고, 개발과 파괴로부터 지리산을 보전하기 위한 생명살림운동으로 시작되었습니다. 원혼살림에 더해서 민족화합과 생명살림의 가치가 추가된 것입니다. 그런 의미에서 이 결사와 위령제는 종교계에서 전개한 한살림운동이라고 할 수 있을 것입니다. 이때 낭독된 선언문을 소개하면 다음과 같습니다.

〈지리산선언문〉

오늘 우리는 생명평화와 민족화해를 염원하면서 민족의 영산 지리산에 모여 위령제를 올렸습니다. 지리산은 1억 5천만 년 전부터 이 땅을 지켜온 우리의 삶 그 자체입니다. 우리 역사 그 자체인 지리산 봉우리 봉우리마다에는 우리 선조들의 삶의 자취가 남아 있고 지리산 골짜기 골짜기마다 역사의 아픔이 배어 있습니다. 지리

'생명평화'라는 조어는 "억울하게 죽어간 생명들을 위로하여 이들에게 평화를 주자"는 의미로 만들어졌습니다. 그리고 그것은 민족화해와 평화통일로 나아가기 위한 첫걸음으로 제시되었습니다.

산은 민족사의 가장 비극적인 현장입니다. 너와 나, 영남과 호남, 세대와 세대, 좌익과 우익, 종교와 종교, 인간과 자연을 가리지 않은 지리산은 그 누구도 외면하거나 배척하지 않고 그 넉넉한 품안에 모두를 끌어안았습니다. 그처럼 소중한 어머니의 산, 지리산이 지금 죽어가고 있습니다.

지리산의 핏줄을 끊고 가슴을 갈라 지리산을 죽이는 것은 끝 모를 인간의 물질적 탐욕입니다. 어리석은 우리는 욕심에 눈멀고, 편안함에 귀먹어 마침내 삶의 뿌리마저 파헤쳐 죽이고 있는 것입니다. 지리산을 죽이는 것은 생명을 죽이는 것이니, 나 자신을 죽이는 것이며, 나아가 후손들을 영원히 죽이는 것입니다. 지리산은 살아야 합니다. 지리산이 더 이상 고통의 땅, 절망의 땅이어서는 안 됩니다. 이제 우리는 지리산을 탐욕의 불구덩이로부터 살려내고자 합니다. 지리산을 살리는 것은 우리를 살리는 것이기 때문입니다.

지리산을 살리기 위해서는 먼저 지리산에 서려 있는 역사의 아픔을 달래는 일부터 시작해야 합니다. 한을 안은 채 지리산에서 죽어간 수많은 생명들의 원을 풀어주어야 합니다. 지리산에는 사람이 사람답게 살 수 있는 아름다운 세상을 그리며 한많은 세상을 떠난 많은 넋들이 떠돌고 있습니다. 이 넋들의 아픔을 어루만지고 맺힌 한을 풀어내 지리산이 품고 있는 역사의 아픔을 치유할 때 비로소 한반도를 뒤덮고 있는 냉전의 찬바람이 물러가고 사랑과 평화의 나무가 자라날 것입니다.

오늘의 위령제는 생명평화와 민족화해를 위한 첫걸음입니다. 지리산에서 억울하게 죽어산 많은 넋들의 원통함을 풀어줄 때 비로소 한반도의 분단을 극복하고 평화통일을 이루며, 나아가 온누리의 생명과 온누리의 사람들을 행복하고 평화스럽게 만드는 새 삶의 계기가 마련될 것입니다. 이제 우리는 위령제를 통해 살아 있는 많은 이들의 가슴에 응어리진 한이 함께 풀릴 것으로 믿으며 위령제를 올렸습니다. 영령들이시여! 고이 잠드소서ㅡ. 살아 있는 우리들은 왜곡된 우리 역사를 바로잡고, 나라와 겨레의 발전을 올바른 방향으로 이루겠습니다.

2001년 5월 26일 생명평화 민족화해 지리산위령제 봉행위원회 일동*

이에 의하면 '생명평화'라는 조어는 "억울하게 죽어간 생명들을 위로하여 이들에게 평화를 주자"는 의미로 만들어졌음을 알 수 있습니다. 그리고 그것은 민족화해와 평화통일로 나아가기 위한 첫걸음으로 제시되고 있습니다. 즉 해원이 되어야 화해와 통일을 도모할 수 있다는 것입니다. 이 운동은 한살림의 생명운동에 평화운동이 가미되고 있다는 점에서 한살림에서 한 차원 더 나아간 형태라고 할 수 있습니다.

생명평화운동의 확장

위령제가 끝나자 이번에는 「생명평화 민족화해 평화통일 지리

윤노빈은 『신생철학』에서 "생명은 해방을 원한다"고 하였습니다. 이에 대해 도법스님은 "생명은 평화를 원한다"고 말하였습니다.

---

* 〈생명평화 민족화해 지리산위령제 '성료' : 달궁서 좌우익 초월…7대 종단, 2백여 개 단체, 5천명 참석〉, 『불교신문』, 2002.02.15.

산 천일기도」가 이어졌습니다. 이 천일기도에서는 실상사의 주지인 도법스님이 하루에 네 번씩 1000일간 대표 기도를 올리며 자연과 인간, 사람과 사람, 남과 북, 지역과 지역, 종교와 종교, 이념과 이념 등 한반도의 평화를 가로막아 온 벽들을 허물고, 상생과 화해를 기원했습니다.

천일기도가 끝나자 이번에는 '생활 속의 평화'를 추구하는 「지리산생명평화결사」로 이어졌습니다(2003년 11월 15일).* 운동의 대상이 죽은 자들의 영혼에서 산 자들의 생활로 전환된 것입니다. 이 결사에는 한살림운동의 핵심 멤버인 이병철 전국귀농운동본부장도 참여하였습니다. 기획위원장을 맡은 이병철 본부장은 생명평화운동에 대해 "자기 수련과 공부를 통해 얼굴에는 미소를 띠고 가슴에는 평화를 담고 즐겁고 신명나게 살아가는 것"이라고 소개했습니다.** 여기에서는 '생명평화' 개념이 죽은 원혼이 아니라 현재 살아 있는 이들에 대해서 사용되고 있습니다. 생명평화운동이 살아 있는 이들이 삶의 영역으로 확대된 것입니다.

생명해방과 생명평화

이 생명평화운동의 중심에는 항상 도법스님이 있었습니다. 도법스님은 '생명평화'라는 개념을 사용하게 된 계기를 다음과 같이

---

* 〈지리산 1000일 '평화기도' 마쳤다: "간절한…기도는…결국 세상을 바꾸리라"〉, 『한겨레신문』, 2003.11.12.
** 〈자기로부터의 혁명 "시~작!" : 지리산생명평화결사 출범   님 비판보다 스스로 실천 중시〉, 『한겨레신문』, 2003.11.18.

말하고 있습니다.

지난 20세기 동안, 그리고 지금까지 우리가 편을 갈라서 죽기 살기로 싸우게 된 이유가 뭘까? 그것은 반드시 함께해야 할 것을 찾지 못했기 때문이 아닐까? 그렇다면 인생을 걸고, 목숨을 걸고 반드시 함께해야 할 것, 그것은 무엇일까? 이렇게 물었을 때 우리가 도달한 결론이 '생명'이었습니다. 누구나 목숨을 걸고 지켜야 할 가치는 결국 내 생명입니다. 우리는 누구나 자기 한 목숨 지키기 위해 사는 것입니다. 생명의 가치는 누구도 자기 문제가 아닐 수 없습니다. 그래서 '생명의 가치를 중심에 놓고 함께 하겠다면 누구든지 같이 하자,' 이렇게 시작된 것입니다.

싸우는 방식으로 문제를 다루는 것과 평화적인 방식으로 문제를 다루는 것은, 말로는 별것이 아닌 것 같지만, 실제로는 하늘과 땅 차이입니다.

그다음에 던진 물음은 그렇다면 '그 생명은 어떻게 살고 싶은가?'였습니다. 당연히 평화롭게 살고 싶겠죠. 평화가 없는 생명은 정상적인 생명이라 할 수 없고, 생명이 없는 평화는 말장난에 지나지 않습니다. 이런 문제의식으로 생명과 평화를 하나의 개념으로 통합시키는 것이 바람직하겠다고 생각했습니다. 그래서 '생명평화'라는 말을 쓰게 된 것입니다.[*]

윤노빈은 『신생철학』에서 "생명은 해방을 원한다"고 하였습니다. 생명을 억압하는 모든 폭력으로부터 생명을 해방시키는 행위

---

[*] 2019년 3월 21일에 은덕문화원에서 열린 제1회 개벽포럼, 도법스님의 「생명평화와 개벽」 중에서.

야말로 신적인 행위이고 하느님이 '하는' 일이라는 것입니다. 이에 대해 도법스님은 "생명은 평화를 원한다"고 말하고 있습니다. 윤노빈의 신생철학이 생명해방을 지향하는 해방철학이라고 한다면, 도법스님은 생명평화를 지향하는 평화철학인 것입니다.

그런데 흥미로운 사실은 2001년 당시만 해도 '생명평화'라는 말을 쓰는 것이 쉽지 않았다는 사실입니다. 쉽지 않은 정도가 아니라 '벌벌 떨면서 썼다'고 합니다. 그 이유는 1990년대에 김지하 시인이 생명사상을 주창하면서 분신을 하는 대학생들에 대해서 "죽음의 굿판을 걷어치워라!"고 한 적이 있는데, 이 일로 인해서 민주 세력으로부터 호된 비난을 받았기 때문입니다. 투쟁만이 유일한 길이라고 생각되던 시기에 생명평화라는 기치는 회색분자로 보이기 십상이었던 것입니다. 그러나 20여 년이 지난 지금 한국인들은 누구나 '생명평화'라는 말을 쓰고 있습니다. 처음은 어렵지만 지나면 상식이 되는 법입니다. '개벽'이라는 말도 언젠가는 그렇게 되리라고 생각합니다.

최초의 평화집회

도법스님의 생명평화운동은 마침내 15년 뒤에 커다란 결실을 맺게 됩니다. 마치 최시형의 30여 년간의 포덕 활동이 보은취회라는 역사적 사건으로 드러난 것과 비슷합니다. 2015년에 12월에 있었던 제2차 민중총궐기대회를 사상 유례 없는 평화적인 집회로 이끈 것입니다. 당시에 도법스님은 대한불교조계종 화쟁위원회 위원장이었고, 한상균 민주노총 위원장은 정치적인 문제로 조계사에 피신해 있는 상태였습니다. 도법스님은 제1회 개벽포럼에서 행한 강연에서 당시의 상황을 다음과 같이 생생하게 전달해 주었습니다.

2015년의 일입니다. 민주노총의 한상균 위원장이 조계사에 와서 온 나라가 시끌벅적한 적이 있었죠? 이때 한상균 위원장이 해야 할 일 중의 하나가 2차 민중궐기대회를 성사시키는 것이었습니다. 우리는 평화적인 집회가 이루어지도록 하자고 합의를 했습니다. 그래서 종교계를 비롯하여 시민사회, 노동계, 민중계가 모두 결심을 하였습니다. 당시 종편에서는 98% 평화집회는 불가능하다고 보도했습니다. 다들 걱정을 많이 했습니다. 불교 내부에서도 걱정을 할 정도였습니다.

하지만 불교계에서 평화의 꽃길을 만든다고 앞장섰고 여러 종교계에서도 도와주신 덕분에 12월 5일에 실제로 평화집회가 이루어졌습니다. 그런데 재밌는 상황이 연출되었습니다. 경찰은 경찰대로 우리 어떻게 해야지? 노동계와 민중계도 우리 어떻게 해야지? 이런 상황이었습니다. 왜냐하면 노동계와 민중계는 강력 투쟁하는 것만 대비해 왔기 때문입니다. 경찰도 마찬가지이고요. 현장에서 나온 얘기들입니다. 그만큼 우리가 싸우는 방식으로 문제를 다루는 것하고 평화적인 방식으로 문제를 다루는 것 하고는, 말로는 별것이 아닌 것 같지만, 실제로는 하늘과 땅 차이입니다.[*]

---

[*] 조성환, 〈생명평화로 열어가는 다른 한국〉, 『개벽신문』, 2019년 4월호.

난생 처음 해보는 평화집회에 집회 측과 경찰 측이 모두 어찌할 바를 몰랐다는 장면은 마치 한 편의 코미디를 방불케 합니다. 그런데 이 일이 있고 정확히 1년 뒤에 촛불혁명이 일어났습니다. 촛불정국이 절정에 달했던 날, 집회를 기획하는 측에서 폭력을 쓸 것인가 말 것인가를 두고 치열한 토론이 오갔다는 얘기를 들은 적이 있습니다. 다행히 비폭력으로 전개될 수 있었던 것은 이때의 평화집회 경험도 한몫했을 것입니다. 1894년에 동학농민혁명이라는 개벽의 경험이 있었기 때문에 1919년의 삼일만세운동의 시도도 상대적으로 쉬웠듯이 말입니다.

생명평화운동의 대장정

이렇게 보면 1860년에 시작된 동학운동은 지금으로 말하면 생명평화운동에 다름 아닙니다. 그것은 1893년의 보은취회가 생명에 대한 연민에서 시작되었고, 1894년의 동학농민군이 "칼에 피를 묻히지 않고 이기는 것"을 최선으로 하는 '불살생'을 첫 번째 규율로 내걸었던 것으로부터도 알 수 있습니다.

동학의 생명평화운동은 이후에 1919년의 삼일독립운동으로 이어졌고, 해방 이후에는 1985년의 한살림운동으로 부활되었습니다. 2001년에는 지리산살리기운동으로 발전되었고, 2015년에는 최초의 평화집회를 견인했으며, 마침내 2017년에는 촛불혁명으로 절정에 달했습니다. 생명평화운동은 여기에 멈추지 않고 지금도 대한민국 곳곳에서 진행되고 있습니다.

「삼일독립선언서」와 「한살림선언」 그리고 「지리산선언문」에 공통되는 것은 생명평화에 대한 간절한 염원입니다. 그런 의미에서 이 선언문들은 서원문이기도 합니다. 하늘과 땅을 향해 생명과 평화가 오게 해 달라고 기도하는 형식을 띠고 있기 때문입니다.

동학의 생명평화운동은 1919년의 삼일독립운동으로 이어졌고, 해방 이후에는 1985년의 한살림운동으로 부활하였습니다.

『폐허』·『개벽』·『창조』

지금으로부터 정확히 100년 전에 심상치 않은 이름의 잡지가 잇달아 창간되었습니다. 『창조』와 『개벽』과 『폐허』가 그것입니다. 오늘날 출판계에서는 꺼릴 법한 파격적인 제목들입니다. 그러나 당시의 절박한 상황을 생각하면 하나같이 일리 있는 이름들로 보입니다. 식민지 지배라는 '폐허'의 상황에서 새로운 세계를 열자는 '개벽' 운동을 통해서 주체적인 문명을 '창조'하겠다는 의지의 표현으로 보이기 때문입니다.[*]

그로부터 100여 년 뒤인 2014년 4월 16일. 우리는 대한민국의 '폐허'를 경험했습니다. 나라답지 못한 나라에서 무고한 학생들이 수백 명이나 목숨을 잃었기 때문입니다. 그 '폐허' 위에서 촛불혁명이 일어났습니다. 지나고 보니 '개벽' 운동의 시작이었던 것 같습니다. 다시 나라다운 나라를 만들어 보자는 '다시개벽'의 선언이었던 것입니다. 이제 우리에게는 '창조'가 남아 있습니다. 새로

---

[*] 실제 창간 시기는 정반대이다. 『창조』는 삼일독립운동 직전인 1919년 2월에 창간되었고, 『개벽』과 『폐허』는 삼일독립운동 다음 해인 1920년 6월과 7월에 창간되었다. 그래서 발행 시기로는 "창조-개벽-폐허"의 순이 된다.

운 나라, 새로운 사회를 만드는 일이 마지막 과제이자 첫 번째 숙제입니다. 그러기 위해서는 먼저 우리 자신이 새로워져야 합니다. 자기개벽이 선행되지 않고서는 사회개벽, 국가개벽은 기대할 수 없습니다. 자기가 개벽되기 위해서는 먼저 사고가 유연해져야 합니다. 요즘에는 "젊은 꼰대"라는 말까지 나왔다고 합니다. 생각이 굳어 있으면 창조적인 사고는 나오지 않습니다. 아울러 누군가에 의존하려는 마음을 버려야 합니다. 기대는 마음에서 개벽은 일어나지 않습니다. 장자(莊子)는 열자(列子)를 향해서 바람에 기대고 있다고 비판하였습니다. 자기가 가장 자신 있는 것까지도 부정할 수 있는 용기가 필요합니다. 마지막으로 시대착오적인 과거와의 단절이 필요합니다. 옛길과 이별하지 않고서는 '새길'을 갈 수 없습니다. 새로 태어나기 위해서는 과거의 내가 죽어야 합니다. 장자는 "나는 나를 상실했다(吾喪我)"고 하였습니다. 대아(大我)로 거듭나기 위해서 소아(小我)를 버린 것입니다.

마지막으로 제가 좋아하고 존경하는 일제강점기의 시인 윤동주의 「새로운 길」이라는 시를 소개하면서 "한국의 철학자들" 강의를 모두 마칠까 합니다.

내를 건너서 숲으로
고개를 넘어서 마을로

어제도 가고 오늘도 갈
나의 길 새로운 길

민들레가 피고 까치가 날고
아가씨가 지나고 바람이 일고

나의 길은 언제나 새로운 길
오늘도… 내일도…

내를 건너서 숲으로
고개를 넘어서 마을로

개벽학당의 추억

이 책은 2013년부터 2020년까지 서강대 철학과에서 강의했던 〈한국철학사〉 내용을 원고로 만든 것이다. 〈한국철학사〉 수업은 서강대에서 '조선시대의 하늘철학'을 주제로 박사학위를 받은 직후에 최진석 교수님 뒤를 이어서 맡은 것이다. 철학과에서 1년에 1번씩 개설되었는데, 한국철학 관련 수업으로는 유일하였다. 그래서 내 딴에는 다른 수업보다 더 신경을 쓰려고 노력하였다.

수업 내용은 나의 연구 분야인 조선시대를 중심으로 짜여 있다. 그래서 신라나 고려의 불교에 관한 내용은 거의 없다. 이 점은 나의 숙제로 남아 있다. 대신 기존의 한국철학사에서 소홀히 다루어졌던 개벽사상과 생명평화가 강조되고 있다. 학생 수는 평균 20여 명 정도였는데, 시험은 없었고 오로지 글쓰기로만 평가하였다. 매주에 1장씩 글쓰기 과제물을 받았고, 중간고사와 기말고사는 리포트로 대체하였다. 그럼에도 불구하고 학생들이 불평없이 잘 따라와 주었다. 내가 전달하고자 하는 핵심을 잘 이해해 주었고 과제물과 리포트 수준도 탁월했다. 그래서 수업하는 보람과 재미가 있었다.

하지만 그때까지만 해도 따로 강의 원고를 쓴 것은 아니었다. 수업은 주로 1차 자료를 배포하고 설명하는 형식이었다. 그러다가 2019년에 이병한 선생이 서울에서 〈개벽학당〉을 열었다. 그리고 〈개벽의 관점에서 본 한국철학〉 강의를 해보라는 제안을 해주었다. 대신 조건이 있었다. 일반 청년 대상인 만큼 알기 쉽게 매번 강의 원고를 써달라는 것이었다. 그때는 원광대학교를 중심으로 '개벽의 바람'이 불 때여서 나는 주저 없이 요청에 응했다. 하지만 막상 시작을 해 보니 결코 쉬운 일은 아니었다. 당시에 나는 원광대학교에서 연구원으로 일하고 있었는데, 그 외에도 서강대학교와 원광대학교에서 강의를 하였고, 종종 학술대회에서 발표도 해야 했기 때문이다.

어쩔 수 없이 수업 전날에 밤을 새워서 원고를 써야 했다. 그래서 막상 수업 시간이 되면 기진맥진하여 반쯤 환자 모드로 강의를 하기 일쑤였다. 이 점은 지금도 개벽학당 학생들에게 미안하게 생각한다. 하지만 개벽학당 덕분에 이렇게 책이 나오게 된 점에 대해서는 너무나도 고맙게 생각한다. 이병한 선생의 제안이 없었다면, 그리고 그때 열심히 들어준 개벽학당 '벽청'들이 없었다면, 나의 "한국철학사 강의"는 영원히 세상에 나오지 못했을 것이다.

그래서 이 책은 2019년 봄에 썼던 원고들로 이루어져 있다. 4년 전의 생각이지만 지금도 큰 변화는 없다. 다만 일부 지나친 표현이나 비약적 전개라고 생각되는 부분들만 덜어냈을 뿐이다.

마지막으로 이번 단행본 작업을 끝내면서 속편에 대한 욕심도 생겼다. 이 책의 원고를 쓴 뒤로 이규보나 최한기, 한용운에 대해서 공부할 기회가 있었다. 2020년에 지구인문학 연구를 시작한 이후의 일이다. 그래서 이때부터는 지구학적 관점에서 한국철학을 보기 시작하였다. 또한 이 책에서 다룬 인물이라 할지라도 못다 한 얘기들이 너무도 많다. 특히 세종이나 퇴계의 경우에는 할 얘기가 너무나 많은 철학자인데 들어가다 만 느낌이 든다. 이렇게 새로운 인물들을 추가하고 기존의 인물들을 재해석해 나간다면 『한국의 철학자들·2』도 가능하지 않을까 생각한다. 그때가 언제가 될지는 모르겠지만, 속편으로 이어지지 못한다면 나의 한국철학사 연구는 여기에서 끝났다고 해야 할 것이다.

2023년 8월 6일

참고문헌

김경묵·조성환, 「창조적 비움을 디자인하는 무인양품」, 『DBR(동아비즈니스리뷰)』 258호, 2018년 10월 Issue 1.

김병제·이돈화, 『천도교의 정치이념』, 모시는사람들, 2015.

김용옥, 『독기학설(讀氣學說)』, 2004, 통나무.

＿＿＿, 『중용: 인간의 맛』, 통나무, 2011.

김용우, 「몽양 여운형의 좌우합작론과 자생적 근대」, 원불교사상연구원 주최 제2회 시민강좌 발표문, 2019년 5월 27일.

김용휘, 『최제우의 철학』, 이화여자대학교출판부, 2012.

김재익, 「공공하는 장일순의 생명살림」, 『월간 공공정책』 154, 2018년 8월.

김지하, 「일하는 한울님」, 『밥』, 분도출판사, 1984.

＿＿＿, 『남조선 뱃노래』, 자음과 모음, 2012.

김태준·김효민 번역, 『의산문답』, 지식을만드는지식, 2011.

김형효, 「퇴계의 사상과 자연신학적 해석」, 『원효에서 다산까지』, 청계, 2000.

다산학술문화재단 편집, 『논어고금주(1·2)』, 사암, 2013.

류병덕, 「소태산의 실천철학: 조선후기 실학과 대비하여」, 석산한종만박사화갑기념논문집간행위원회, 『(석산 한종만 박사 화갑기념) 한국사상사』, 원광대학교출판국, 1991.

박규태, 「한국의 자생적 근대성과 종교」, 『종교연구』 35, 한국종교학회, 2004.

박맹수, 「1893년 동학교단의 보은취회와 최시형의 역할」, 『청계사학회』 13, 1997.

＿＿＿, 『동경대전』, 지식을만드는지식, 2012.

박성래, 『(지구자전설과 우주무한론을 주장한) 홍대용』, 민속원, 2012.

박재현, 「원효의 화쟁사상에 대한 재고: 화쟁의 소통적 맥락」, 『불교평론』 8, 2001.

＿＿＿, 「해석학적 문제를 중심으로 본 원효의 회통과 화해」, 『불교학연구』 24, 2009.

＿＿＿, 『원효의 십문화쟁론: 번역과 해설 그리고 화쟁의 철학』, 세창출판사,

2013.

박현모, 『세종의 수성(守成) 리더십』, 삼성경제연구소, 2006.

신정근, 『마흔, 『논어』를 읽어야 할 시간』, 21세기북스, 2011.

오구라 기조, 『한국은 하나의 철학이다』, 조성환 옮김, 모시는사람들, 2017.

윤노빈, 『신생철학』, 학민사, 2003.

이광호 옮김, 『이자수어(二子粹語)』, 예문서원, 2010.

이규성, 『최시형의 철학』, 이화여자대학교출판부, 2011.

이돈화, 『신인철학』, 천도교중앙총부, 1968.

이호형 역주, 『역주 다산 맹자요의』, 현대실학사, 1994.

조성환, 「중국적 사상형태로서의 교(敎)」, 『철학사상』 11·12집, 2007.

_____, 「한국의 공공철학, 그 발견과 모색: 다산·세종·동학을 중심으로」, 『동학 학보』 32, 동학학회, 2014.

_____, 「세종의 공공정치」, 정윤재 외, 『세종 리더십의 핵심 가치』, 한국학중앙 연구원출판부, 2014.

_____, 「포함과 회통」, 『개벽신문』 61호, 2017년 1·2월 합병호.

_____, 『한국 근대의 탄생: 개화에서 개벽으로』, 모시는사람들, 2018.

_____, 「생명평화로 열어가는 다른 한국」, 『개벽신문』, 2019년 4월호.

_____, 『하늘을 그리는 사람들: 퇴계·다산·동학의 하늘철학』, 소나무, 2022.

_____, 『키워드로 읽는 한국철학』, 모시는사람들, 2022.

조성환·이병한, 『개벽파선언』, 모시는사람들, 2019.

조성환·김현주·박일준·한승훈, 『노자 『도덕경』과 동아시아인문학』, 모시는사 람들, 2022.

조성환·이우진, 「ᄒᆞ늘님에서 한울님으로: 동학·천도교에서의 천명(天名)의 변 화」, 『대동철학』 100, 2022.

_____, 「도교의 본적론: 성현영의 『노자의소』를 중심으로」, 『도교문화연구』 58, 2023.

최영성, 『최치원의 철학사상』, 아세아문화사, 2001.

_____, 「최치원 사상에서의 보편성과 특수성의 문제」, 『동양문화연구』 4, 2009.

최진석, 『노자의 목소리로 듣는 도덕경』, 소나무, 2001.

허남진·조성환·이원진·이우진, 『이땅 시수를 상상할 것인가?』, 모시는사람들,

2023.

황종원, 「최시형의 생태적 유토피아 및 도가, 유가적 유토피아와의 상관관계」, 『유교사상문화연구』 78호, 한국유교학회, 2019.

小林正美, 「三教交渉における'教'の観念」, 吉岡義豊博士還暦記念論集刊行会 編, 『吉岡博士還暦記念道教研究論集: 道教の思想と文化』, 東京: 国書刊行会, 1977.

Brook Ziporyn, How Many are the Ten Thousand Things and I? Relativism, Mysticism, and the Privileging of Oneness in the "Inner Chapters," in Scott Cook(ed.), Hiding the World in the World: Uneven Discourses on the Zhuangzi, Albany: State University of New York Press, 2003.

_____, Ironies of Oneness and Difference: Coherence in Early Chinese Thought; Prolegomena to the Study of Li 理, Albany: State University of New York Press, 2012.

_____, Beyond Oneness and Difference: Li 理 and Coherence in Chinese Buddhist Thought and Its Antecedents, Albany: State University of New York Press, 2013.

Kevin N. Cawley, "Traces of the Same Within the Other: Uncovering Tasan's Christo-Confucianology," 『다산학』 24, 2014.

찾아보기